安倍内閣（第2次以降）におけるおもなできごと

2012.12 総選挙で自民党が圧勝。3年ぶりに政権をとり、第2次安倍内閣が発足。

2013.2 アベノミクス「3本の矢」
.7 参院選で与党圧勝→ねじれ国会解消
.12 特定秘密保護法成立

2014.4 消費税率を8%に引き上げ
.7 集団的自衛権の行使を認めると閣議決定
.11 消費税率10%への引き上げ先送りを理由に衆議院解散
.12 衆院選で与党圧勝→第3次安倍内閣発足

2015.6 18歳選挙権をふくむ改正公職選挙法成立

2016.5 伊勢志摩サミット
.6 消費税率10%を2年半再延期
.7 参院選で与党圧勝

2017.6 テロ等準備罪法成立
.9 衆議院本会議冒頭で解散、10月に総選挙
.11 第4次安倍内閣発足

2018.6 働き方改革関連法成立
.9 自民党総裁選挙で石破氏に勝利し3選

2019.7 参院選で与党が改選議席の過半数を獲得するも、改憲に必要な3分の2には届かず
.10 消費税率8%から10%に

2020.3 新型コロナウイルスの感染拡大を受け、東京オリンピック・パラリンピックの1年延期を決定
.4 緊急事態宣言を発令
.8 連続在職日数で過去最長を更新

長期政権の終わり

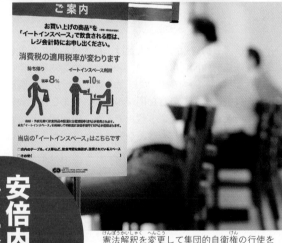

安倍内閣をふり返る

憲法解釈を変更して集団的自衛権の行使を容認し安全保障関連法を成立させたほか、アベノミクスを推進し、就任当時5%だった消費税率を2度にわたって引き上げ、今の10%とした

安倍内閣は9月16日の臨時閣議で総辞職しました。8月28日、健康問題を理由に辞任の意向を表明した安倍晋三首相。その在職日数は、第1次政権をふくむ通算で3188日、第2次政権以降の連続で2822日と、いずれも憲政史上最長となりました。7年8か月におよぶ長期政権で、経済最優先の立場から「アベノミクス」を掲げ、消費税の引き上げなどを行ってきましたが、北朝鮮による日本人拉致問題など、課題も多く残りました。

菅内閣、発足
（すがないかく、ほっそく）

安倍晋三前首相の辞任を受け、自由民主党の総裁となった菅義偉前内閣官房長官は、第99代の内閣総理大臣に選出されました。9月16日、菅総理は組閣を行い、加藤勝信新官房長官により、新しい閣僚が発表されました。安倍政権の政策を踏襲するという菅氏ですが、新総理として今後どのような言葉を発し、政策を行っていくのか、国民は注視していくことになります。

第7章

国政

（上）政府肝いりの「Go To トラベル」事業で開始当初は除外とされた東京も10月から対象に（右）マスク不足解消を目的に安倍内閣が配布した、通称「アベノマスク」

新生・立憲民主党、誕生
（りっけんみんしゅとう、たんじょう）

9月15日には、新党が誕生しました。立憲民主党と、国民民主党の議員などによる合流新党は10日に代表選挙が行われ、党名は立憲民主党に、新代表に枝野幸男氏が選ばれました。衆参両院議員あわせて150人の野党第一党として、真価が問われます。

新型コロナウイルス感染症は、日本国内でも大都市を中心に全国に広がり、外出自粛や休校の要請など、国民生活に大きな影響がありました。政府による緊急事態宣言を受け、各都道府県では地域ごとの状況をふまえた対応を取りました。緊急事態宣言が解除された後は、警戒をよびかけながら、経済活動が再開されています。

日本国内の対策

感染症

第2章、第8章、第9章、第10章

6月2日東京アラートが発動され、東京都庁が赤く染まった

東京都の対策ロードマップを説明する小池百合子都知事

静岡県では県外からの観光客に来県の自粛をよびかけた

吉村洋文大阪府知事は感染防止の独自基準として「大阪モデル」を発表

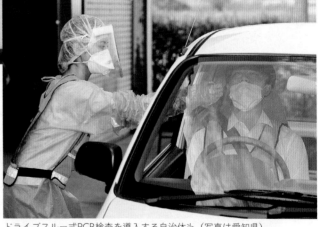

ドライブスルー式PCR検査を導入する自治体も（写真は愛知県）

6月に世界一の性能と認定されたスパコン富岳の計算資源が、新型コロナウイルス対策に貢献する研究開発に供出されました。治療の候補となる数十種類の薬剤を特定するなどの活躍を見せています。

スーパーコンピューター富岳

2019年10月に火災により正殿などが焼失した首里城は、琉球王国の政治、文化の中心地だった

ローマ教皇来日

2019年11月、カトリック教会の最高位聖職者であるローマ教皇フランシスコが来日しました。教皇の来日はじつに38年ぶりです。被爆地広島、長崎を訪れ、核兵器廃絶と平和を訴えました。また東京ドームで行われた大規模ミサには、中高生も参列しました。

2020年4月、ついに運用が開始された群馬県の八ッ場ダム。災害時の治水機能のほか、観光客誘致も期待されており、水陸両用バスでめぐるツアーもある

令和2年7月豪雨

日本は世界の中でも自然災害の多い国です。今年も夏から秋にかけて、豪雨や台風に見舞われました。人命や社会生活に大きな被害が生じる災害。身を守り、被害をできるだけ少なくするために、「自助・共助・公助」の3つの視点で防災を考えていくことが必要です。

災害

豪雨では家屋が倒壊したり流されたりするだけでなく、その後の災害ごみの処理も大きな問題となる

今年は感染防止のため、避難所の風景もこれまでとは異なり、仕切りを設けたり距離をとったりする対策がとられた

北海道白老町に、アイヌ文化の復興・発展の
ための拠点となるナショナルセンター、ウポ
ポイ（民族共生 象 徴 空間）が開業した

民族の多様性

海外では先住民族の権利回復が進んでいます。
日本にも先住民族アイヌがいます。先住民族
の尊厳を尊重し、差別のない多様で豊かな文
化を持つ活力ある社会を築いていくために、
かれらの文化を見直し、復興・発展を目指し
ていく。民族問題はよそ事ではなく、私たち
も取り組むべき課題です。

日本に生きる

第16章・第23章
文化

第15章
漁業

かつては世界一の水産大国だった日本。
しかし地球環境の変化や近隣諸国との
漁獲競争など、さまざまな理由による
資源の減少のために、現在では諸外国
に比べて、日本の水産業は大きく衰退
しています。

不漁が続けば、旬の時期にもサンマが気軽に
食べられなくなるかもしれない

第17章・第18章
交通

（左）10月より運行を開始したバス高速輸送システム「東京BRT」の連節車両
（下）ビジネス交流の拠点を目指す山手線の新駅、高輪ゲートウェイ駅

交通機関は人びとが生活を営む上で欠かせないも
のです。新駅や新しい乗り物の導入でより便利に
なり、街が活性化していきます。一方で、リニア
中央新幹線の問題のように開発のために自然環境
を犠牲にせず、両立する方法も問われています。

朝鮮戦争から70年

1950年の朝鮮戦争勃発から70年。冷戦後も韓国に武力挑発をくり返してきた北朝鮮に対し、文在寅政権は南北融和路線をとってきました。しかし、脱北者団体のビラ問題をきっかけに北朝鮮側は再び対立姿勢を強め、緊張が高まっています。

平壌の祖国解放戦争参戦烈士墓を訪れて献花を行う市民

イギリスEU離脱

2020年1月31日、ついにイギリスがEUから離脱しました。終止符が打たれたものの、まだEUとの通商交渉は続いています。日本との経済連携協定も新たに結ばれ、これまでとはちがう各国との関係がスタートします。

「ブレグジット」を歓迎する人びと

第1の章・第21章

国家

第4の章・第14章

環境

東アフリカでバッタが大量発生。
食糧危機も懸念される

オーストラリアでは大規模な森林火災により
コアラなど多くの野生動物が犠牲に

気候変動による影響

今、世界でおきている事象の多くは気候変動に関係しています。生活に密着するプラスチックごみ問題も、自然災害、エネルギー問題も。地球環境をめぐって世界の国ぐには話し合いをくり返してきました。人間だけでなく、すべての生き物にとって持続可能な地球をつくるという課題と、私たちは向き合っています。

民主主義を守る

「香港国家安全維持法」が成立、施行されました。この反政府運動を取り締まる法律により、香港の一国二制度は事実上終わりました。市民が力強く権利を訴えてきた香港が今、中国の統制のために民主主義を失いつつあります。

アメリカで、黒人男性が白人警官に暴行され死亡した事件を発端に、世界中で「Black Lives Matter（黒人の命は大切＝BLM）」の運動がおこっています。自由の国といわれるアメリカにも人種差別は根強く残っています。

デモ参加の若者が旗を手に「革命」をよびかける

第6章・第20章

黒人差別への抗議

権利

世界を知る

テニスの大坂なおみ選手は人種差別の被害者の名が書かれたマスクを着け、抗議を続けた

アメリカ大統領選のゆくえも気になるところ。トランプ氏が人種差別抗議デモを非難した一方で、バイデン氏は副大統領候補に黒人女性ハリス氏を指名

第1章

感染症

海外の対策

新型コロナウイルスにより世界は「パンデミック」の状態に。医療崩壊の危機や厳しい外出制限などを経て、対人距離の確保や、屋外でのマスク着用の義務化など、各国で感染拡大防止の対策が進められています。

感染者が群をぬいて多いアメリカ。防護服を着用して診療にあたる医師のようすは物々しい

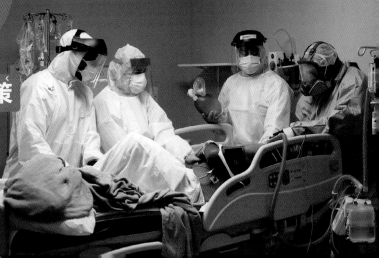

習近平
しゅうきんぺい
中華人民 共 和国の国家主席。
2013年に就 任。2018年、国
家主席の任期を撤廃し、長
期政権へ。

ウラジーミル・プーチン
ロシア連邦大統領。2012年
に大統領に復帰。北方領土
返還問題について日本と協
議を続けている。

菅 義偉
すが よしひで
日本の内閣総理大臣。2020
年9月就 任。自由民主党。
前安倍内閣では長年にわた
り官房長官をつとめた。

ドナルド・トランプ
アメリカ合 衆 国大統領。
2017年1月就 任。自国第一
主義の政策などで国内外か
らの注目を集める。

2020年は
この人に注目！

ボリス・ジョンソン
しゅしょう
イギリス首 相。メイ首相の
後任として2019年7月に就
任。保守党の離脱 強 硬派
として知られる。

アンゲラ・メルケル
ドイツ連邦 共 和国の首 相。
2005年に就 任。ギリシャ
問題、シリア難民問題など
でも活躍。

金正恩
キムジョンウン
朝 鮮民主主義人民 共 和 国
の最高指導者。前指導者金
正 日の三男で、2011年に後
継者となった。

文在寅
ムンジェイン
大韓民国の大統領。2017年
3月に就 任。対北 朝 鮮政策
では融和的な姿勢を示して
いる。

テドロス・アダノム
世界保健機関の事務局長。
2017年就 任。エチオピア出
身。2020年は新型コロナウ
イルス対応で注目を集める。

小池百合子
こいけゆりこ
東京都知事。都民ファース
トの会特別顧問。2016年に
女性初の都知事に就 任し、
2020年再選。

2020重大ニュース

もくじ

■ニュースはどのように入試に出るの？

とくに社会科入試において、入試前年の「重要なニュース」がよく扱われることは広く知られています。扱われることが多いのはやはり「政治」につながるニュースで、「時事問題」とよばれる分野です。

時事問題とは、「現代において人びとの注目を集め、その問題点をみんなで研究・論議して解決していかなくてはならないような政治・外交・社会的なできごと」をいいます。現在、みなさんが学習している社会科は「現代の社会をよりよくするために、いろいろなものごとを知り考えよう」という教科ですから、時事問題は生きた社会科の学習ともいえます。

出題内容は大きく2つに分けられます。ひとつは「ニュースそのものの知識を問うもの」。できごとの起きた場所の名前や状況などを問うような問題ですが、じつは、こうした内容の出題はそう多くはありません。

もうひとつはニュースを切り口としつつ、これに関連した「社会科学習のいろいろな力を問うもの」。その地域の特色、その制度に関する歴史、そのできごとに対するあなたの考えなど、日ごろ学校や塾で学ぶ地理・歴史・公民の重要なことがらが問われます。こうした問題はたいへん多く出題されています。

これはうら返せば、「重要なニュースに関連した分野は入試によく出る」ということであり、「重要なニュースとその関連分野」を学習したかどうかによって、入試当日の学力にはたいへん大きな差ができます。

こうした問題への対策として大切なことは、ふだんから世の中の動きに目を向けて、新聞やテレビで伝えられるできごとが、日ごろ学習していることとどのように関連しているかを意識する姿勢です。

『重大ニュース』は、長年、入試問題を分析してきた日能研教務部が、来年度中学入試での出題が予想されるニュースを厳選し、「そのニュースについての解説」「関連事項の解説」をまとめたものです。さらに確認・総合の2種類の予想問題を提供しています。

1 ニュース解説編

●第1章〜第6章

今年注目を集めたニュースの中から、社会科の学習において最も重要性の高いものを厳選しています。各章は、「ニュースのまとめ」2ページと「ニュースを理解するための解説」2ページで構成してあります。「ニュースのまとめ」はざっと読んでできごとの流れ・背景・問題点などをおさえましょう。「ニュースを理解するための解説」ではニュースとこれまでの学習事項を結びつけて解説しています。塾の授業などで見聞きしたことを復習しておきましょう。

●第7章〜第23章

今年注目を集めたニュースの中から、ポイントをおさえておきたいものを厳選しています。各章は「ニュース」を社会科学習の観点から解説し、1〜2ページにまとめています。要旨やキーワードをおさえましょう。

2 中学入試対策 予想問題編

「こんなニュースがあった翌年の入試では、こんな問題が出題された。こんな分野の出題が増えた。」という過去の膨大な入試データをもとに、来年度の入試で出題される問題を予想したものです。「最新の入試傾向予想」ですからしっかり学習しましょう。「確認問題」と「総合問題」の2種類があります。「確認問題」は、穴埋め形式や一問一答形式で基礎知識をチェックするものです。「総合問題」は、そのニュースを切り口として、ニュースの知識から関連する社会科学習分野までをいろいろな形式で問うものです。実際の入試問題と同様の構成にしてあります。なお、総合問題は上記の第1部の章だけに設けています。

3 時事問題 資料編

時事問題の学習において役に立つ資料や用語をピックアップしています。ここにとりあげたことがらは、今年のニュースにかかわらず、それぞれ単独でも出題されるので、ひととおり目をとおしておくとよいでしょう。

第1編

ニュース解説編

●第1章〜第6章には「ニュースのまとめ」と「ニュースを理解するための解説」があります。
●第7章〜第23章には「ニュースのまとめ」のみがあります。

ニュースの まとめ

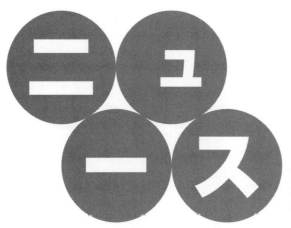

●ニュースのポイント

とくに、入試に出題される ポイントをぬき出して、ま とめてあります。

●写真・図・表

できごとの状況がリアルに 伝わる写真や、できごとの 起きた場所の地図、問題点 の図解、結果をまとめた表、 移り変わりがひと目でわか るグラフなどで理解を深め ます。

●記事

できごとの流れをわかりや すくまとめてあります。な ぜこのできごとが注目を集 めるのか、読み進むうちに 問題点がうきぼりになりま す。

●解説

ニュースのポイントとなる ことがらを、これまで学ん できた「社会科の学習事項」 と結びつけて解説していま す。

ニュースを理解 するための解説

●ワンポイントコラム

わかりにくいことばの解説 や、本文をより深く理解する ための補足説明です。「おぼ えておこう」のマークがつい たものはとくに入試によく出 ることがらです。

1

防護服を着て市街地の消毒に向かう人びと（中国・北京）

新型コロナウイルスと世界の動きに目を向けよう

▶ 確認問題は76ページ
▶ 総合問題は98ページ

新型コロナウイルス感染拡大

ニュースのポイント

● WHOは新型コロナウイルスが「パンデミック」の状態であることを宣言した。
● 世界各地で感染拡大防止の対策がとられている。
● WHOは、感染症の拡大防止のために国際機関としての役割を果たしている。

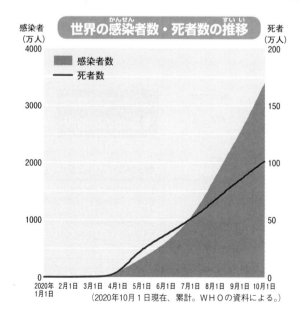

感染者（万人）

世界の感染者数・死者数の推移

死者（万人）

感染者数	
死者数	

4000 — 200
3000 — 150
2000 — 100
1000 — 50
0 — 0

2020年 1月1日 2月1日 3月1日 4月1日 5月1日 6月1日 7月1日 8月1日 9月1日 10月1日

（2020年10月1日現在、累計。WHOの資料による。）

パンデミックの発生

　中国の湖北省武漢市では、2019年末から原因不明の肺炎が多数報告されていました。2020年1月には中国の患者から新型コロナウイルスが検出され、感染者が増えましたが、2月中旬をピークに落ち着きました。しかし、世界各地では感染者数が爆発的に増えました。

　そして2020年3月11日、国連の世界保健機関（WHO）（→P.164）のテドロス・アダノム事務局長は、新型コロナウイルス感染症（COVID-19）が、パンデミック（世界的大流行）の状態であると宣言しました。

新型コロナウイルスとは

「コロナウイルス」は、2002年末から2003年に流行した「重症急性呼吸器症候群（SARS）」や2012年以降流行している「中東呼吸器症候群（MERS）」、現在流行している新型「SARSーCoV2」などの総称です。ウイルスの形状が王冠（ギリシャ語でコロナ）に似ていることからコロナと名づけられました。

新型コロナウイルスに感染すると、発熱やせきなどの症状が出ますが、軽症または無症状のことも多くあります。しかし、肺炎を引き起こすことがあり、高齢者や持病のある人は抵抗力が弱いため重症化しやすくなります。

おもな感染原因は、感染者のくしゃみ、せき、つばなどから感染する「飛沫感染」、ウイルスのついた手で口や鼻にさわる「接触感染」です。放出されたウイルスは最大で72時間生存するとされ、また、症状が出る前や症状がない場合にも感染力があるといわれています。

世界の新型コロナウイルス感染症のおもな経過

時期	できごと
2019年12月	中国の武漢市で、原因不明の肺炎が多数報告される
2020年	
1月14日	WHOが中国の患者から新型コロナウイルスが検出されたと発表
1月16日	日本国内で初めて感染が確認される
1月23日	武漢市が封鎖される
1月30日	WHOが「国際的な緊急事態」を宣言
3月10日	イタリア全土で移動制限
3月11日	WHOがパンデミックを宣言
3月22日	ニューヨーク州で外出制限
6月8日	世界銀行が、2020年の経済成長率が第二次世界大戦以降最悪との見通しを発表
6月28日	世界の感染者数が1000万人を超える
7月18日	世界の死者数が60万人を超える
7月27日	WHO「パンデミックは加速し続けている」
8月11日	世界の感染者数が2000万人を超える
9月9日	世界の製薬会社など9社が新型コロナワクチン開発で"安全最優先"を宣言

感染拡大に対する各国の動き

中国の武漢市では1月から4月にかけて都市封鎖（ロックダウン）を行って人びとの移動を制限するなどしました。その後は、検査数を増やし、感染者の行動記録を公開するなどして流行はおさえられています。

イタリアなどのヨーロッパの国ぐにでは3月から厳しい外出制限が行われ、違反者には罰金も科せられました。やがて制限が緩和されると再び感染者が増え始め、屋外や飲食店でのマスク着用の義務化が進んでいます。

アメリカでも、3月にトランプ大統領が国家非常事態を宣言し、州ごとに外出禁止令などが出されました。しかし、2020年9月10日現在も感染者・死者数は世界最多であり、長引く規制に対し、自由を求める反発も出ています。

一方、日本に近い韓国では、クレジットカードや携帯端末の利用情報から感染者の行動を追跡するとともに、検査数を増やすことで感染者数はある程度おさえられています。

アフリカや南アメリカ、南アジアなどの新興国では、感染者が増加する一方で、経済の回復を優先させている国もあり、都市部から地方へも感染が拡大しています。

いずれの国でも、経済や雇用の回復と感染拡大の防止のバランスが課題となっています。

国名	感染者数	死者数
アメリカ	約712万人	約20万人
インド	約631万人	約10万人
ブラジル	約478万人	約14万人
イタリア	約31万人	約4万人
フランス	約54万人	約3万人
中国	約9万人	約4700人
韓国	約2万人	約420人

（2020年10月1日現在。WHOの資料による）

人類と感染症のあゆみ

細菌やウイルスは人類よりもはるか昔から地球上に存在し、動植物と共存していました。人類は、狩った野生動物や家畜から病原体に接触し、感染していったと考えられています。

人びとが侵略や戦争、貿易のために国境をこえて行き来するようになると、感染症もより遠くへと運ばれました。14世紀には、モンゴル帝国が大陸で支配を拡大するとともに、ペストの流行も各地にもたらされたといわれています。ヨーロッパでは当時の人口の3分の1以上がペストによって命を奪われ、急激に労働力が不足し、それまでの社会のしくみが成り立たなくなるほどでした。15世紀半ば以降の大航海時代には、とくにアメリカ大陸へ天然痘など多くの感染症が持ちこまれ、免疫を持たない現地の人びとに瞬く間に広まりました。

細菌やウイルスは肉眼では見えないため、昔の人びとは感染症を神の怒りなどとしておそれていました。しかし、科学者たちが少しずつその正体を明らかにしていきます。19世紀にヨーロッパを中心にコレラが流行すると、環境衛生が感染症と関係していることがわかり、公衆衛生の考えが広まって、上下水道などが整備されました。そして、19世紀後半以降、科学者たちは細菌やウイルスの存在を発見し、やがて感染を事前に予防するワクチンや、細菌の増殖をおさえる抗生物質、抗ウイルス薬などを開発できるようになっていきました。

現在では、予防や治療方法が確立された感染症も多いですが、人類が唯一根絶に成功した感染症は天然痘のみで、それも1980年のことです。また、グローバル化と交通機関の発達により、人も物も、そして感染症もあっという間に世界中に広まります。新型コロナウイルスに限らず、人類と感染症の闘いは今後も続くことになるでしょう。

> **もっとくわしく**
>
> ### 細菌とウイルス
> 感染症は、病原体（病気の原因となる細菌やウイルス、寄生虫などの小さな生物）が人間の体内に入りこむことで引き起こされる。
>
> このうち細菌は、体内に定着して栄養をとり入れ、自ら分裂して増えていく。一方、ウイルスは顕微鏡でも見えないほど小さい。自分自身では増えることができず、他の生物の細胞に寄生して増える。

代表的な感染症

インフルエンザ（ウイルス）

気温の低い時期に流行することが多く、かつては星や気候などの影響と考えられた。数十年ごとに新型が出現し、1918年に流行したスペインかぜでは、世界人口の約3分の1が感染し、数千万人が死亡したとされる。

コレラ（細菌）

衛生状態の悪い水などにひそみ、飲み水などから感染する。激しい下痢やおう吐などをくり返し、死にいたることも。インドの風土病とされていたが、19世紀にヨーロッパの世界進出とともに世界中に広がり、現在も流行が見られる。

エボラウイルス病（ウイルス）

エボラ出血熱として知られる。コウモリなどの野生生物が感染源と見られている。おう吐や下痢が続き、腸から出血することもある。致死率が高く、地球上で最も危険なウイルスの1つとされている。アフリカを中心に流行が続く。

デング熱（ウイルス）

急激な発熱や頭痛、目の奥の痛み、筋肉痛、発疹などが出る。蚊がウイルスを媒介して感染を広めている。ワクチンや抗ウイルス薬はまだない。熱帯や亜熱帯を中心に流行が続いており、過去には日本国内での感染例がある。

天然痘（ウイルス）

数千年前から人類が感染していたとされる。発熱後に赤い発疹が顔や手足にでき、水ぶくれとなって激しく痛む。感染力が強く、致死率も高い。また、生存してもその痕が残る。人類が唯一根絶した感染症。

ペスト（細菌）

リンパ節がはれて痛み、紫がかった発疹ができる。皮ふが黒くなる症状から「黒死病」とおそれられた。野生のネズミなどにつくノミが菌を運び、直接または動物を介して感染を広げる。

WHOの国際機関としての役割

世界保健機関（WHO）は、国際連合の保健分野の専門機関として1948年に設立されました。本部はスイスのジュネーブに置かれています。「すべての人々が可能な最高の健康水準に到達すること」（WHO憲章第1条）を目的として、感染症やその他の病気を撲滅するための活動や、医療・保健に関する事業の推進や、調査・研究などを行っています。WHOの資金のほとんどは、国や団体などの寄付によるもので、WHO加盟国の分担金からの拠出は約20%未満となっています。

WHOのテドロス事務局長は、2020年4月の記者会見において、どのようにしてWHOが国際社会を導いているのか、以下の5つの方法を説明しました。

- 各国の準備と対応を支援する
- 正確な情報を提供し、危険なデマを打ちこわす
- 不可欠な物資が最前線の医療従事者に届くようにする
- 医療従事者の研修と動員
- ワクチン研究

必要な物資が必要な人に届くよう調整したり、ワクチン研究に力を注いだりすることはもちろん、**特定の国や地域の利益を優先するのではなく、公平性、客観性、中立性をもって全世界の人びとに奉仕するため、どのような対応をするべきか、そのために何が必要かを明らかにするなど、国際機関としてリーダーシップを発揮することは重要な役割です。**人びとの命を救うために必要な情報を、信頼できる情報源から、素早く正確に発信することで、インフォデミックを防止するという役割もあります。

しかし、新型コロナウイルス感染症の拡大に対するWHOの対応について、発信された情報が混乱を招いたり、パンデミック宣言がおくれたりしたこと、WHO運営の中立性に問題があることなどが指摘されています。そして、最大の資金拠出国であるアメリカは、WHOから脱退するとトランプ大統領が表明しています。

公衆衛生

人びとの健康の保持、増進をはかるために行われる、伝染病などの予防や心身の健康管理、上下水道などの環境衛生の改善といった取り組み。日本国憲法第25条第2項において公衆衛生について規定されており、厚生労働省および各地の保健所が中心となって活動している。

インフォデミック

病気が広い地域で流行する「エピデミック」（「パンデミック」は世界的な流行を指す）と、「インフォメーション（情報）」を組み合わせたことば。

デマやうわさなど、誤った情報や誤解を招く情報をふくめた、大量の情報が拡散されることで、社会に影響をおよぼす現象のこと。日本でも、今回の新型コロナウイルスの感染拡大にともなってインターネット上ではさまざまな情報が拡散して混乱が起こった。

スイスのジュネーブにあるWHOの本部

ソーシャルディスタンスを保ちながらサッカーを観戦する人びと

新型コロナウイルスと日本の動きに目を向けよう

▶確認問題は77ページ
▶総合問題は102ページ

日本全国で緊急事態宣言

ニュースの
ポイント

●日本国内でも新型コロナウイルス感染 症が大都市を中心に全国へ広がった。
●外出自粛や学校の休校などが要請され、経済活動や国民生活が大きな影 響を受けた。
●感染拡大を長期的に防いでいくために、新しい生活様式が提案されるようになった。

1日あたり全国PCR検査新規陽性者数

(人)
1800
1600
1400
1200
1000
800
600
400
200
0
2020/1/16 2/16 3/16 4/16 5/16 6/16 7/16 8/16 9/16

4/7
緊急事態宣言

5/25
宣言解除

(厚生労働省の資料をもとに作成)

日本国内での感染の広がり

　2020年1月中 旬、日本国内で新型コロナウイルスの感染が初めて確認されました。2月初めには、横浜港に停泊するクルーズ船で感染者が続出し、2月中旬には国内初の死者も出ました。その後、東京都や大阪府、北海道でも感染者集団（クラスター）が発生するなど、都市部を中心に感染が広がりました。4月7日に緊 急事態宣言が発令され、1か月以上におよぶ自粛期間を経たことで、感染者数が減少し、宣言は解除されました。しかし、7月中旬から再び感染者が増加しています。

日本政府の対応

日本国内で感染拡大の兆候が見られると、政府は、2020年2月下旬にイベントの自粛や、小中高校の春休みまでの休校などを要請しました。また、2020年に開催予定だった東京オリンピック・パラリンピックや、立皇嗣の礼が延期されるなど、多くの人が集まるイベントや集会なども延期や中止となりました。

それでも感染が収まらず、医療現場では、入院患者が急増し、ベッド数や重症患者に用いる体外式膜型人工肺（ECMO）の台数が不足し、院内感染が発生するなど危機的な状況となりました。そこで政府は、**新型インフルエ**(→P.162)**ンザ等対策特別措置法にもとづき、4月7日には緊急事態宣言を発令**しました。日本では、欧米のような都市封鎖（ロックダウン）はせず、**各都道府県知事が地域の状況をふまえた不要不急の外出自粛や、休業要請、県をまたぐ移動の制限などの要請や指示をしました。**また政府は、外国への渡航中止勧告を出し、外国からの入国も制限しました。

新型コロナと私たちの暮らし

約1か月にわたる緊急事態宣言は、段階的に解除されましたが、経済活動も大幅に縮小せざるを得なくなり、企業の経営や家計にも深刻な影響をあたえました。2020年4～6月期の国内総生産（GDP）は年率27.8%減と(→P.157)なり、戦後最悪のマイナス成長となりました。

政府は、緊急経済対策を行い、1住所あたり2枚ずつの布製マスクの配布や、家計支援として1人あたり10万円の特別定額給付金の給付、事業継続や雇用の維持の支援として持続化給付金や雇用調整助成金の給付などを行いました。また、感染拡大によって低迷した観光需要を戻すためのGo To トラベル事業(→P.157)も打ち出されました。

5月上旬には、政府の専門家会議をふまえ、感染拡大を長期間防ぐために、「新しい生活様式」が示されました。私たちは、これまでの生活を見直し、今後もしばらくは、新型コロナウイルス感染症と共生しながら、社会経済活動を送る日々が続きそうです。

国内の新型コロナウイルス感染症のおもな経過

時期	できごと
2020年	
1月16日	国内で初めて感染者が確認される
2月3日	感染した乗客を乗せたクルーズ船が横浜港に入港
2月13日	国内で初めて感染者が死亡
2月27日	安倍首相が全国の小中高校に臨時休校要請の考えを示す
3月24日	東京オリンピック・パラリンピックが延期
4月7日	7都府県に緊急事態宣言（16日に全国に拡大）
5月14日	「緊急事態宣言」39県で解除（8都道府県は継続）
5月20日	夏の全国高校野球、戦後初の中止決定
5月21日	緊急事態宣言、関西は解除。首都圏と北海道は継続
5月25日	緊急事態宣言が約1か月半ぶりに全国で解除
6月19日	都道府県をまたぐ移動の自粛要請が全国で緩和
7月10日	国内の1日の感染者が4月24日以来400人超える
7月22日	「Go To トラベル」事業が始まる
7月28日	国内の死者が1000人を超える（クルーズ船を除く）
8月28日	政府が新型コロナ対策の新たな方針発表

新しい生活様式の実践例（一部抜粋）

一人ひとりの基本的感染対策	・人との間隔は、できるだけ2m（最低1m）あける ・症状がなくてもマスクを着用 ・手洗いは30秒程度かけて水とせっけんで
移動	・だれとどこで会ったかをメモにする。接触確認アプリの活用も
日常生活	・「3密」の回避（密集、密接、密閉） ・毎朝の体温測定、健康チェック
買い物	・1人または少人数ですいた時間に ・通販や電子決済の利用
公共交通機関	・混んでいる時間帯は避けて
食事	・持ち帰りや出前、デリバリーも ・対面ではなく横並びですわろう
働き方	・テレワークやローテーション勤務 ・時差通勤でゆったりと ・会議はオンライン
娯楽・スポーツ等	・公園はすいた時間、場所を選ぶ ・歌や応援は、十分な距離かオンラインで

（厚生労働省資料をもとに作成）

日本での感染症のあゆみ

日本の歴史をふり返ると、これまでにも何度か天然痘やコレラ、結核といった感染症が大流行した時期がありました。

代表的な感染症の1つが天然痘です。奈良時代には、大陸との玄関口であった九州で流行し、やがて奈良の都にも広がり、737年には政治の中心にいた藤原四兄弟（武智麻呂、房前、宇合、麻呂）も相次いで命を奪われました。聖武天皇は、仏教の力で病を鎮めようと、743年に大仏建立の詔を出しました。

江戸時代には、外国との交流を極端に制限していたものの、日本に定着していた天然痘やはしか（麻疹）などの感染症がたびたび流行しました。このころには、古くに中国から伝わった医学や、新たにオランダから伝わった医学が発達し、多くの医師が病気の治療にあたりました。医師で蘭学者の緒方洪庵は、1849年に種痘所を開き、種痘（天然痘の予防接種）の普及に力を入れました。さらに、幕末にコレラが流行すると、『虎狼痢治準』という治療指針を示した本を出版しました。

明治時代には、医学や科学が急速に進歩し、西洋で医学を学んだ日本人が、世界的な業績を残しました。また、感染症に対する薬や注射の開発に加え、感染症を予防するワクチンも開発されました。さらに、感染症予防として公衆衛生の考えも広まりました。上下水道の整備が進められ、1897年には、感染症の予防や対策をするための伝染病予防法が制定され、その考え方は1998年に、それに代わる感染症予防法に引き継がれました。

もっとくわしく
光明皇后による社会福祉事業

聖武天皇の皇后、光明皇后は、貧しい病人に薬をあたえて治療する施薬院や、貧しい人や病人、子どもを収容する悲田院を設けた。また、聖武天皇の死後には、天皇の遺品とともに、約60種類の薬を大仏に納めた。これは、病に苦しむ人が必要に応じて薬を飲んで、病から救われることを願ってのことで、薬は正倉院に保管された。

もっとくわしく
適塾（適々斎塾）

1838年に緒方洪庵が大阪に開いた蘭学塾。ここでは、蘭学会読や医学・軍事科学などの勉学が行われ、種痘事業やコレラ治療なども行われた。全国から多くの門下生が集まり、幕末から明治維新にかけて活躍する人材を輩出した。その中には、慶應義塾の創立者である福沢諭吉や、日本の近代的軍制の創設者である大村益次郎、安政の大獄で処刑された橋本左内らがいる。

明治以降に感染症対策で功績を残した人物

北里柴三郎（1853〜1931年）

「日本の細菌学の父」として知られる。破傷風菌の純粋培養に成功し、血清療法も始める。ペスト菌も発見。2024年から新千円札の肖像となる。

志賀潔（1870〜1957）

北里柴三郎の弟子。赤痢菌を発見。世界初の結核のBCGワクチンをフランスから日本に持ち帰り、研究を続ける。

野口英世（1876〜1928年）

北里柴三郎の弟子。蛇毒や梅毒病原体の研究で成果をあげる。黄熱病の研究の最中に自らが感染して死亡。現在の千円札の肖像となっている。

日本の公衆衛生のしくみと保健所の役割

日本の社会保障は、「国民の生活の安定が損なわれた場合に、国民にすこやかで安心できる生活を保障することを目的として、公的責任で生活を支える給付を行うもの」であり、日本国憲法にもとづき、社会保険、社会福祉、公的扶助（生活保護）、公衆衛生の4つの柱から成り立っています。このうち**公衆衛生は、感染症などの予防や健康管理、上下水道などの環境衛生の改善を進めるしくみです。そして、国民が健康的な生活を送るための取り組みを公的に行っているのが保健所です。**保健所は、地域の人が健康で安心してくらせるように、地域保健法にもとづき、都道府県、政令指定都市、中核都市などに置かれ、全国に469（2020年4月1日現在）あります。

2020年に流行した新型コロナウイルス感染症も、保健所が対応の窓口となりました。保健所は、感染への不安や検査に関する電話を受け、PCR検査が必要かどうかを判別し、感染拡大を防ぐために濃厚接触者や関係先を調べます。さらに、陽性者の健康観察や、療養後に陰性になったかも確認します。これらの業務が保健所に集中し、人手不足が深刻となりました。

世界の国ぐにに比べ日本では、新型コロナウイルス感染症が爆発的に拡大してはいません。その要因には、公衆衛生に対する保健所を中心とした取り組みや、国民の感染症への意識や関心の高さなども関係しているかもしれません。

おぼえておこう

日本国憲法第25条

第25条には、生存権が示され、第2項では、生存権を実現するための国の義務が定められている。

第25条

① すべて国民は、健康で文化的な最低限度の生活を営む権利を有する。

② 国は、すべての生活部面について、社会福祉、社会保障及び公衆衛生の向上及び増進に努めなければならない。

もっとくわしく

PCR検査とは？

PCRとは、ポリメラーゼ連鎖反応（Polymerase Chain Reaction）の略。ウイルスの遺伝子を増幅させて検出する方法。鼻や咽頭をぬぐって細胞を採取。医療機関で採取された検体は、検査機関に送られ、陽性・陰性が判別される。日本の検査数が、世界と比べて少ないことも指摘されている。

保健所の仕事

保健指導のほかに、快適な生活環境の確保のための仕事がある。
・エイズ、結核、性病、伝染病その他の疾病の予防
・がん等の生活習慣病の検診
・妊産婦・乳幼児に対する健康診査
・保健師による健康相談や一般的な健康診断
・食中毒の原因調査や予防対策
・理・美容業、クリーニング業等の施設の衛生管理や指導
・動物愛護や狂犬病予防　　など

新型コロナウイルス感染症のウイルス検査

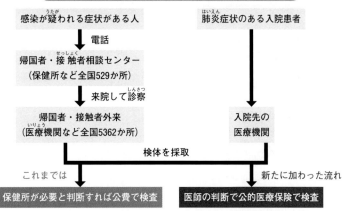

検体は、地方衛生研究所や民間検査機関などに輸送される。
（9月16日現在、厚生労働省資料などより）

記録的な大雨で球磨川が氾濫し、浸水した熊本県人吉市の市街地

自然災害とその対策に目を向けよう

▶ 確認問題は78ページ
▶ 総合問題は106ページ

令和2年7月豪雨

ニュースの
ポイント

- ●梅雨前線の停滞による大雨で、とくに熊本県は大きな被害を受けた。
- ●日本は近年、毎年のように線状降水帯による豪雨に見舞われている。
- ●静岡県浜松市で、国内観測史上最高気温にならぶ41.1℃を記録した。

近年の日本の風水害

災害名	被害の大きかった地域	死者・行方不明者数
令和2年7月豪雨	熊本県など	86名
令和元年東日本台風	福島県など	101名
令和元年房総半島台風	千葉県など	3名
平成30年7月豪雨	広島県など	271名
平成29年九州北部豪雨	福岡県など	44名

※死者・行方不明者数は消防庁の統計によるもので、変わることもある。

熊本県南部で豪雨

2020年7月3日夜から4日朝にかけて、梅雨前線の影響で、熊本県と鹿児島県は記録的な大雨に見舞われました。気象庁は、両県では初めてとなる大雨特別警報を発令しました。(→P.166)この大雨により、**熊本県南部を流れる球磨川が氾濫し、流域の人吉市や球磨村など広い範囲で浸水被害が出ました。**球磨村では浸水した特別養護老人ホームの入所者が亡くなるなど、熊本県内で死者・行方不明者67名、家屋の被害9000棟以上という大きな被害が発生しました。

球磨川上流では、7月4日11時までの24時間雨量が490mmを記録しました。東京の年降水量の平年値が約1500mmですから、東京の年間降水量のおよそ3分の1にあたる雨が、わずか1日で降ったことになります。これほどの大雨をもたらした要因は、**大量の水蒸気が梅雨前線に向かって流れこんで線状降水帯を形成し、これが長時間にわたって停滞したこと**だとみられています。線状降水帯では、大雨を降らせる積乱雲が次々と発生して線状にならび、同じ場所で継続して猛烈な雨が降ります。近年は、**線状降水帯が形成されることによる集中豪雨が増えています。**

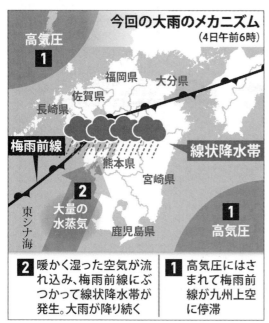

今回の大雨のメカニズム
（4日午前6時）

高気圧 **1**

福岡県　大分県

佐賀県

長崎県

梅雨前線　　　　　**線状降水帯**

熊本県

宮崎県

東シナ海　**2** 大量の水蒸気　鹿児島県　**1** 高気圧

2 暖かく湿った空気が流れ込み、梅雨前線にぶつかって線状降水帯が発生。大雨が降り続く

1 高気圧にはさまれて梅雨前線が九州上空に停滞

（毎日新聞2020年7月6日朝刊より）

停滞を続ける梅雨前線

熊本県南部に大きな被害をもたらした梅雨前線の北上にともない、7月6日午後から7日朝にかけては、九州北部がはげしい雨に見舞われ、気象庁は長崎県、佐賀県、福岡県に大雨特別警報を発令しました。この大雨で筑後川が氾濫し、氾濫地点の大分県日田市や福

岡県大牟田市では浸水被害が相次ぎました。

停滞する梅雨前線の影響による大雨は、本州でも被害をもたらしました。7月8日朝、岐阜県下呂市で飛騨川が氾濫し、同日午前、気象庁は岐阜県、長野県に大雨特別警報を発令しました。7月14日には、西日本で局地的にはげしい雨が降り、広島県では土砂災害が相次ぎ、島根県では江の川が氾濫しました。7月28日夜から29日朝にかけては、山形県で記録的な大雨となり、最上川が53年ぶりに氾濫し、多くの住宅で浸水被害が出ました。

7月3日から7月31日にかけて続いた一連の大雨について、気象庁は災害の経験や教訓を後世に伝えることなどを目的として、「令和2年7月豪雨」と名称を定めました。

おそい梅雨明け

2020年は、沖縄をのぞき、各地で梅雨明けが平年よりおくれました。**気象庁は8月1日、関東甲信で梅雨明けしたとみられると発表しました**が、関東甲信で梅雨明けが8月となるのは2007年以来のことでした。また、7月は台風の発生が観測史上初めてゼロでしたが、これも梅雨前線の停滞と関係があります。

梅雨前線が日本列島付近で停滞した理由のひとつが、列島の東側にある太平洋高気圧がなかなか北へ張り出さず、梅雨前線を押し上げなかったことです。一方、この太平洋高気圧が、台風の生まれる場所であるフィリピン東海域に張り出した影響で、熱帯低気圧ができにくく、台風が発生しませんでした。

梅雨が明けてからは日本各地で連日暑い日が続き、8月17日には**静岡県浜松市で41.1℃を観測し、2018年に埼玉県熊谷市で観測された国内最高気温とならびました。**

日本の自然災害

　令和2年7月豪雨で、気象庁は4日に熊本県と鹿児島県、6日に福岡県と佐賀県と長崎県、8日に長野県と岐阜県に大雨特別警報を発令しました。**特別警報は「数十年に一度」という危険が予測される場合に発令されます**が、特別警報の制度が始まった2013年以来、毎年全国のどこかで大雨特別警報が出され、年間の発令ペースは平均2回になっています。こうした豪雨は、**地球温暖化にともなって頻度やはげしさが増している**と考えられています。温暖化で海面水温が上昇すれば、大気中に供給される水蒸気量が増え、また、気温が上昇すれば大気がふくむことのできる水蒸気量が増えるからです。気象庁は、世界の二酸化炭素排出が今のペースで続いた場合、今世紀末に国内で1日200mm以上の大雨が降る頻度は20世紀末の2倍以上になると予測しています。

　梅雨前線による大雨、洪水、土砂くずれなどの災害だけでなく、日本では毎年のように台風や大雪、地震、火山噴火などによる災害も発生しています。これらに加えて近年では、猛暑や局地的なゲリラ豪雨、竜巻などによる災害も発生しています。

　こうした自然災害の中でも、4つのプレートが接する場所にある日本では、世界の国ぐにと比べて地震や火山活動による災害が多くなっています。

日本のおもな地震と火山の噴火 （平成以降）

1991年	雲仙岳噴火
1993年	北海道南西沖地震
1995年	兵庫県南部地震（阪神・淡路大震災）
2000年	有珠山噴火、三宅島噴火
2004年	新潟県中越地震
2007年	新潟県中越沖地震
2011年	東北地方太平洋沖地震（東日本大震災）
2014年	御嶽山噴火
2015年	口永良部島噴火
2016年	熊本地震
2018年	北海道胆振東部地震

もっとくわしく

パリ協定

　世界のほぼすべての国が参加する地球温暖化対策の国際的な枠組み。世界の平均気温上昇を産業革命前と比較して2℃未満低く保つとともに、1.5℃におさえる努力をすることを目標としている。気温上昇を2℃未満におさえるためには2075年ごろまでに、1.5℃におさえるためには2050年に、世界全体の温室効果ガス排出量を実質的にゼロ（排出量から森林による吸収量を引いて算出）にする必要があるとされている。2020年、パリ協定は実施段階に入った。各国が削減目標をさらに引き上げ、対策を強化することが期待されている。

おぼえておこう

阪神・淡路大震災

　1995年1月17日早朝、兵庫県南部地震がおこった。この地震は、陸側のプレート内部の浅いところで岩盤がずれ動いて発生した。戦後初めておそった大都市直下型地震で、多くの建物が倒壊し、死者行方不明者は6437名にのぼった。この阪神・淡路大震災から四半世紀が経過したが、今も災害公営住宅で不便な生活をしている人も多い。

防災・減災への取り組み

　国や地方公共団体では、相次ぐ自然災害の被害を最小限におさえるための災害対策（たいさく）を進めています。気象庁では、2013年から特別警報の運用を始めたり、さまざまな防災気象情報を国や地方公共団体などの防災関係機関に提供（ていきょう）したりしています。また、地方公共団体では、ハザードマップを作成して配布したり、(→P.169) 災害による被害が発生する可能性がある場合には避難（ひなん）情報を出したりしています。

　一方、これらの避難情報を発表しても**住民の避難行動につながらないことや、情報がうまく伝わらないことなど、多くの課題もあります。**そこで政府は、住民が避難するタイミングをわかりやすく伝えるために、2019年5月から、災害の危険度を5段階（だんかい）で示す新たな警戒（けいかい）レベルの運用を始めました。

　こうした行政による災害対策だけでなく、住民が自ら情報を収集（しゅうしゅう）して、災害時には主体的に避難行動をとることがとても重要です。**ハザードマップで自分の住んでいる地域（ちいき）の危険性を把握（はあく）したり、避難経路や避難場所、災害時の家族との連絡（れんらく）方法を事前に確認（かくにん）したりする**ことが、防災・減災を実現する第一歩となります。

5段階（だんかい）の警戒（けいかい）レベルと避難（ひなん）情報

警戒レベル	防災気象情報		避難情報
5	大雨特別警報	氾濫発生情報（はんらん）	災害発生情報
	➡ 住民は命を守るための最善（さいぜん）の行動を取る		
4	土砂災害警戒情報（どしゃ）	氾濫危険情報（きけん）	避難勧告（かんこく）・指示
	➡ 速やかに避難・避難を完了（すみ）しておく		
3	大雨・洪水警報（こうずい）	氾濫警戒情報	避難準備・高齢者等避難開始（こうれいしゃ）
	➡ 避難準備が整い次第、避難を開始する 高齢者等は速やかに避難する		
2	大雨・洪水注意報	氾濫注意情報	
	➡ ハザードマップ等で避難行動を確認		
1	早期注意情報		
	➡ 災害への心構えを高める		

（毎日新聞2020年7月7日朝刊より）

おぼえておこう

自助・共助・公助

　自然災害から身を守るためには、国や地方公共団体による防災の取り組み（公助）だけでなく、自分の身は自分で守ること（自助）、同じ地域に暮らす人びとが助け合うこと（共助）も必要である。

おぼえておこう

災害用伝言板
災害用伝言ダイヤル

　災害用伝言板は、災害時に安否情報（あんぴ）と100文字以内の伝言を登録できる電子伝言板。災害用伝言ダイヤルは、災害時に電話を用いて音声の録音・再生ができるもので、ダイヤルは「171」。災害時には音声通話が集中し、電話がつながりにくくなるため、これらのサービスは、被災者（ひさい）が家族などに安否や居場所の連絡（れんらく）をすることなどに役立つ。

もっとくわしく

コロナ禍（か）の中での避難（ひなん）

　熊本県南部をおそった豪雨（ごう）は、新型コロナウイルス感染症（かんせんしょうたい）対策に取り組みながら本格的に避難所を運営する初のケースとなった。避難所では検温、マスク着用、手指消毒はもちろん、3密回避（みつみつひ）のため居住スペースは世帯ごとに一定間隔（かんかく）を空け、間に仕切りを設置した。

　また、コロナ対策で災害ボランティアの受け入れが県内在住者に限定されたため、人手不足による復興（ふっこう）のおくれが心配された。

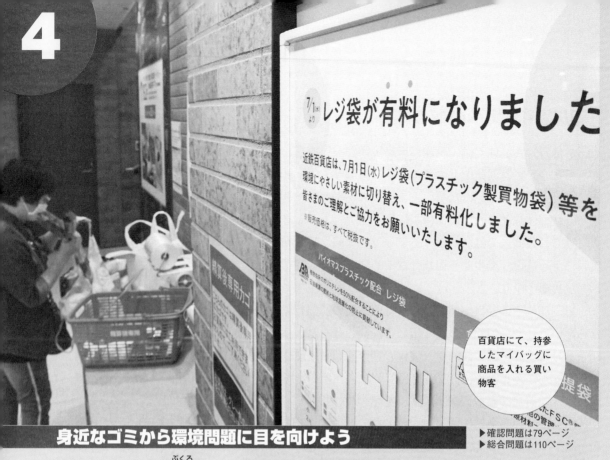

4

7/1（水）より レジ袋が有料になりました

近鉄百貨店は、7月1日（水）レジ袋（プラスチック製買物袋）等を環境にやさしい素材に切り替え、一部有料化しました。皆さまのご理解とご協力をお願いいたします。

※販売価格は、すべて税抜です。

バイオマスプラスチック配合 レジ袋
植物由来のポリエチレンを50%以上配合することにより
CO₂由来の削減や地球温暖化の防止に貢献しています。

百貨店にて、持参したマイバッグに商品を入れる買い物客

▶ 確認問題は79ページ
▶ 総合問題は110ページ

身近なゴミから環境問題に目を向けよう

レジ袋の有料化スタート

ニュースのポイント

- 2020年7月1日から、プラスチック製買物袋（レジ袋）の有料化が義務づけられた。
- レジ袋の有料化は、海洋プラスチックごみの問題が背景となっている。
- 日本はプラスチックごみの輸出国だが、その処理にはまだ課題が残っている。

プラスチックごみの内訳

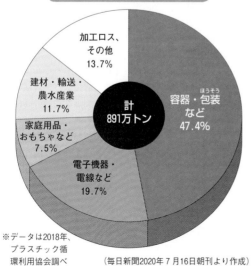

計 891万トン

- 容器・包装など 47.4%
- 加工ロス、その他 13.7%
- 建材・輸送・農水産業 11.7%
- 家庭用品・おもちゃなど 7.5%
- 電子機器・電線など 19.7%

※データは2018年、プラスチック循環利用協会調べ

（毎日新聞2020年7月16日朝刊より作成）

レジ袋有料化で環境改善

　2020年7月1月から、全国でプラスチック製買物袋（レジ袋）の有料化が義務づけられました。これをきっかけにプラスチックの過剰な使用をおさえ、環境問題を改善することが目的です。有料化の対象は、購入した商品を持ち運ぶために用いる、持ち手のついたプラスチック製買物袋で、紙袋や布の袋、持ち手のないビニール袋などは対象になりません。また、プラスチック製であっても、くり返し使える厚手のものや、環境に配慮した素材を使用したものは、対象外となります。

レジ袋有料化の背景

　プラスチックは原油から精製されたナフサがおもな原料です。不要になったプラスチックが処理される方法には、いくつかあります。たとえば、直接そのものを焼却したり、埋め立てたりするほか、新たにプラスチックをつくるために再利用したりしています。ほかにも、プラスチックを燃やしてその熱エネルギーを利用する、サーマルリサイクルという活用方法があります。また、プラスチックごみは、洗浄して再利用すれば石油のかわりにプラスチックの原料となることなどから、外国に輸出されることもあります。

　しかし、プラスチックごみは適切に処分・有効利用されるものばかりではありません。**近年は、海洋プラスチックとよばれる、海中のプラスチックごみが問題となっています。**プラスチックは分解されにくく、いったん海に流れ出ると、そのまま海中をただよいます。生き物のなかには、ストローが体に刺さったり、ビニール袋をえさとまちがえて食べて胃の中に蓄積されたりするものもいます。また、プラスチックごみは長時間海にただよううちに、紫外線や熱、波の力によって細かくくだかれます。**直径5mm以下の小さなプラスチックを**マイクロプラスチックといい、その大きさになると回収することが難しくなります。また、プラスチックには、環境ホルモンとよばれる、生き物に有害な影響を引きおこす物質が吸着することがあります。そのため、プラスチックを食べた魚や、その魚を食べた人の体内に、有害物質が取りこまれる心配もあります。（→P.175）

　2019年6月に開かれたG20大阪サミットでは、早急に取り組むべき課題として、プラスチックごみによる海洋汚染問題が主要テーマのひとつとなりました。

日本のプラスチックごみ

　世界的なプラスチックごみの問題を受け、有害廃棄物の輸出入の規制について定めたバーゼル条約が改正され、汚れたプラスチックごみの輸出規制が強化されることになりました。日本は、プラスチックごみの海外への輸出も行ってきましたが、すでにプラスチックごみの輸入を禁止する国も出てきており、プラスチックごみの国内の保管量が増加するといったことがおきています。環境にやさしいプラスチックの開発を進めるだけでなく、プラスチックごみの排出量を減らすことも、今後ますます必要となっていくでしょう。

有料化の対象外になるプラスチック製買物袋（レジ袋）

対象外になる要件	対象外になる理由
厚さが50マイクロメートル（0.05mm）以上のもの	くり返し使用できることから、プラスチック製買物袋の過剰な使用をおさえることができる。
海洋生分解性プラスチック（微生物によって海洋で分解されるプラスチック）の配合率が100%のもの	海洋で分解されることにより、海洋プラスチックごみ問題の対策となる。
バイオマス素材（トウモロコシやサトウキビといった、生物由来の資源であるバイオマスを原料としてつくられる素材）の配合率が25%以上のもの	原料となる植物が育つときには、光合成で二酸化炭素を吸収するため、焼却による二酸化炭素の排出量が相殺され、実質的にゼロになったとみなされる。そのため、地球温暖化対策となる。

日本の廃棄物

家庭や企業からは、日々さまざまなごみが出ます。これを廃棄物といい、日本では、これをいくつかの種類に分別し、それぞれに応じた処理をしています。廃棄物は、燃やすものと燃やさないものとに大きく分けられ、燃やさないものから資源として再利用するものが分けられます。そして、焼却されたごみの灰や、焼却処分・再利用をしないごみは、最終処分場で埋め立てられます。

しかし、ものを燃やすことで発生する二酸化炭素は、地球温暖化の原因物質のひとつと考えられています。また、埋め立てをするにも場所には限界があり、埋立地を広げると海岸の生態系に影響をおよぼすといった問題点もあります。

そこで、排出される廃棄物の量そのものを減らすことが重要視されるようになり、2000年には、循環型社会形成推進基本法が制定されました。**廃棄物の発生をおさえることや、資源を再利用すること、再利用されない廃棄物を適切に処分することにより、天然資源の消費をおさえ、環境への負荷ができる限り低減される社会を「循環型社会」と位置づけ、循環型社会を目指すにあたり、国などの基本的な役割が示されました。**

この循環型社会を実現するためのキーワードが、３Rです。これは、ごみの減量につながるReduce（リデュース）・Reuse（リユース）・Recycle（リサイクル）の３つをあわせたものです。
(→P.163)

もっとくわしく

放射性廃棄物

放射性廃棄物は、放射性物質をふくむ廃棄物のことである。

原子力発電では、ウランなどを核分裂反応させ、そこで生じる熱を使って発電を行っている。原子力発電で使い終えたものを使用済燃料とよび、日本では、この使用済燃料の中からウランやプルトニウムを取り出して、再利用している。

しかしながら、使用済燃料の一部は、再利用できずに廃液になるものがある。これをガラス原料ととかし合わせ、ステンレス製の容器に流しこんで冷やして固めたものを、高レベル放射性廃棄物といい、人びとの生活に影響をあたえないよう、安定した深い地層に閉じこめて処分される。

また、原子力発電所の構造物や廃液など、高レベル放射性廃棄物以外の放射性廃棄物を低レベル放射性廃棄物とよび、種類に応じた処分がなされる。

循環型社会のしくみ

天然資源の使用量をおさえる

天然資源の使用

生産

Reduce リデュース
ごみになるものを減らす

Recycle リサイクル
使い終わったものを、原材料やエネルギー源として再び使用する

処理

消費・使用

Reuse リユース
一度使い終わっても、捨てずにまた使う

廃棄

焼却する場合は、熱を発電などに利用する

埋め立て

世界の環境問題

　地球の環境問題には、海洋汚染に加えて、地球温暖化、オゾン層の破壊、酸性雨、砂漠化、熱帯雨林の減少などがあげられます。環境問題は世界全体の問題としてとらえられ、1970年以降、各国の首脳や研究者などが集まる会議などが開かれてきました。

地球環境に関するおもな国際会議

1971年	「ラムサール条約」採択
1972年	国連人間環境会議がストックホルム（スウェーデン）で開催
	スローガンは「かけがえのない地球」、「人間環境宣言」採択
	国連環境計画（UNEP）発足（本部：ナイロビ）
	「世界遺産条約」採択
1973年	「ワシントン条約（絶滅のおそれのある野生動植物の種の国際取引に関する条約）」採択
1977年	国連砂漠化防止会議開催
1987年	「モントリオール議定書（オゾン層を破壊する物質に関するモントリオール議定書）」採択
1992年	国連環境開発会議（地球サミット）がリオデジャネイロ（ブラジル）で開催
	スローガンは「持続可能な開発」、「アジェンダ21」採択
1997年	温暖化防止京都会議開催
	「京都議定書」採択
2002年	持続可能な開発に関する世界首脳会議（環境開発サミット）がヨハネスブルグ（南アフリカ）で開催
2005年	「京都議定書」発効
2012年	国連持続可能な開発会議（リオ＋20）がリオデジャネイロ（ブラジル）で開催
2015年	「パリ協定」採択
	国連持続可能な開発サミットがニューヨーク（アメリカ）の国連本部で開催
	「持続可能な開発目標（SDGs）」を掲げた「我々の世界を変革する：持続可能な開発のための2030アジェンダ」採択

　2015年に採択された2030アジェンダの中では、「持続可能な開発目標（SDGs）」という17の目標が掲げられています。そのなかには、「つくる責任　つかう責任」「気候変動に具体的な対策を」「海の豊かさを守ろう」「陸の豊かさも守ろう」といった目標があります。

　プラスチックは、住宅などの断熱材にも使われ、それによって家庭で使われるエネルギーの消費をおさえることができます。また、レトルトパウチ食品のように、プラスチック製の容器包装によって、食品を常温で長期保存ができることで、保管するために電力などを使わなくてすみ、食品のむだもなくせるといった利点もあります。

　プラスチックの使用によって環境への配慮につながる点もありますが、そのプラスチックが使われたあとに、環境の中にプラスチックがとどまることで、生き物に悪影響をあたえてしまっては、持続可能な開発とはいえません。人間にとって快適かつ住みやすい環境をつくるのではなく、地球上の生き物も守られる環境をつくっていくことが課題です。

5

シャッターが閉まった店もならぶ商店街(岡山県)

日本社会の変化に目を向けよう

▶確認問題は80ページ
▶総合問題は114ページ

人口減少で日本はどう変わる？

ニュースのポイント

- 2019年の出生数は過去最少となり、合計特殊出生率は4年連続で低下した。
- 2019年の死亡数は戦後最多となり、日本の総人口は9年連続で減少した。
- 人口減少が進行する地方と、一極集中が続く東京では、異なる問題がおきている。

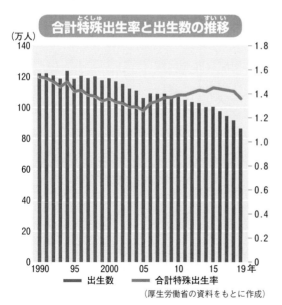

合計特殊出生率と出生数の推移

(万人)

■ 出生数　■ 合計特殊出生率

(厚生労働省の資料をもとに作成)

出生率が4年連続低下

　厚生労働省が発表した2019年の人口動態調査によると、一人の女性が一生に産む子どもの平均数を示す**合計特殊出生率**は、1.36となり、4年連続で低下しました。また、2019年に生まれた子どもの数（出生数）は86万5234人で、1899年に統計をとり始めてから初めて90万人を割りこみました。出産適齢期にあたる25〜39歳の女性の人口は減少傾向で、出生数が回復する兆しは見えません。政府は2025年度を目標に出生率を1.8に引き上げたい考えですが、その達成は厳しさを増しています。

総人口は9年連続減少

　日本の総人口は1億2616万7000人で、9年連続の減少となりました。総人口が減少している大きな理由のひとつは、死亡数が増加していることです。2019年の死亡数は138万1098人で、戦後最多となりました。**死亡数から出生数を引いた「自然減」は51万5864人で、初めて50万人を超えました。**自然減の減少幅は、2007年以降拡大しており、その傾向は今後も続くと見られます。

　少子化が進行していることも総人口の減少に影響をあたえています。少子化が進む背景としては、晩婚化や未婚化が進んでいることや、仕事と子育てを両立する環境整備が追いついていないことなどがあげられます。政府は、幼児教育・保育の無償化や、保育士の処遇改善による人材確保などの対策を行っていますが、その効果は十分ではありません。

　今回の調査結果を都道府県別に見ると、東京圏（東京・埼玉・千葉・神奈川）など7都県で人口増加が確認され、うち沖縄県を除く6都県が「自然減」・「社会増（転入者が転出者を上まわること）」でした。残る40道府県では人口減少がおきていて、その多くが「自然減」・「社会減」でした。

人口減少の地方、一極集中の東京

　人口減少が進行する地方では、公共交通機関が廃止されたり、病院や学校が統廃合されたりしています。また、サービス産業の衰退が進み、生活に必要な商品やサービスが手に入りにくくなり、それと同時に働く場所も減っています。こうしたなかで都市部への人口流出が進むと、地方の経済活動は停滞していきます。そして、この状況がさらに加速すると、地方における過疎化と高齢化が一段と進行し、限界集落が増えるおそれも出てきます。（→P.166）

　人口の一極集中がおきている東京では、待機児童問題が深刻化しやすく、仕事と子育てを両立しにくいことなどから、合計特殊出生率が全国最低となっています。そうした東京に若い世代の人びとが集まることは、結果として日本の出生数を一層減らすことにつながります。また、少子化が改善されないまま東京の人口増加が続くと、近い将来には、高齢者の割合が急増して、介護施設や介護職員が不足するといわれています。この他にも、地震が発生した際の被害が大きくなることや、感染症が流行した場合に感染リスクが高くなることなどが指摘されています。

日本の総人口の推移

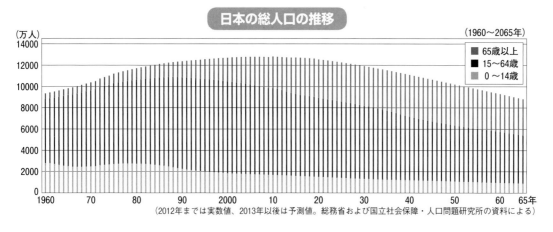

（万人）　　　　　　　　　　　　　　　　　　　　　（1960〜2065年）

凡例：
- 65歳以上
- 15〜64歳
- 0〜14歳

（2012年までは実数値、2013年以後は予測値。総務省および国立社会保障・人口問題研究所の資料による）

進む少子高齢化

　太平洋戦争が終結すると、日本では人口が急速に増えていき、1967年には1億人を突破しました。その後も人口は増加しましたが、経済が成長して人びとの生活が豊かになるにつれ、合計特殊出生率は低下し、人口を同じ水準に保つために必要とされる2.1を下まわり続けるようになりました。一方で、医療技術の進歩により、平均寿命はしだいにのびていきました。こうして日本社会では、少子高齢化が進行していったのです。

　生産年齢人口（15歳〜64歳）は1992年をピークに減少に転じ、近年は労働力不足が深刻化しています。また、**国や地方自治体の税収が減少すること**も問題視されています。

　その反面、高齢者は年々増加が目立っています。**2025年には、第一次ベビーブームで生まれた「団塊の世代」が、全員75歳以上の後期高齢者になります。**後期高齢者は、医療費や介護費用が他の世代よりも多く必要な傾向にあるので、**社会保障関係費の支出額が急増する**と考えられています。

　国立社会保障・人口問題研究所の試算によると、2045年には、65歳以上の高齢者の割合が40％以上をしめる道県が19にのぼり、最も割合が低い東京ですら30％を上まわるとされています。

もっとくわしく

少子高齢化と人口減少

　少子高齢化に歯止めがかからない場合、日本の総人口は2055年には1億人を割りこみ、2065年には9000万人を切ると推計される。大幅な人口減少には、経済の停滞や産業の空洞化といったデメリットがある。しかし、人口の過密状態を解消したり、資源の枯渇を防いだりするメリットもあるといわれている。

おぼえておこう

日本人の平均寿命

　2019年の平均寿命は、女性が87.45歳、男性が81.41歳で、いずれも過去最高を更新した。

2045年の各都道府県の65歳以上の割合

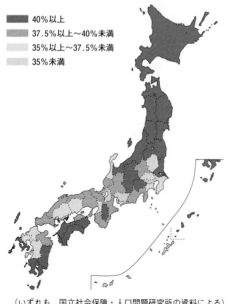

- 40％以上
- 37.5％以上〜40％未満
- 35％以上〜37.5％未満
- 35％未満

（いずれも、国立社会保障・人口問題研究所の資料による）

年齢階級別1人あたりの年間医療費

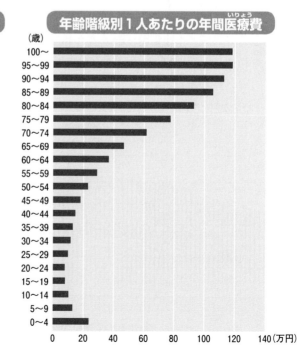

人口減少社会と外国人労働者

　人口減少が続く日本では、労働力をいかに確保していくかが緊急の課題となっています。2018年、政府は出入国管理法（出入国管理及び難民認定法）を改正し、新たな在留資格である「特定技能」を創設しました。これにより、介護業や外食業、農業などの14業種で外国人労働者の受け入れが拡大されることとなり、当初は５年間で最大34万5000人ほどの受け入れが想定されていました。しかし実際は、「特定技能」の在留資格を得た人は想定よりはるかに少なく、2020年６月現在で6000人ほどしかいません。今後の受け入れ人数をのばすためには、おくれている資格試験の整備を進めたり、外国人労働者がいる職場の環境改善や外国人支援体制の充実を図ったりする必要があります。

　外国人労働者は、いまや日本の産業を支える存在となっていますが、今年に入って新型コロナウイルスが感染拡大した影響で、来日予定だった人びとが入国できなくなっています。この状態が長期間続けば、何十万人という働き手を失うことになりかねません。一方で、正反対の問題もおきています。感染拡大の影響によって景気が急速に悪化したことで、雇用契約を打ち切られる外国人労働者が増えているのです。失業するとビザの更新が難しくなりますが、帰国しようにも新型コロナウイルス感染症の影響で母国への入国ができないケースや、短期滞在ビザのために生活保護が適用されず困窮するケースが出ています。外国人労働者に対するセーフティネットの強化が望まれます。

もっとくわしく

出入国管理法

　日本に出入国するすべての人の公正な管理、外国人の在留資格や不法入国、難民認定などを定めた法律。

もっとくわしく

「特定技能」の在留資格

　日本語や技能の試験に合格するか、技能実習生として日本で経験を積むかで、「特定技能」の資格が得られる。「特定技能」は２段階あり、その分野に関する相当程度の知識または経験を要する技能を認める「１号」と、さらに高度で熟練した技能を認める「２号」がある。「１号」の資格では、滞在期間が最長５年に限定され、基本的に家族を連れてくることはできない。「２号」は在留期間に上限がなく、家族を連れてくることが可能となる。

外国人労働者の国籍別人口割合

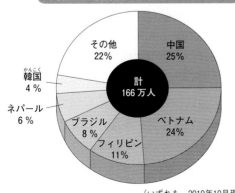

その他 22%	中国 25%	
韓国 4%	計 166万人	ベトナム 24%
ネパール 6%		
ブラジル 8%	フィリピン 11%	

都道府県別・産業別外国人労働者人口割合

都道府県	（%）	産業	（%）
東京都	29	製造業	29
愛知県	11	サービス業	16
大阪府	6	卸売業・小売業	13

（いずれも、2019年10月現在。厚生労働省の資料をもとに作成）

トランプ大統領（左）とバイデン候補（右）の第1回テレビ討論は非難の応酬となった

アメリカと世界の国ぐにの関係に目を向けよう

▶ 確認問題は81ページ
▶ 総合問題は118ページ

トランプ政権と国際社会

ニュースのポイント

● トランプ大統領の任期満了に向けて、2020年は、アメリカで大統領選挙が行われる。
● トランプ政権は自国産業の保護と一国主義、中国との対立などを進めた。
● 2020年の大統領選挙には、格差や人種による国内の分断が焦点となっている。

第二次世界大戦後のアメリカ歴代大統領

代	在任期間	名前（就任中の年齢）		所属政党
33	1945〜53	トルーマン	（60〜68）	民主党
34	1953〜61	アイゼンハワー	（62〜70）	共和党
35	1961〜63	ケネディ	（43〜46）	民主党
36	1963〜69	ジョンソン	（55〜60）	民主党
37	1969〜74	ニクソン	（56〜61）	共和党
38	1974〜77	フォード	（61〜63）	共和党
39	1977〜81	カーター	（52〜56）	民主党
40	1981〜89	レーガン	（69〜77）	共和党
41	1989〜93	ブッシュ（父）	（64〜68）	共和党
42	1993〜2001	クリントン	（46〜54）	民主党
43	2001〜09	ブッシュ（子）	（54〜62）	共和党
44	2009〜17	オバマ	（47〜55）	民主党
45	2017〜	トランプ	（70〜　）	共和党

*アメリカ大統領の任期は4年で、最長2期まで

2020年アメリカ大統領選

　2021年1月にトランプ大統領の任期が満了します。これにともない、2020年11月3日が投開票日のアメリカ大統領選で、現職のトランプ大統領とバイデン前副大統領が対決します。

　アメリカの政治は、保守的な白人層を支持基盤とする共和党と、革新的な層や女性、黒人といった弱者を支持基盤としてきた民主党の二大政党制で行われています。共和党はト（→P.168）ランプ大統領、民主党はバイデン氏を候補者に指名していますが、トランプ大統領は74歳、バイデン氏は77歳で、両候補とも高齢です。

トランプ政権4年間の評価

2017年1月に発足したトランプ政権は、自国の国益を最優先する政策を進めました。就任早々のTPPからの離脱決定、それに続く、地球温暖化防止のためのパリ協定からの離脱表明、そして、自国産業を保護するための追加関税の実施などは、その例です。さらに、2020年7月には、新型コロナウイルス感染症対策で国際協力が必要な中、アメリカはWHO脱退の手続きを始めました。このように、トランプ政権は、保護主義と一国主義を進め、同盟国には、駐留するアメリカ軍の費用の負担なども求めました。こうした政策は、日本をはじめとする他国の経済や安全保障に大きな影響をもたらしています。

トランプ政権は、国際協調の姿勢を弱める一方、国内で大幅な減税を実施するなど、大衆迎合的な政策を進めてきました。しかし、新型コロナウイルスの感染拡大で起きた第二次世界大戦後最悪の雇用危機は、低所得者層を直撃して、「格差」の拡大を招いています。移民への厳しい姿勢や、相次いだ白人警官による黒人銃撃事件への対応は、「人種」をめぐる混乱を招きました。トランプ政権のもとで、アメリカ国内では、「所得格差」や「人種差別」などの社会の分断が強まりました。

▲人種差別抗議デモ参加者を取り押さえる警官

どうなる米中関係

保護主義と一国主義を強めるトランプ政権は、経済、軍事の両面で急拡大を続ける中国との対決をとくに強めてきました。

経済面では、輸出を大幅に増やしてきた中国との間で高関税の応酬を続け、「貿易戦争」の状態を生みました。中国企業の通信機器に情報を盗み出すしくみが入れられているなどとして、アメリカ国内での販売が禁止される措置も取られています。日本をはじめとする同盟国に対しても、同様の措置を促しています。さらに、アメリカ国内に置かれた中国の領事館に対して、スパイ活動の拠点だとして閉鎖を命令し、外交官を追放しました。これに対して、中国側も同様の措置を取るなど、問題は外交にまでおよんでいます。WHOの脱退の理由も、WHOが中国寄りであるとの理由からです。こうした動きと前後して、中国での人権問題や香港の自治がおびやかされていることについても、アメリカは中国と対立しています。

軍事面では、中国は国際社会からの非難をよそに、周辺諸国と領有権が争われている南シナ海の南沙諸島に軍事用とおぼしき施設を建設しています。中国では、アメリカとその同盟国の迎撃ミサイルシステムを無力化する研究も進んでいると見られます。こうした中国の動きにアメリカは強く反発しています。

このように、トランプ政権は、中国に強硬な姿勢を示してきました。ただ、民主党のバイデン候補も、同盟国と共同で中国に圧力をかけることを表明しています。大統領選挙の結果のいかんにかかわらず、アメリカの中国に対する強硬な姿勢は維持されそうです。

アメリカ政治のしくみと大統領選

日本とアメリカは、ともに三権分立のしくみを持つ国ですが、その制度や行政の長の選出方法にはちがいがあります。

日本では、国民が選挙で国会議員を選出し、行政の長である内閣総理大臣は、国会で指名されます。行政権は、内閣にあり、内閣は国会の信任にもとづいて成立しています。そのため、内閣は国会に対して連帯責任を負っています。このしくみは、**議院内閣制**とよばれます。

アメリカの大統領は、全50州と首都で国民が選んだ「選挙人」が選出します。選挙人は、だれを推すかを明言しているので、形式は間接選挙ですが、**実質的には国民が直接選挙で大統領を選んでいます**。したがって、大統領は、議会に対してではなく、国民に対して責任を負っています。このしくみは、**大統領制**とよばれ、アメリカの憲法では「行政権は大統領個人に属する」とされています。その権限は絶大で、大統領令を出したり、議会が成立させた法案を拒否したりできます。権限が絶大な分、任期は4年で、再選は1回までの制限もあります。

日本の内閣総理大臣は、国会の第一党から指名されるのが普通であり、**日本では、戦後のほとんどの期間、自由民主党が第一党**です。これに対して、**アメリカでは共和党と民主党の二大政党の勢力が拮抗**しています。大統領の出身政党と、議会で最多議席を持つ党が一致するとは限りません。

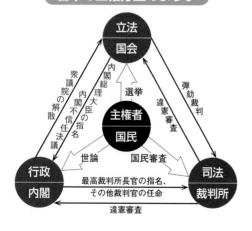

日本の三権分立のようす

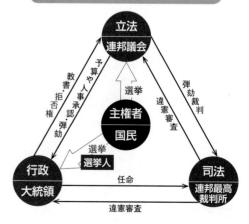

アメリカの三権分立のようす

米中貿易戦争とアメリカ・アジアの関係

　18世紀の産業革命以降、世界経済は、イギリスを中心とするヨーロッパ諸国が牽引してきました。しかし、二度の世界大戦で、主戦場となったヨーロッパは荒廃しました。反対に、**戦災に見舞われなかったアメリカの国力は、圧倒的になりました**。戦後、基軸通貨がポンドからドルに変わったこと、国際連合の本部がニューヨークに置かれたこと、そして、ドイツ、日本、韓国、フィリピンなどの国ぐににアメリカ軍基地が置かれたことは、そうした戦後の国際秩序を象徴しています。

　一方、中国は、19世紀以降に欧米列強による植民地分割競争や内戦の影響を受けました。しかし、1979年の「改革開放」により、**2000年代以降には、世界各国の企業が製造拠点を設けるようになり、急速な経済成長を見せてきました**。2008年には、アメリカで起きたリーマンショックの経済危機が各国におよびましたが、資本主義経済と距離をとっていた社会主義国の中国への影響は少なく、**2010年には日本を抜いてGDPが世界2位**（→P.157）となりました。

　アメリカと中国は、世界の二大貿易大国となりました。しかし、**トランプ政権が発足してから、米中間では高関税をかけあう「貿易戦争」が始まり**、加重平均関税率は20％を超えるようになりました。この税率は、自国の経済と産業の保護が優先され、やがて第二次世界大戦にいたった1930年代の全輸入品の平均関税率と変わりません。

　経済的成長を続ける**中国は、軍事拡大にも積極的**です。新興経済圏として成長してきたASEAN諸国とは、中国の一方的な南シナ海への進出が問題となっています。（→P.166）2027年には人口が世界最多になると見こまれ、経済が躍進しているインドとも、領有権をめぐる紛争が再燃しつつあります。アメリカ国防総省は、2020年9月の報告書で、中国の軍事力がアメリカよりも優位な面もあり、脅威となっていることを指摘しました。アメリカは、ロシアとの核軍縮協議に中国も加わることを求めていますが、中国は拒否しています。**アメリカと中国の政治体制や人権意識には隔たりが大きく、国際社会では、あらゆる場面で米中対立が見られるようになっています。**

もっとくわしく

世界各国のGDP
　中国のGDPが世界2位となったのは、2010年。それまでは、30年以上にわたって、日本のGDPがアメリカに次いで世界2位であった。

各国のGDPの移り変わり

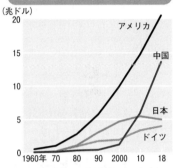
（兆ドル）

世界計にしめる各国のGDPの割合

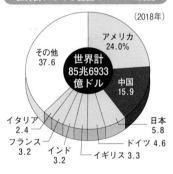
（2018年）

就任後初の記者会見にのぞむ菅氏と、花束を手に首相官邸をあとにする安倍氏

日本の政治に目を向けよう

▶確認問題は82ページ

安倍首相辞任、菅新内閣が発足

ニュースのポイント

●2020年8月、安倍晋三首相が体調不良を理由に辞任を表明した。
●自民党総裁選が行われ、新総裁に菅義偉氏が選ばれた。
●臨時国会が開かれ、9月16日に菅新内閣が発足した。

歴代首相の連続在職日数

順位	氏名	日数
1位	安倍晋三	2822日
2位	佐藤栄作	2798
3位	吉田茂	2248
4位	小泉純一郎	1980
5位	中曽根康弘	1806
6位	桂太郎（第1次）	1681
7位	池田勇人	1575
8位	伊藤博文（第2次）	1485
9位	岸信介	1241
10位	桂太郎（第2次）	1143

安倍首相が体調不良で辞任表明

2020年8月28日、安倍晋三首相が会見を開き、辞任を表明しました。持病である潰瘍性大腸炎が悪化し、国政に支障がでる事態を避けたいというのがその理由でした。安倍首相は、2006年に発足した第1次安倍政権において、やはり持病による体調不良が原因で、約1年で退陣した経緯があり、**2度にわたって任期途中での辞任**となりました。また、安倍首相は、8月24日に連続在職日数が2799日となり、大叔父の佐藤栄作をぬいて歴代最長を記録したばかりでした。

新しい内閣総理大臣に菅氏

　安倍首相の辞意表明を受けて、自由民主党では党首（総裁）を決める選挙が9月14日に行われました。石破氏、岸田氏、菅氏が立候補し、安倍内閣で長年にわたり内閣官房長官をつとめた菅義偉氏が第26代総裁に選出されました。そして、**9月16日の臨時国会で首相指名選挙が行われ、衆議院・参議院の両院で菅氏が指名され、第99代内閣総理大臣に決まりました。**安倍氏は、今後は一議員として政権を支えていく意向を示しています。

安倍政権の7年8か月は？

　2012年12月に安倍首相が政権に復帰してからの7年8か月、この間に安倍政権はどのような政策を実施してきたのでしょうか。

　第2次安倍内閣が発足直後に取り組んだのが低迷する経済の再生です。**金融緩和・財政出動・成長戦略の3つの柱からなる経済政策はアベノミクスとよばれ、関心を集めました。**（→P.150）また、女性が輝く社会、地方創生、一億総活躍社会、働き方改革など、人口減少社会を見すえたスローガンを掲げてきました。

　安全保障の分野では、2014年に閣議決定により憲法の解釈を変更し、集団的自衛権を認めたことが大きな話題となりました。（→P.161）外交では、アメリカのトランプ政権とは良好な関係を築いているものの、隣国韓国との関係は冷えこみ、ロシアとの北方領土交渉は進みませんでした。2020年に入ってからは、新型コロナウイルス感染症への対応が「後手」であると批判を浴び、内閣支持率が34％と、不支持を大きく下回っていました。

新内閣への期待と課題

　新内閣には、新型コロナウイルス対策や、来年に延期して開催される予定の東京オリンピック・パラリンピックなど、引き続いて取り組むべき課題がある一方で、安倍首相が在任中に結果を出せず「痛恨のきわみ」であると述べた、北朝鮮による拉致問題、ロシアとの平和条約、憲法改正のほか、落ちこんだ経済（→P.178）をどのように立て直していくのかも注目されています。また、9月15日には、立憲民主党と、国民民主党の議員などが合流した新しい「立憲民主党」が発足、衆参合わせて150人という勢力になりました。このような状況の中、菅新内閣が国民の信任をどれくらい得られるのでしょうか。

自民党総裁選に立候補した3氏

石破　茂
元幹事長　63歳

「国民の納得と共感」

①11回
②衆議院議員（鳥取1区）
③政調会長・幹事長
　防衛大臣・農林水産大臣
　地方創生担当大臣

岸田文雄
政調会長　63歳

「分断から協調へ」

①9回
②衆議院議員（広島1区）
③国会対策委員長・政調会長
　外務大臣
　沖縄及び北方対策担当大臣

菅　義偉
官房長官　71歳

「自助・共助・公助、そして絆」

①8回
②衆議院議員（神奈川2区）
③総務大臣・幹事長代行
　内閣官房長官

①国会議員としての当選回数
②選挙区　③過去のおもな経歴

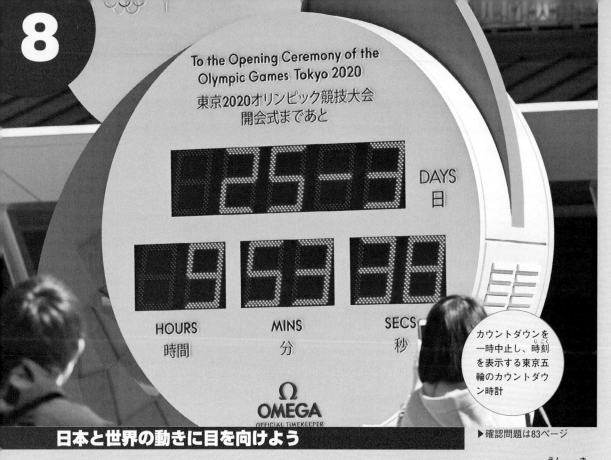

To the Opening Ceremony of the
Olympic Games Tokyo 2020
東京2020オリンピック競技大会
開会式まであと

DAYS
日

HOURS   MINS   SECS
時間   分   秒

Ω
OMEGA
OFFICIAL TIMEKEEPER

カウントダウンを一時中止し、時刻を表示する東京五輪のカウントダウン時計

▶確認問題は83ページ

日本と世界の動きに目を向けよう

東京オリンピック・パラリンピック、1年延期

ニュースのポイント

● 2020年開催予定の、東京オリンピック・パラリンピックが1年延期となった。
● 2021年開催に向けて、新型コロナウイルス対策が進められている。
● オリンピック以外にもさまざまなイベントや大会が中止になっている。

国際情勢の影響を受けたオリンピック

西暦	大会	影響
1916年	ベルリン大会（夏季）	第一次世界大戦により中止
1940年	ヘルシンキ大会（夏季）	
	※東京が夏季の開催地の予定だったが、日中戦争の影響から開催地返上	第二次世界大戦により中止
	札幌大会（冬季）	
1944年	ロンドン大会（夏季）	
	コルチナ・ダンペッツォ大会（冬季）	第二次世界大戦により中止
1980年	モスクワ大会	冷戦下で西側諸国が不参加
1984年	ロサンゼルス大会	冷戦下で東側諸国が不参加
2020年	東京大会	新型コロナウイルスにより延期

オリンピック 初の延期決定

2020年3月24日、新型コロナウイルスの感染が世界中に拡大する中、東京2020組織委員会と国際オリンピック委員会（IOC）は共同で、東京オリンピック・パラリンピックを1年程度延期すると発表しました。そして、オリンピックは2021年7月23日から8月8日まで、パラリンピックは8月24日から9月5日までの日程で、開催されることが決定しました。過去にオリンピックの中止はあったものの、延期となったのは初めてのことです。

6月10日には新型コロナウイルスの影響を

（→P.157）

ふまえて、東京オリンピック・パラリンピックの2021年開催に向けて、ロードマップが発表されました。その中で、「選手、観客、関係者、ボランティア、大会スタッフにとって、**安全・安心な環境を提供することを最優先課題とする**」「延期に伴う費用を最小化し、都民・国民から理解と共感を得られるものにする」「安全且つ持続可能な大会とするため、大会を簡素（シンプル）なものとする」という3つの方針が掲げられました。

延期にともなう課題

東京オリンピック・パラリンピックを、2021年に開催するための準備が進められていますが、課題も多くあります。

依然として**新型コロナウイルスの世界的な感染拡大に歯止めがかからず、多くの国で入国や渡航制限が続いています**。来年オリンピックが開催されても、選手や観客の安全を守ることができるのか心配されています。

また、選手の準備が思うように進んでいないことも課題です。選手は、何年も前から、最高の状態で2020年をむかえられるよう、厳しい練習を積んできました。1年延期されることや、コロナ禍で練習が制限されることで、オリンピック・パラリンピックを目指すことが難しくなる場合もあります。実際、**延期が発表された後、来年の出場を目指さない、または競技そのものからの引退を表明した選手が何人も出ています。**

費用面での心配もあります。東京オリンピック・パラリンピックの開催費用は招致段階から増え、1兆3500億円となっていましたが、延期によって3000億円にのぼる追加費用が必要という見方もあります。

オリンピックには、スポーツを通じて平和な世界を作ろうという理念があります。2021年にあらためて開催される東京大会では、メダルの数や色を競うだけではなく、新型コロナウイルスの影響を受けた世界中の人びとが再び集えたという、喜びにあふれた大会になることを期待する声も上がっています。

さまざまな大会やイベントも中止に

新型コロナウイルスの感染拡大は、オリンピックだけではなく、さまざまなスポーツ大会やイベントにも影響をおよぼしました。プロ野球やサッカーJリーグは、何度かの延期を経て例年よりおくれて6月や7月に開幕しました。開幕後も無観客試合を行ったり、観客を入れても密にならないよう観客数を制限したりして対応しています。

高校生の大会にも影響がおよびました。春に行われる春のセンバツ（選抜高等学校野球大会）や、夏の甲子園（全国高等学校野球選手権大会）も中止となりました。春のセンバツに出場予定だった32校によって、8月に入場人数を制限して2020年甲子園高校野球交流試合が行われました。

プロスポーツや音楽ライブ、演劇、自治体が主催する地域のお祭りなど、多くのイベントが中止や延期になりました。日本政策投資銀行では今年の3月から5月に、全国各地で中止や延期になったイベントが開かれていたら、観客の宿泊費や飲食費、会場の使用料、スタッフの人件費などでどれくらいの経済波及効果があったかを推計し、**3兆円あまりの経済的な損失になったと発表しました。その後のイベントも数多く中止や延期とされ、経済損失はさらに増えています。**

空席の目立つオフィス。この会社では、今後オフィスを縮小する予定（東京都渋谷区）

▶確認問題は84ページ

新型コロナウイルスとその影響に目を向けよう

変わる学び方・働き方

ニュースのポイント

●政府の要請で、3月2日から全国の学校が休校になった。
●多くの企業は、テレワークを導入したり、時差通勤をすすめたりした。
●これからの新しい学び方、働き方については模索が続いている。

小中学生のオンライン教育を受けている割合

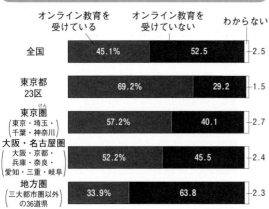

	オンライン教育を受けている	オンライン教育を受けていない	わからない
全国	45.1%	52.5	2.5
東京都23区	69.2%	29.2	1.5
東京圏（東京・埼玉・千葉・神奈川）	57.2%	40.1	2.7
大阪・名古屋圏（大阪・京都・兵庫・奈良・愛知・三重・岐阜）	52.2%	45.5	2.4
地方圏（三大都市圏以外の36道県）	33.9%	63.8	2.3

オンライン教育には、オンライン授業、オンラインでの学習指導や教材の提供をふくむ。
学校・学校以外の塾や習い事をふくむ。
全体が100%になるように調整していない。
（内閣府の調査による）

安倍首相が全国に休校要請

　2020年2月28日、安倍晋三首相が、新型コロナウイルス感染症の拡大を防止するため、全国の小中学校、高等学校、特別支援学校に休校を要請しました。これを受けて**全国の学校は3月2日から春休みまで休校になり、多くの学校では4月以降も登校できない状態が続きました**。また、政府は企業に対しても、テレワークを導入して、社員の7割が在宅勤務（→P.166）できるようにと要請しました。さらに、飲食業など、人と人の接触が多い職種には休業を要請しました。

ウィズコロナ時代の学びとは？

安倍首相のとつぜんの休校要請に、教育現場は混乱し、その対応に追われることになりました。地域によって感染状況がちがうため、一律の休校要請に対する疑問の声もあがりました。保護者が仕事で日中家にいられない家庭では、休校中、年齢の低い子どもがどこで過ごすかが問題となり、学童保育に子どもが殺到するなどの混乱が起きました。

小中学校の休校は、長いところでは３か月にもおよび、その間、生徒たちの学びをいかにして継続するかが問題となりました。家庭で取り組める課題やプリントの作成、動画の配信、オンライン授業など、全国各地の学校（→P.153）でさまざまな試行錯誤が続きました。こうした試みの多くは、新しい学びのかたちへの可能性を広げましたが、**パソコン、タブレット端末などのＩＣＴ（情報通信技術）機器や、ネットワーク環境などが自宅にある生徒とない生徒との間で、格差が広がってしまう**という問題点も浮きぼりとなりました。

また、休校が続く中、おくれた学習内容をどう取り戻すかという議論と同時に、新学年を９月スタートにする議論も起こりましたが、社会全体にあたえる影響や、利点と欠点の両方について慎重に話し合うべきとの世論によって、先送りになりました。

ビデオカメラとウェブミーティング用のアプリを使った授業
（福岡市の大学で）

日本人の働き方改革は進む？

緊急事態宣言の発令以降、テレワークや時差通勤、フレックスタイム制などを導入する（→P.173）企業が大幅に増えました。多様な働き方を目指して政府が掲げた「働き方改革」がなかなか進まない中、新型コロナウイルスによって進めざるを得ない状況になったともいえます。

しかし、製造業や物流などテレワークが不可能な職種もあれば、生活必需品をあつかう小売業や、医療・介護などに携わるエッセンシャルワーカーは、テレワークはもちろん休（→P.152）業もままなりません。また、大企業に比べて中小企業では、システムや機器を整えるための資金に余裕がなく、テレワーク導入は一定の割合にとどまりました。非正規雇用者も正規雇用者と比べ、テレワークをしにくい現状があります。

内閣府の調査では、新型コロナウイルス感染症の影響でテレワークを経験した人の多くは、通勤時間の短縮、家族と過ごす時間の増加などの利点をあげ、ワークライフバランス（→P.179）に対する考え方にも変化が出ているといいます。しかし、自宅に仕事ができる環境が整っていない、雇用者が労働者の勤務状況を把握しにくいなど課題もまだまだ残っています。

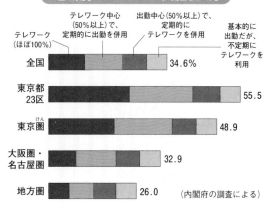

地域別 テレワーク実施状況

	テレワーク（ほぼ100%）	テレワーク中心（50%以上）で、定期的に出勤を併用	出勤中心（50%以上）で、定期的にテレワークを併用	基本的に出勤だが、不定期にテレワークを利用
全国			34.6%	
東京都23区			55.5	
東京圏			48.9	
大阪圏・名古屋圏			32.9	
地方圏			26.0	

（内閣府の調査による）

10

町ゆく人も少なく、閑散（かんさん）とする繁華街（はんかがい）のようす（左は昨年のようす）

▶確認問題は85ページ

日本と世界の関係に目を向けよう

どうなる日本の観光業

ニュースのポイント

- ●訪日（ほうにち）外国人旅行者の数は、2020年には4000万人となるのが目標だった。
- ●新型コロナの影響（えいきょう）で、訪日外国人の数が前年比−99.9％となった月もあった。
- ●国内観光を支援（しえん）するために、政府は「Go To トラベル」事業を進めた。

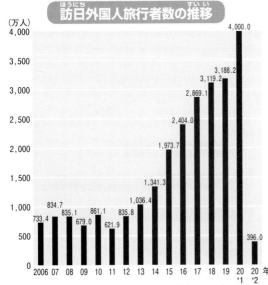

訪日（ほうにち）外国人旅行者数の推移（すいい）

（万人）

年	値
2006	733.4
07	834.7
08	835.1
09	679.0
10	861.1
11	621.9
12	835.8
13	1,036.4
14	1,341.3
15	1,973.7
16	2,404.0
17	2,869.1
18	3,119.2
19	3,188.2
20 *1	4,000.0
20 *2	396.0

（*1は当初見こみ、*2は1月〜8月までの数値（すうち）で推計値をふくむ。
「日本政府観光局（JNTO）」の資料より）

大きく落ちこんだ旅行者数

　観光庁の資料によれば、2020年1月〜8月に日本を訪（おとず）れた外国人旅行者の数は、約400万人でした。訪日（ほうにち）外国人旅行者数は、2019年まで7年連続で過去最高を更新（こうしん）していましたが、2020年に4000万人に達するという政府の当初の目標は大きく下回ることが予想されています。

　旅行客数の落ちこみは国内旅行でも見られました。政府は、国内の観光地での需要喚起（じゅようかんき）や観光業の活性化を促（うなが）すために「Go To トラベル」（→P.157）という観光支援策（しえんさく）を進めました。

訪日外国人数、大幅に減少

訪日外国人旅行者（インバウンド）の数は、リーマンショックの翌年（2009年）と東日本大震災（2011年）のあった年は大きく落ちこみましたが、その後は増え続けていました。

旅行者を国籍別・地域別に見ると、中国・韓国・ＡＳＥＡＮ諸国といったアジア諸国が（→P.166）中心です。

しかし、2019年末、**中国から新型コロナウイルスによる感染症が発生し、2020年に入って世界各国に広がりました。** 多くの国では外国からの入国制限や自国民の海外渡航禁止などの措置をとるようになり、**世界的に旅行者の往来が大幅に減少しました。**

2020年1月〜5月の地域別訪日外国人旅行者の推移

	1月	2月	3月	4月	5月
					（人）
アジア	2,300,366	840,261	108,291	2,252	1,539
北米	152,202	94,630	31,246	455	53
ヨーロッパ	102,261	88,104	39,883	109	51
オーストラリア	85,314	48,522	8,767	50	2
総計	2,661,022	1,085,147	193,658	2,917	1,663

（「日本政府観光局（ＪＮＴＯ）」の資料より）

「Go To トラベル」は第2波とともに

国内旅行においても、緊急事態宣言中は、人びとの移動も大きく減り、観光関連の各産業に大きな打撃をあたえました。これを受けて、政府は「Go To トラベル」事業を進めました。これは国内旅行を対象に、1人1泊2万円（日帰り旅行については1万円）を上限として、宿泊・旅行代金の2分の1にあたる金額を支援するというものです。

当初8月から始めるとしていましたが、夏休みシーズンに合わせようと前倒しをして7月22日から始められました。しかし、事業開始前日に事業者向け説明会を行うなど準備面

での混乱の中でのスタートとなりました。さらに、この日の全国の感染者数は第1波のときの最大の感染者数（720人）を上回る795人と過去最高を記録しました（ちなみにその後も増え続け、8月7日には1605人を記録しました）。その後も各地で感染者数が増え続け、**都道府県知事の中には不要不急の外出や、旅行・帰省をひかえるようよびかけたり、独自に緊急事態宣言を出したり、この事業に対して「失敗」と批判したりする人もいました。** そのためか、ＪＲ6社のお盆期間の利用者が前の年と比べて76%の減少となるなど、人びとの行動には「Go To トラベル」事業の効果は限定的であったことがうかがえます。

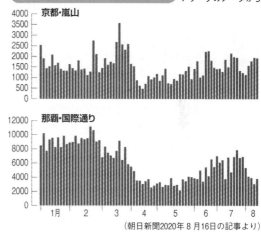

おもな観光地の休日の人出

推計人口。休日のみ。アグープのデータから

京都・嵐山

那覇・国際通り

（朝日新聞2020年8月16日の記事より）

政府は、「観光立国」を進めるために2008年に観光庁を設立し、これまでにも関係省庁と協力してさまざまな施策を講じてきました。観光関連産業は、旅行業や宿泊業のほか、飲食業、運輸業、小売業、娯楽業など幅が広く、地域経済に大きな影響をあたえます。それだけに**今後は感染状況の変化に合わせ、新型コロナウイルスとどう共存・共生していくか（ウィズコロナ）をふまえた見直しをしていくことが求められるでしょう。**

11

何卒ご理解とご協力の程お願い申し上げます。
株式会社和楽

ご利用頂き
ございます。
イルス感染拡大による
飛沫感染予防対策として
ビニールカーテンを設置しております。

IPOR

さいふを忘れても、
スマホで決済

▶確認問題は86ページ

日本と世界の経済に目を向けよう

キャッシュレス社会の広がり

ニュースの
ポイント

●現金をほとんど使わなくてすむ社会のことを、キャッシュレス社会とよぶ。
●クレジットカード、電子マネー、QRコード、仮想通貨などの決済の方法がある。
●口座から勝手に引き落されるなど、利便性と安全性のバランスに課題が残っている。

さまざまな支払い方法

(https://www.ishiguro-gr.com)

マイナポイント事業開始

　6月30日、経済産業省を中心に消費増税対策として行われた「キャッシュレス・ポイント還元事業」が終了しました。9月1日からは、マイナンバーとICカード情報などを関連づけることで、最大5000円分のポイントが得られる「マイナポイント」の運用が始まりました。こちらは総務省が中心で、計画当初はマイナンバーカードの申請促進やオリンピック後の消費活性化を目的としていました。現在では、**コロナ禍により落ちこんだ景気対策のひとつ**となっています。

キャッシュレス社会とは？

現金をほとんど使わなくてすむ社会のことをキャッシュレス社会とよびます。現在、現金を使わない決済方法は、大きく分けると次の2つがあります。

1 クレジットカード

銀行やクレジットカード会社などが発行しているカードを使います。代金は月ごとにまとめて銀行口座から引き落とされます。カードでの支払いと同時に引き落とされるものはデビットカードといいます。

2 電子マネー

決済するときにカードやスマートフォンにうめこまれたICチップに記録された情報を読み取るものや、スマホなどの画面に出たバーコードやQRコードを読み取るものがあります。クレジットカードとの相違点は、多くのものが事前に現金を入金（チャージ）しておくことが必要だということです。

これらの決済方法での支払い額は年々上昇傾向にあり、2018年は**70兆円以上が使用**され、消費全体の4分の1ほどになりました。

このほかに、法的に認められている通貨とは異なる、ビットコインなどの「仮想通貨」を使った決済もあります。仮想通貨の紙幣や硬貨は存在せず、おもにインターネット上で取引が行われています。

キャッシュレス化の推進と課題

キャッシュレス決済がさらに進めば、現金でのやりとりが減ることで、人どうしの接触時間が短くなり、**感染症への対策のひとつ**となります。また、お店の売上や家計の支出管理における集計や計算などは、大幅な時間短縮が可能になります。

しかし、課題もあります。現金を持ち歩く人が減れば、銀行などのATM（現金自動預け払い機）が減少し、現金が必要となった場合の引き出しが困難になります。また、情報を管理するコンピューターのシステムトラブル、大規模な停電が長時間発生した場合などは、カードの使用ができません。さらに、**データの偽造、抜き取り、改ざんなど、安全性についても、常に大きな問題となっています。**便利さと安全性のバランスのとり方が、今後も問われていくでしょう。

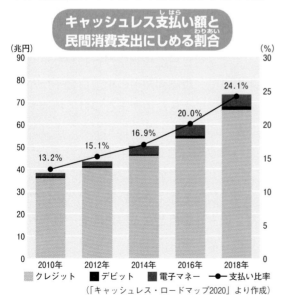

キャッシュレス支払い額と民間消費支出にしめる割合

（兆円）／（%）

	2010年	2012年	2014年	2016年	2018年
支払い比率	13.2%	15.1%	16.9%	20.0%	24.1%

クレジット／デビット／電子マネー／支払い比率

（「キャッシュレス・ロードマップ2020」より作成）

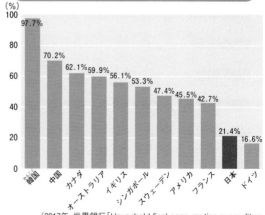

各国のキャッシュレス決済比率の状況

（%）

韓国	中国	カナダ	オーストラリア	イギリス	シンガポール	スウェーデン	アメリカ	フランス	日本	ドイツ
97.7%	70.2%	62.1%	59.9%	56.1%	53.3%	47.4%	45.5%	42.7%	21.4%	16.6%

（2017年、世界銀行「Household final consumption expenditure（2017年（2019/12/19更新））」、BIS「Redbook（2017年）」※中国は参考値）

12

支援した都議会議員から花束を受け取り笑顔を見せる小池氏（左）

日本の政治に目を向けよう

▶確認問題は87ページ

東京都知事選挙

ニュースのポイント

●東京都知事選挙で小池百合子知事が再選された。
●新型コロナウイルス対策として、選挙運動、投票所でいろいろな工夫が見られた。
●東京都は延期されたオリンピック・パラリンピックの対応など難題をかかえている。

都知事選挙、当選者の得票率ベスト6

	得票率（％）	当選した都知事（○は当選回数）	選挙実施年	得票数
1	70.2	石原慎太郎②	2003年	308万7190
2	67.4	猪瀬直樹①	2012年	433万8936
3	64.8	美濃部亮吉②	1971年	361万5299
4	61.2	安井誠一郎②	1951年	143万3246
5	60.2	鈴木俊一②	1983年	235万5348
6	59.7	小池百合子②	2020年	366万1371
前回	44.5	小池百合子①	2016年	291万2628

小池百合子氏が都知事に再選

　2020年7月5日に投開票が行われた東京都知事選挙で、**現職都知事の小池百合子氏がほかの候補者に大きな得票差をつけて再選されました**。前回、4年前の都知事選で小池氏と対立した政権与党である自由民主党や公明党が、今回は独自候補の擁立を見送りました。その結果、**前回を超える得票数、歴代の都知事選挙で過去6番目となる得票率をそれぞれ獲得しました**。今回は現職の都知事として、新型コロナウイルスの感染防止策をとる学校、ホテル、公営住宅などを視察する姿を、連日見

せたことも有権者へのアピールにつながったとみられています。

コロナ禍、新しい選挙の形

今回の都知事選挙、東京都選挙管理委員会は新型コロナウイルス対策として、各投票所で感染防止のための対策を徹底しました。密を避けるために、**入場する際に間隔をとって受付をしたこと、また投票記載台の間隔をあけたり、筆記用具には持ち帰ることができる鉛筆を用意する**など、今後の各種選挙にお手本となるような工夫が見られました。さらに、期日前投票者数は175万4013人となり、有権者全体の15％をしめて過去最高になったことも、感染を防ごうとする有権者の意識の表れといえます。

また候補者側からみると、これまでよく見られた街頭での選挙運動が、インターネットの動画配信やSNSの活用といった「インターネット選挙運動」に変わってきました。インターネットを日常利用しない有権者に向けてどうアピールするかという課題はあるものの、有権者との交流を広げる手段などとして一定の利点が見られたことで、知ってもらいたい候補者と知りたい有権者との新しい関わりは、今後いろいろな可能性を広げそうです。

壁で仕切られた投票記載所で投票する有権者

オンライン討論会のようす

小池都政これからの４年間とは

小池都知事は、前回の都知事選挙の選挙公約として「７つのゼロ（満員電車、待機児童、介護離職、残業、都道電柱、多摩格差、ペット殺処分）」の実現を打ち出しました。実際はこの４年間でゼロ達成されたものは少なかったものの、ある程度都民生活の改善を見せることができました。

再選された小池都知事ですが、選挙期間中に旗印として示した「東京大改革2.0」の、３本の柱のひとつである「都民の命を守り、『稼ぐ』東京の実現」のため、どんな具体策が実行されるかが注目されます。まずは、新型コロナウイルス感染者が日本で最も多い自治体の長として、**都民の健康を守ることと、中小企業や飲食業などの経済活動を支えるための対策とを両立するモデルを示す**ことも求められます。

しかしながら１年延期となった東京オリンピック・パラリンピックについては、追加費用がかさんだり、もともと東京都が予備費としてかかえていたお金が今回の経済支援策に回されるなど、財政的な不安も大きくなっています。

13

ふるさと納税で自治体からもらえる返礼品の例（三重県伊賀市）

地方財政に目を向けよう

▶確認問題は88ページ

注目を集めるふるさと納税

ニュースのポイント

●ふるさと納税をめぐる裁判で泉佐野市が国に逆転勝訴した。

●ふるさと納税制度は、納税者が納税する自治体を選ぶことができる。

●国全体の税収は増えないので、税の奪い合いになるおそれがある。

ふるさと納税のしくみ

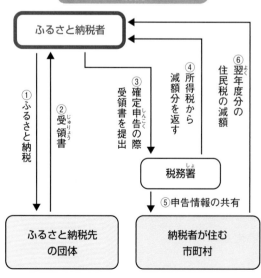

ふるさと納税者

① ふるさと納税
② 受領書
③ 確定申告の際 受領書を提出
④ 所得税から 減額分を返す
⑥ 翌年度分の 住民税の減額

税務署

⑤申告情報の共有

ふるさと納税先 の団体

納税者が住む 市町村

泉佐野市が逆転勝訴

　2020年6月30日、ふるさと納税の制度から大阪府泉佐野市を除外した国の判断は違法だ（→P.172）として、市が国を相手におこした訴訟で、最高裁判所は除外決定を取り消しました。国の主張を認めた、大阪高等裁判所の判決をくつがえしての逆転勝訴となりました。この**裁判は、ふるさと納税の返礼品競争が過熱する中、泉佐野市の返礼品が、国の基準からはずれているとして制度から除外したことが妥当かどうかが争われました。**勝訴を受けて泉佐野市が制度に復帰することになりました。

ふるさと納税のしくみと意義

　ふるさと納税とは、都道府県・市町村といった地方自治体に寄付をすると、原則として**寄付した金額から2000円を引いた分の所得税・住民税が、本来納める額から差し引かれる（控除される）制度**で、2008年度より導入されました。自治体によっては寄付した人への返礼品を用意し、より多くの寄付金を集めようと工夫しています。制度を導入した2008年度の寄付金受け入れ総額は約81億円でしたが、2019年度は約4875億円に増え、国民の関心の高さがうかがえます。

　ふるさと納税制度の検討当初の目的は、地方自治体ごとの税収格差の是正でした。地方自治において、地域住民が納める住民税は大きな財源です。しかし、地方出身の人が都市部に移り住んで働くと、その人が納める地方税は都市部の自治体に入り、地方の自治体の財源にはなりません。こうした状況をふまえ、都市部で働く人が、自分の生まれ育った“ふるさと”に納税できる制度が求められました。これがふるさと納税制度のはじまりです。

　国は、ふるさと納税制度の意義を3つあげています。第一に、**納税者が自ら寄付先を選択できること。**第二に、**お世話になった地域や応援したい地域を直接支援できること。**第三に、**自治体が国民に取り組みをアピールし、地域間での競争が活発になること**です。

返礼品競争過熱の背景

　ふるさと納税が広く知られるようになるにつれ、**より多くの寄付金を集めようと高額の返礼品を贈る自治体が現れ、自治体どうしの競争が激しくなってきました。**

　泉佐野市は、多様な品物やギフトカードなどを返礼品として用意し、2018年度には自治体の中で最高額の約500億円の寄付金を集めました。国は、2017年・18年に返礼品は寄付額の3割以内かつ地場産品に限るといった基準を全国の自治体に向けて通知し、過度な寄付集めをおさえようとしていましたが、泉佐野市が一部に従わなかったことから、対立するようになったのです。

ふるさと納税の効果と課題

　返礼品には、地方の特産物や地元でのイベント体験などさまざまなものがあります。返礼品ではなく、寄付金を地域住民の生活向上のために使うと約束している自治体もあります。たとえば、京都府長岡京市では、約1500冊の本を購入し、学校図書館を充実させました。長崎県の離島にある五島市では、ＩＣＴ（情報通信技術）環境を整備しました。

　また、**この制度は災害支援・復興支援にも活用されています。**東日本大震災の義援金（→P.155）として多くの寄付金が集められているほか、2019年の首里城火災や2020年の熊本での豪雨からの復興のためにも使われています。

　寄付金に対する返礼品の金額が高いと、寄付金が多く集まっても、同時に出費も多くなり、税収増加は見こめません。また、ふるさと納税制度は国全体の税収を増やすものではなく、**ある自治体の税収が増えれば、その分他の自治体の税収が減ります。**神奈川県川崎市は2019年度に56億円の減収があったと報告しています。地方自治体がどのように税金を集めるかにも課題はありますが、納税者が返礼品だけにとらわれることなく、納税先を制度の趣旨にそって選択することが大切です。

14

見直しがせまられる石炭火力発電所（写真は松浦石炭火力発電所）

資源と環境の関係に目を向けよう

▶確認問題は89ページ

変わりゆく日本のエネルギー政策

ニュースのポイント

●2030年度までに、低効率の石炭火力発電所の発電量が9割削減される。
●二酸化炭素を多く排出する石炭火力発電所は、世界的に減少する傾向にある。
●日本の将来に向けたエネルギー供給の最大の課題は「脱炭素化」である。

一次エネルギーの供給割合

再生可能エネルギー 8.7%
原子力 2.8%

| 石炭 25.1% | 石油 37.6% | 天然ガス 22.9% | |

その他 2.9%

（2018年。資源エネルギー庁「総合エネルギー統計」より）

電気事業者の発電電力量

原子力 7.0%

| 火力 81.4% | | 水力 9.5% |

新エネルギー等 2.1%
石油 2.4%

| 天然ガス 42.0% | 石炭 32.2% | |

その他 4.8%

（2018年。資源エネルギー庁「電力調査統計」より）

脱炭素化への一歩

　2020年7月、政府は2030年度までに石炭火力発電所による発電量を約9割削減する方針を固めました。140基ほどある石炭火力発電所のうち、効率が低く二酸化炭素の排出量が多い古い方式による100基程度を段階的に休廃止しようというものです。

　これまで石炭火力発電は「ベースロード（基幹）電源」の主流と位置づけられていただけに、二酸化炭素の排出削減につながるこの動きは、日本のエネルギー政策の大きな転換点となるのでしょうか。

石炭火力発電所のおかれた状況

　今回削減の対象となる、二酸化炭素の排出量が多い旧型で非効率な石炭火力発電所は全国に約110基あり、そのうちの約100基が休廃止されることになりますが、設備容量で見ると４割ほどの削減となります。

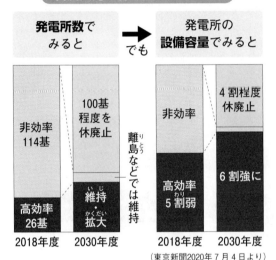

石炭火力の休廃止のイメージ

（東京新聞2020年７月４日より）

　鉱物資源の少ない日本は、石油は99.7％、石炭は99.6％、天然ガスでも97.7％と、その多くを輸入にたよっています。そのうち、とくに石炭は比較的値段が安いうえ、世界各地で産出されるため、日本にとって安心して調達できる資源です。しかし、二酸化炭素を多く排出するという欠点がありました。

　世界では、地球温暖化対策がさまざま求められる中、「脱炭素」という考え方が主流となっています。しかし、日本は2019年「ＣＯＰ25（気候変動枠組条約締約国会議）」で「脱炭素」の具体的な方針を示さず、かえってパリ協定に逆行するとして批判を浴びました。今回の決定を受けて、政府は今後、石炭火力の比率を下げ、再生可能エネルギーの普及を進めるとしています。（→P.159）

目標に向けた歩みは？

　政府が2018年に閣議決定した、将来に向けた新たな「第５次エネルギー基本計画」では、将来的には「温室効果ガスを80％削減」を目指したエネルギー転換をすすめるとしています。しかし、現実に目を向けてみると、いずれのエネルギー供給にも厳しい課題がつきつけられています。

　今回は旧式の石炭火力発電所の発電量の「９割削減」決定であって、設備容量では６割ほど残っています。また、高効率の発電所については、今後も新たな建設計画があります。一方で、温室効果ガスを排出しないとして期待されていた原子力発電所は、東日本大震災の影響による運転停止からの再稼働が十分に進んでいません。日本の石炭への依存は、まだまだ続きそうです。今後「脱炭素化」がどれだけ進むかは、「エネルギー基本計画」において「主力電源化」を目指すとされた再生可能エネルギーの割合をどれだけ伸ばせるかにかかっているといえます。

「エネルギー基本計画」の電力源比率目標

電力源		2030年比率目標	2018年実績
火力	石油	3%	7.0%
	石炭	26	31.6
	天然ガス	27	38.3
原子力		20〜22	6.2
再生可能エネルギー	水力	8.8〜9.2	7.7
	風力	1.7	0.7
	太陽光	7.0	6.0
	バイオマス	3.7〜4.6	2.2
	地熱	1.0〜1.1	0.2

（「2018年実績」は資源エネルギー庁「エネルギー需給実績」による）

15

2020年の初水揚げが、昨年のわずか1％にとどまったサンマ

日本の水産業の現状に目を向けよう

▶確認問題は90ページ

先細る日本の水産業

ニュースのポイント

●サケ・サンマ・スルメイカなど私たちになじみ深い魚種の不漁が続いている。

●世界的に漁獲量の増加が続く中、日本の総漁獲量は年々減少している。

●資源を回復させながら適正量を漁獲する「持続可能な漁業」を目指す動きも。

サケ類・サンマ・スルメイカの漁獲量の移り変わり

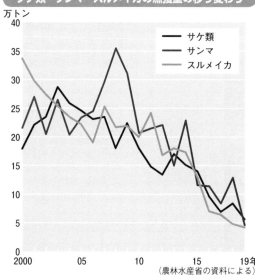

万トン

サケ類
サンマ
スルメイカ

2000　05　10　15　19年
（農林水産省の資料による）

日本の食卓になじみ深い魚種が記録的不漁

　水産庁などの発表によると、**2019年はサケ、サンマ、スルメイカなどで記録的な不漁に終わりました**。それぞれの漁獲量は、サケ類が約5.6万トン、サンマが約4.6万トン、スルメイカが約4.2万トンで、いずれも1956年以来の統計上で最も低い数値となり、2020年もその傾向は変わっていません。もともとこれらの魚種の水揚高が多かった北海道地方や東北地方の各漁港では、漁民だけでなく、これらを原料としている水産加工業者なども行く先の経営に大きな不安をかかえています。

漁獲量の減少傾向が続く日本

　これら3つの魚種に限らず、日本の漁業は、全体としての漁獲量も減少傾向が続いています。一方、世界的に見ると、年々の水産物の需要の高まりに応えるかたちで、漁獲量を増やしているか、横ばいを保っている国がほとんどです。

　なぜ、日本の漁業だけがこうした状態におちいっているのでしょうか。その原因は魚種により異なる推測がされています。たとえば、サケには孵化して稚魚として下った川に、数年間の外洋での回遊後に戻ってくる母川回帰という性質があります。しかし近年、養殖場で人工孵化した稚魚の割合の増加によりその回帰率が低下しているのではないか。また、サンマに関しては、日本列島近海の海水温が上がったことでサンマの回遊ルートがより東の公海域に移り、大型船で出漁してくる台湾や中国の漁獲量が増えているからではないか。さらに、スルメイカに関しては、産卵域である東シナ海や日本海の水温が低くなったことに加え、中国や韓国・北朝鮮の漁船が過剰な漁獲をしているからではないか、などです。

サンマの漁場の変化

「持続可能な漁業」を目指して

　ただ、これらを全体として見たとき、ポイントとして、自然環境の変化と競合相手の増加が浮かび上がってきます。

　もともと各海域の状況は年々変化しています。また海流も数年周期で流れ方を変えます。さらに、近年は地球温暖化の影響で、平均の海水温が上昇傾向にあります。これらが原因で、魚の産卵域や回遊ルートに変化が生じている可能性があります。また、かつては競合相手も少なく、世界中の海で獲りたいように獲っていた日本の漁船が、1970年代の各国の200海里水域の導入で漁場をせばめられ、今や日本列島近海でも近隣諸国の漁船との漁獲競争を強いられるようになっています。

　そうした結果もたらされているのが、日本列島近海における水産資源の減少や枯渇です。そのためいくつかの魚種に関しては、関係国間で資源の管理についての話し合いが持たれるようになっています。獲り過ぎればやがてなくなってしまう資源であることを各国がよく認識した上で、ともに「持続可能な漁業」を目指す動きも強まっています。

世界の主要国の漁獲量の移り変わり

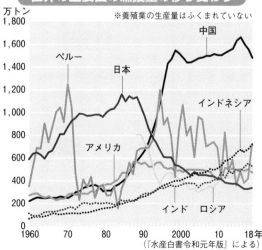

審査予定だった沖縄島北部とヤンバルクイナ

自然や文化の保護に目を向けよう

▶確認問題は91ページ

世界遺産の決定が延期に

ニュースのポイント

●新型コロナウイルス感染拡大の影響で、世界遺産委員会の延期が決定した。
●審査予定だった奄美大島など４つの地域は、貴重な動植物が多く生息する。
●これらの地域は、2018年に「登録延期」の勧告を受けており、２度目の推薦だった。

世界自然遺産の候補地

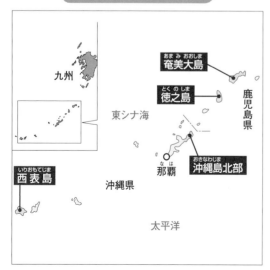

九州

奄美大島

徳之島

鹿児島県

東シナ海

西表島

那覇

沖縄島北部

沖縄県

太平洋

世界遺産委員会が延期に

新型コロナウイルス感染症の世界的な拡大の影響でUNESCO（国連教育科学文化機関）（→P.158）は、今年６月から７月にかけて中国で開催予定だった世界遺産委員会の延期を決定しました。委員会では世界遺産の登録の可否（→P.164）が話し合われ、今年は、「奄美大島、徳之島、沖縄島北部及び西表島」が審査される予定でした。大きな陸地（ユーラシア大陸や日本の四大島など）から離れているこれら４つの地域では、生物が独自の進化を遂げたため、希少な固有種や絶滅危惧種が多く生息しています。（→P.164）

登録に向け再チャレンジのはずが

「奄美大島、徳之島、沖縄島北部及び西表島」は南西諸島に位置し、絶滅危惧種も多く生息するなど生物多様性豊かな地域です。たとえば、**奄美大島にはアマミノクロウサギが、沖縄島北部にはヤンバルクイナが生息**しています。

奄美大島をはじめとする4つの地域が世界自然遺産候補に推薦されるのは今回が2度目です。2017年2月にも推薦されましたが、翌2018年に、国際自然保護連合（IUCN、世界遺産の候補地の現地調査・勧告を行う組織）から登録延期の勧告を受け、政府が推薦を取り下げたため、登録にはいたりませんでした。日本には現在4つの自然遺産がありますが、候補地の世界自然遺産への登録が延期になったのは、はじめてのことでした。

このときの登録延期のおもな要因として、推薦された地域に、小さな飛び地が多かったことや、アメリカから返還された北部訓練場（沖縄県）の土地がふくまれていなかったことがあげられます。世界遺産として、独立した生態系を維持できる十分な広さが必要だという見方から、小さな飛び地は除外されるべきだ、との判断でした。また、北部訓練場の返還地を加えると候補地の規模を確保することができることから、この勧告を受けて、日本政府は北部訓練場を候補地に追加しました。

日本にある世界自然遺産

・白神山地（青森県、秋田県）	1993年登録
・屋久島（鹿児島県）	1993年登録
・知床（北海道）	2005年登録
・小笠原諸島（東京都）	2011年登録

首里城焼失と復興への歩み

琉球王朝時代につくられた城跡が世界遺産に登録されている首里城で、2019年10月31日に火災が発生しました。11時間におよぶこの火災により、中心的な建造物である正殿をふくむ7つの建物が焼けてしまいました。

首里城正殿の基壇（建物を支える土台）の遺構は、2000年に「琉球王国のグスク及び関連遺産群」の一部として世界遺産に登録されました。今回の火事ではこの基壇は焼けずにすみました。しかし、焼けてしまった正殿などの建物は、太平洋戦争中に破壊された歴史があり、30年におよぶ長い復元事業が2019年1月に完了したばかりでした。

正殿をはじめとするいくつかの建物のまわりをとりかこむ曲がりくねった城壁と、あざやかな朱色の建物は、琉球独自の建築様式として有名です。首里城の火事は沖縄の人だけでなく、多くの日本人にとっても衝撃的なことでした。火事の原因は明らかになっていませんが、スプリンクラーが設置されていなかったことが首里城焼失の原因のひとつとしてあげられています。

首里城では現在、修復工事を進めており、一部の施設が再開している状態で、復元に向けた取り組みも見ることができます。

焼けこげた木材や赤瓦が散乱する首里城正殿の焼け跡

17

公開された超電導リニアの改良型試験車

▶確認問題は92ページ

交通の発達と社会の変化に目を向けよう

リニア中央新幹線計画

ニュースのポイント

● 静岡県が着工を認めないため2027年の品川―名古屋間の開業が難しくなった。

● リニア中央新幹線計画は政府も後押ししている。

● 大井川の水問題をめぐり、ＪＲ東海と静岡県で協議が続いている。

東京と大阪を結ぶ複数の新幹線

北陸新幹線

金沢

富山

長野

高崎

小浜

福井

リニア中央新幹線

東京

敦賀

名古屋

京都

東海道新幹線

新大阪

■■■■ リニア中央新幹線計画区間

■■■■ 建設中区間

・・・・ 北陸新幹線計画区画

難航するリニア中央新幹線計画

　ＪＲ東海は、2027年にリニア中央新幹線の品川―名古屋間を開業することを目指して各地で工事を進めてきました。しかし、予定通りの開業は危機的状況にあります。**静岡県内の南アルプストンネル工事が引きおこす、大井川の流量減少をはじめとする環境問題**をめぐって、2020年６月、静岡県が着工を認めないと発言したためです。ＪＲ東海と静岡県の協議が続いていますが、難航しています。このまま**静岡県の同意が得られなければ、2027年の開業は難しい**と考えられています。

リニア中央新幹線計画とその歩み

リニア（超電導リニア）とは、磁力を利用して車体を浮上させることで摩擦を起こさずに超高速での走行を可能にする技術です。この技術により、リニア中央新幹線は、東京・名古屋・大阪の三大都市圏を最速67分で結ぶ予定です。

政府は、リニア中央新幹線を国民生活や経済活動に大きな影響をもたらす重要な事業ととらえ、後押ししています。品川—名古屋間は2027年、名古屋—新大阪間は2045年の開業予定でしたが、2016年８月、安倍前首相は全線開通を最大８年前だおしすることを表明しました。そのために、政府が３兆円という巨額の資金を低い金利でJR東海に融資する方針も固めました。

東京と大阪を結ぶ新幹線にはすでに東海道新幹線があります。北陸新幹線が大阪まで延伸し、リニア中央新幹線が全線開業すると、東京と大阪を結ぶ新幹線は３つのルートになります。北陸、リニア中央新幹線には、東海道新幹線で事故、災害がおきたときのバイパス（迂回路）としての役割も期待されています。

大井川の水資源問題

大井川は赤石山脈（南アルプス）北部を源流とし、駿河湾に注ぐ川です。静岡県民のおよそ６分の１にあたる60万人余りが大井川流域に住んでいます。大井川は生活用水だけでなく工業や農業にも利用されており、県民には「命の水」とよばれています。**南アルプストンネルは、山梨、静岡、長野の三県にまたがる全長25kmのトンネルです。**山梨県内の富士川、静岡県内の大井川、長野県内の天竜川という三河川の流域をつらぬきます。

JR東海は、環境への影響を調査する環境アセスメントを行い、トンネル工事によって、大井川に流れこむはずの地下水の一部がトンネル内に湧き出し、川の水量が減少するという影響を説明しました。静岡県は湧水の全量を川にもどすことを要求しました。JR東海は、湧水を元にもどす努力をする姿勢は見せていますが、その具体的な方法や対策が示されていないとして、県が着工を認めていないのが現状です。

静岡県はリニア中央新幹線の駅が設置される他県（山梨・長野・岐阜）とちがい、リニア中央新幹線が素通りしてしまいます。リニア中央新幹線が開通してもさほど恩恵がありません。一方で**工事により大井川の流量が減少すれば、水不足など水資源や自然環境への深刻な影響を県民が負うことになります。**

リニア中央新幹線の開業には、三大都市圏を結ぶアクセスの向上や経済活性化への大きな期待がありますが、静岡県の水資源問題をおろそかにするわけにはいかず、今後の議論のゆくえに注目が集まっています。

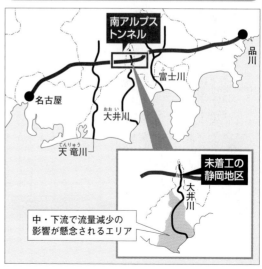

南アルプストンネルと影響が懸念される地域

高輪ゲートウェイ駅の屋根は折り紙をモチーフにしたデザインになっている

18

交通の発達に目を向けよう

▶確認問題は93ページ

交通網のさらなる進展

ニュースのポイント

●JR山手線の新駅、高輪ゲートウェイ駅が開業。山手線が全30駅に。
●東日本大震災の影響を受けていたJR常磐線の不通区間が運転再開。
●鉄道やバスなど、首都圏では路線の新設や整備の計画が進み続けている。

JR山手線のようす

日暮里
新宿
東京
田町
高輪ゲートウェイ
JR山手線
品川

高輪ゲートウェイ駅開業

　2020年3月14日、東京都の中心部を走るJR山手線では49年ぶりとなる新駅、高輪ゲートウェイ駅が開業しました。これにより山手線は全30駅となりました。

　駅名にある「ゲートウェイ」は「入り口」という意味です。江戸時代、この地に高輪大木戸という、東海道からの江戸への出入り口に設けられた門のひとつがあったことや、**周辺地域を国際ビジネスの交流拠点として開発**していき、新駅をその入り口としていきたいという思いがこめられています。

ＪＲ常磐線が全線で運転再開

　2020年３月14日、高輪ゲートウェイ駅が開業した一方で、ＪＲ常磐線の不通区間であった福島県の富岡駅と浪江駅の間で運転が再開し、約９年ぶりの全線復旧となりました。

　ＪＲ常磐線は日暮里駅（東京都）と岩沼駅（宮城県）を結ぶ路線です。途中、旧国名の常陸と磐城にあたる茨城県・福島県を経由することが名前の由来となっています。

　常磐線は東日本大震災による津波被害と、福島第一原子力発電所事故による避難指示の影響を受け、一部区間での運転を見合わせていました。今回、常磐線の路線をふくむ**帰宅困難区域において、避難指示が解除され、常磐線沿線地域の立入禁止区域がなくなったことで、全線での運転再開**となりました。

　なお、東京都と東北地方を結ぶ路線は他に、

ＪＲ東北本線があり、東京駅と盛岡駅を結んで、東北新幹線にほぼ並走しています。内陸を走る東北本線に対し、海沿いを走る常磐線は災害時の不通などに備え、首都圏と東北地方をつなぐバイパス（迂回路）としての役割もになっています。

進む首都圏の交通整備

　東京都は都心と東京臨海地域を高速バスによってつなぐ東京ＢＲＴの運行を計画しています。2022年から運行を開始予定で、当初は東京オリンピック・パラリンピックに合わせて2020年５月から事前運行をする予定でしたが、大会の延期などにより、10月１日に延期されました。ＢＲＴはバス高速輸送システム（Bus Rapid Transit）の略称です。バス専用道を設けたり、２台分のバスをつなげた連節バスを導入したりすることで、高速かつ定時性を持ち、大量輸送を可能にするシステムです。

　また、**東京都心と、その周りに広がるベッドタウンを結ぶ鉄道網も整備が進んでいます。**2019年11月30日には相鉄線（私鉄の相模鉄道）とＪＲ埼京線が新駅、羽沢横浜国大駅（神奈川県）を経由する直通運転を開始し、相模鉄道の海老名駅（神奈川県）から新宿方面まで乗り換えなしで行くことが可能になりました。2022年にはさらに東急電鉄もこの直通運転に加わる予定で、**都心への通勤・通学の利便性が向上していくことが期待されています。**

　さらに、ＪＲ東日本は羽田空港と都心を結ぶ、羽田空港アクセス線の整備を予定しています。最速2029年の開業予定で、完成すれば現在よりも短い時間で都心と羽田空港が結ばれることになります。

首都圏と東北地方を結ぶ路線のようす

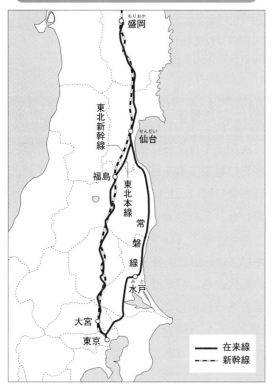

19

欧州連合理事会がイギリス国旗を降ろすようす(ベルギー、ブリュッセルのEU本部)

▶確認問題は94ページ

ヨーロッパの動きに目を向けよう

イギリスが正式にEU離脱

ニュースのポイント

● 2020年1月31日午後11時(現地時間)にイギリスはEUから離脱した。
● イギリスのボリス・ジョンソン首相は移行期間延長をしないと主張した。
● EUとイギリスのFTA(自由貿易協定)交渉は長期化するおそれがある。

イギリスのEU離脱をめぐる今後の流れ

1月31日	イギリスがEUから離脱
6月30日	移行期間を延長するかどうかの期限 ※ジョンソン首相は延長しないと主張
12月31日	移行期間終了

自由貿易交渉

合意 → 完全離脱
延長 → 移行期間
決裂 → 貿易ルールなしの離脱

(2020年2月1日 毎日新聞)

イギリス下院、EU離脱法案を可決

2020年1月9日にイギリスの下院(庶民院)がEU離脱法案を可決し、現地時間の1月31日午後11時に、EU(欧州連合)(→P.177)から離脱しました。これにより、2016年の離脱決定から3年半を経てブレグジット(→P.173)が実現しました。イギリスはEUの前身であるEC(欧州共同体)の時代から、47年間の加盟国としての地位に幕を下ろしました。2020年末までは、EU離脱による移行期間としてEUとの関係が保たれます。今後の焦点は、新しい経済・通商関係を築くことに移りました。EU離脱の演説

で、ボリス・ジョンソン首相は「これは終わりではなく始まりだ」と述べました。

EUの歴史とイギリスとのつながり

イギリス離脱後の現在、EUに加盟しているのは27か国です。EUの基盤となったのは、第二次世界大戦後の1952年に発足した欧州石炭鉄鋼共同体（ECSC）でした。ECSCは、軍事力の基礎となる産業部門を共同管理することで、平和と和解を目指して誕生しました。その後、欧州の政治的・経済的な統合の意義がしだいに認識されていく中、ECが発足し、現在のEUとなったのです。

イギリスは1973年にECに加盟しましたが、加盟条件をめぐる意見の対立があり、1975年には離脱か残留かを問う国民投票が行われています。このときは残留となりましたが、**2016年の国民投票では、離脱派が残留派をわずかに上回りました。** 離脱を支持する声が増えた背景には、**EUに多額の分担金を納めているにもかかわらずメリットが少ないことや、東ヨーロッパなどからの移民の流入がイギリス国民の雇用をおびやかしていることなど、グローバリズムへの不満があります。** EUは人・財・資本・サービスの移動において「単一市場」であり、世界のGDP（国内総生産）（→P.157）にしめる割合は約19％（2018年）となっています。その中でも、イギリスは金融などの国際ネットワークを持っており、EUと一体となることで強みを増してきていました。イギリスが離脱することで、日本もふくめた世界経済へも、少なからず影響がありそうです。

EU離脱による今後の影響

イギリスがEUを離脱することによって、イギリスは独自の外交や経済面での交流をすることが可能になります。**移行期間中はEU離脱前と変わらず、人や財、資本やサービスなどが自由に移動できます。** 中でもとくに重要なこととされているのが、貿易協定についてです。今まではEUを通して自由貿易を行っていましたが、今後は貿易に関する交渉を、イギリスが単独で行う必要があるのです。**イギリスはEUとFTA（自由貿易協定）（→P.161）の交渉を続けていますが、長期化しそうです。一方、日本とイギリスの政府は新たな通商協定を結ぶ見通しが立っています。** 日本の外務大臣とイギリスの国際貿易大臣が2020年9月11日にもテレビ電話での会談で大筋合意し、2021年1月1日からの発効を目指しています。イギリスは、この協定の締結により他国との交渉の加速につなげたい考えです。

EUのあゆみと加盟国の移り変わり

1952年	欧州石炭鉄鋼共同体（ECSC）発足 フランス、西ドイツ（当時）、イタリア、ベルギー、オランダ、ルクセンブルクが加盟
1967年	ECSCなど3つの共同体が合わさり、欧州共同体（EC）発足
1973年	イギリス、アイルランド、デンマークが加盟
1975年	イギリスがEC離脱の是非を問う国民投票を行い、残留が決定
1981年	ギリシャが加盟
1986年	スペイン、ポルトガルが加盟
1993年	EUと単一市場が発足
1995年	オーストリア、スウェーデン、フィンランドが加盟
2002年	ユーロの流通を開始
2004年	中・東欧など10か国が加盟
2007年	ルーマニア、ブルガリアが加盟
2013年	クロアチアが加盟
2020年	イギリスが離脱

20

国家安全維持法施行に抗議し、デモへの参加をよびかける市民

▶確認問題は95ページ

世界の動きに目を向けよう

香港に国家安全維持法を新設

ニュースのポイント

●香港は「1国2制度」のもと、自由経済や高度な自治権を認められてきた。
●国家安全維持法により中国は香港の司法・立法・行政への影響力を強めた。
●同法は、香港に拠点を置く日本など外国企業にも影響をおよぼしかねない。

中国の中の特別行政区　香港

中華人民共和国

九竜半島

香港島

香港特別行政区

香港の自治権をゆるがす法律の制定

　6月30日、中国の習近平国家主席は、香港での反体制運動を厳しく禁じる香港国家安全維持法に署名し、公布しました。同日午後11時に同法は施行され、6章66か条からなる全条文は、この日初めて公開されました。その内容は、反体制運動の取り締まりや監視を目的に、香港に新たに設置される治安維持機関（国家安全維持委員会）を通して、**中国政府が香港の司法や教育などあらゆる面で関与を強める**というものでした。

英領として独自の発展を遂げてきた香港

アヘン戦争（1840〜1842年）ののち約150年間、香港はイギリスの統治下に置かれました。その結果、社会主義経済のしくみをとる中国にありながら、香港は民主主義と資本主義経済のしくみのもと、国際的な自由貿易港として独自の発展を遂げています。

1997年7月1日に中国へ返還されてからは、事前のイギリスとの話し合いに従い、「1国2制度」のもと、香港は特別行政区として「高度な自治」が認められ、民主主義と自由貿易が守られてきました。中国国内の法律よりも香港独自のきまり（香港特別行政区基本法）が優先され、返還後50年はこのしくみが維持される約束でした。しかし、ここ数年、香港における「高度な自治」や民主主義がおびやかされるできごとが続いています。

2014年の雨傘運動と、昨年の百万人デモ

2014年9月、香港の行政長官を選ぶ選挙の制度改定をめぐる抗議運動が起こり、学生を中心に120万人を超える市民が参加しました。2017年の選挙より導入予定だった、香港市民1人1票の投票による普通選挙制度がとつじょ見送られ、中国政府の意向がより強く反映されるしくみに改定されたのです。

警官隊と激しく衝突し、市民のデモ隊は催涙スプレーをよけるために雨傘をさして対抗しました。この「雨傘運動」も結局は鎮圧され、普通選挙は実現しませんでした。

さらに昨年、香港政府は、中国本土への犯罪容疑者引き渡しを可能にする条例改正案を発表しました。すると、この改正案は、中国政府が香港の民主化運動を抑圧し、香港の自治権をおびやかすものだ、との批判が香港市民から噴出しました。やがて、最大200万人ともいわれる市民の参加する抗議運動が香港各地で展開され、**一時は香港の道路の一部や、立法府、空港のロビー、大学を占拠する事態にいたりました**。その後、条例改正案は撤回されたものの、返還後50年を待つことなく中国政府は「1国1制度」に向けた動きを強めています。

諸外国も注視する「1国2制度」のゆくえ

こうした「1国2制度」のゆらぎに、日本やアメリカをはじめとする諸外国政府も、懸念を強めています。中国政府の統制で香港内の諸外国の企業が取り締まられることを警戒しているのです。

中国は2000年代以降「世界の工場」として躍進し、国内総生産（GDP）もアメリカに次いで世界2位まで登りつめています。（→P.157）その背景には、**資本主義経済の香港が、日本や欧米各国の資本を受け入れる窓口としての役割を果たしてきた**ことがあげられます。「1国2制度」をこの先どう守っていくのか。香港市民にとっての民主化を遠ざけることは、結果的に中国本土の経済に打撃をあたえかねません。

1国2制度をめぐるできごと

西暦	できごと
1842年	アヘン戦争後、香港島がイギリス領に
1887年	ポルトガルがマカオを植民地化
1898年	イギリスが香港全域を植民地化
1984年	中英共同声明。97年の香港返還を発表
	※（中国）鄧小平最高指導者—（英）サッチャー首相
1997年	香港返還。「1国2制度」開始
1999年	マカオ返還。「1国2制度」開始
2014年	民主的な選挙を求める「雨傘運動」
2019年	「逃亡犯条例」をめぐり大規模なデモ
2020年	「香港国家安全維持法」が施行

21

爆破された南北融和の象徴、開城の南北共同連絡事務所

朝鮮半島をめぐる動きに目を向けよう

▶確認問題は96ページ

北朝鮮が韓国への圧力を強化

ニュースのポイント

- 北朝鮮が南北交流を白紙に戻そうとしている。
- 北朝鮮はアメリカや国連による経済制裁の解除を求めている。
- 韓国の文政権の南北融和政策はきびしい壁に直面している。

南北共同連絡事務所の開所式（2018年9月14日）

板門店 宣言（2018年4月27日）
1(3) 南と北は、当局間協議を緊密にし、民間交流と協力
を円満に進めるため、双方の当局者が常 駐する南北共
同連絡事務所を開城地域に設置することにした。
（韓国側発表による）

爆破された南北融和の象徴

　2020年6月16日、北朝鮮が開城にある南北共同連絡事務所を爆破、北朝鮮側のメディアはこれにより同事務所が「完全に破壊された」と報じました。この南北共同連絡事務所は、2018年4月の南北首脳会談で文在寅大統領と金正恩労働党委員長が交わした「板門店宣言」にもとづき同年9月に開設され、両首脳による南北交流事業、あるいは韓国の文政権による南北融和政策の象徴としてあったものです。同事務所は、新型コロナ感染症の拡大を受けて、1月30日から閉鎖されていました。

「南北関係改善」は幻に？

2018年4月に行われた11年ぶりの南北首脳会談後に発表されたのが、南北関係の改善と軍事的緊張状態の終結をアピールする「板門店宣言」でした。**この宣言には、朝鮮半島の完全な非核化の実現、軍事的緊張をもたらす敵対行為の全面的中止などと並び、南北間の民間交流を進めるための南北共同連絡事務所の設置などが盛りこまれました。**この施設が今回爆破されたのです。

北朝鮮がこの破壊行為にいたる一連のできごとの発端には、2020年5月31日、北朝鮮から韓国に亡命した脱北者といわれる人びとによって、北朝鮮に向け、金正恩委員長が指導する政治体制を非難する50万枚といわれるビラをつるした大型風船20個が飛ばされたことがありました。

韓国側は北朝鮮の求めに応じ、脱北者の団体を違法行為で告発するとともに、ビラまき行為を徹底的に取り締まる方針を示してきましたが、**北朝鮮は6月9日には南北間の通信連絡線を遮断、13日には南北共同連絡事務所の破壊を予告**するまでになったのです。

朝鮮半島南北間の近年のできごと

年月	できごと
2017年5月	韓国に文在寅政権が誕生
2018年2月	韓国平昌五輪で南北選手団が共同入場
4月	南北首脳会談「板門店宣言」を発表
6月	第1回米朝首脳会談（シンガポール）
9月	文大統領が平壌を訪問
2019年2月	第2回米朝首脳会談（ベトナム・ハノイ）⇒決裂
2020年5月	韓国の脱北者団体が北朝鮮に向け金体制を批判するビラ
6月	北朝鮮が開城の南北共同連絡事務所を爆破

文政権の南北融和政策に大きな壁

ここまで北朝鮮の反発が強まったのには、2019年の第2回米朝首脳会談が決裂した結果、**アメリカや国連による北朝鮮に対する経済制裁が解除される見通しが遠のいたこと、また、文政権による南北経済協力も、アメリカの反対で進まなかったことへの北朝鮮側の不満やいらだちがあった**といわれています。

南北共同連絡事務所を爆破した後も、北朝鮮は、開城と金剛山へ軍の部隊を展開させることに加え、2018年の南北軍事合意で撤収した、軍事境界線がある非武装地帯の監視所を復活させると表明し、2018年の「板門店宣言」を白紙に戻し、それ以前の軍事的緊張をよび戻すような行動をとってきました。

北朝鮮に対して融和的な文政権にさらに圧力をかけることで、**韓国からの何らかの経済的譲歩を引き出そうとしているのか、あるいはアメリカによる経済制裁解除に向けた何らかの働きかけを促している**のか、北朝鮮の真意は不明とされていますが、韓国文政権の掲げる南北融和への道に新たな課題が突きつけられたといえます。

高まる南北間の軍事緊張

北朝鮮が表明した軍事行動計画

❶軍の部隊を展開
↓
1990年代の状況に逆戻り

❷監視所を復活
❸軍事訓練を再開
❹「対南ビラ散布闘争」を展開
↓
「板門店宣言」の南北軍事合意が白紙に

（2020年6月17日付 日本経済新聞ウェブニュースより）

22

2020年3月、完成目前の八ッ場ダムで貯水が進む

ニュースのポイント
●八ッ場ダムが4月1日に運用を開始した。
●ダムの計画から完成までに68年かかった。
●観光地として町を活性化できるかに注目。

▶確認問題は97ページ

日本の治水や利水に目を向けよう

八ッ場ダムが運用開始

計画から完成まで68年

2020年4月1日、国が建設を進めてきた利根川の支流、吾妻川に位置する八ッ場ダムが、本格的な運用を開始しました。

八ッ場ダムは、1947年のカスリーン台風で利根川の堤防が決壊し、およそ1100人の死者を出したことがきっかけで計画されました。地元の長野原町は建設をめぐって「絶対反対」「条件つきで賛成」の立場に分かれて対立、地域社会が分断されてしまいました。水没する集落の移転、鉄道のつけかえをふくむ、国の生活再建案と引きかえに、地元がダム建設を受け入れたのは1985年のことでした。

しかし、公共事業の見直しを公約に掲げて政権交代を果たした民主党は、2009年に八ッ場ダムの工事中止を宣言します。長い葛藤の末ようやくダムを受け入れ、転居も始めていた地元住民は、「いまさらなぜ」「中止するならもっと早くしてほしかった」と、建設中止反対の声を上げ、民主党政権は中止を撤回しました。そして、自由民主党が政権に復帰後の2015年に工事が始まり、計画から68年がたった2020年3月に完成したのです。

ダム完成後の課題は？

完成した八ッ場ダムは多目的ダムで、大雨のときに貯水をするほか、流域住民の生活用水や水力発電にも使われます。**近年は、豪雨による水害が増えている**ことから、とくに治水機能への期待が高まっています。

移転の対象地域に住んでいた470世帯のうち、国が用意した町内の代替地に残ったのはわずか96世帯で、町の活性化が今後の大きな課題です。そのためには、全国のダム愛好家が訪れたくなるような観光事業が展開できるかが、カギになりそうです。

八ッ場ダムの位置

八ッ場ダム / 群馬県 / 栃木県 / 茨城県 / 吾妻川 / 埼玉県 / 東京都 / 利根川 / 千葉県

23

ウポポイは、アイヌ文化の展示・調査だけでなく文化伝承・人材育成の機能を持つ

ニュースのポイント

●ウポポイはアイヌ文化復興・発展の拠点。
●アイヌは日本列島北部の先住民族である。
●差別のない多様で豊かな社会の象徴に。

▶確認問題は97ページ

日本の先住民族の文化に目を向けよう

アイヌ文化復興の拠点ウポポイが開業

先住民族アイヌの文化にふれる

2020年7月12日、北海道白老町に完成した、アイヌ文化の復興・発展の拠点となる国立の施設ウポポイが開業しました。予定されていた4月24日から、新型コロナウイルス感染症拡大の影響で3か月近くおくれての一般公開となりました。

ウポポイとは「（大勢で）歌うこと」を意味するアイヌ語です。施設は、6つの視点からアイヌ文化について学ぶことができる国立アイヌ民族博物館、アイヌの伝統的集落（コタン）や体験交流ホール、野外ステージなどが点在する国立民族共生公園、過去に発掘・収集されたアイヌの人びとの遺骨の慰霊と管理を行う慰霊施設からなっていて、**差別のない豊かで多様な文化を持つ社会を築いていくための場（民族共生象徴空間）**となっています。

ウポポイのロゴマーク
所在地の白老町ポロト湖周辺の山なみや湖に、男性が正装時につける帯の文様がイメージされています。

先住民族の権利を見直す世界的な動きの中で

アイヌは、北海道と南樺太・千島列島などに先住してきた独自の言語と文化を持つ民族です。アイヌの人びとは、食料はもとより日常生活に必要な素材の大部分を漁労、狩猟、植物採集という手段で、自然の中から自分たちの手によって得てきました。

そうした文化は、明治時代になると、おくれたものとみなされて、アイヌの人びとの日本文化への同化がうながされました。そうした過去に対し、近年の**先住民族の権利を見直す世界的な動き**の中で、日本でも先住民族としてのアイヌの文化を見直し、復興・発展させていこうとする気運を具体化した施設です。

先住民族に関係する年表

西暦	できごと
1869年	蝦夷地を北海道と改称
1899年	北海道旧土人保護法を制定
1993年	国連「世界の先住民の国際年」
1997年	アイヌ文化振興法を制定
2007年	国連総会で「先住民族の権利に関する国際連合宣言」が採択
2008年	衆参両院において「アイヌ民族を先住民族とすることを求める決議」が採択
2020年	民族共生象徴空間「ウポポイ」が開業

	日本のできごと	世界のできごと
2019年10月	1日、消費税率が10％に引き上げ。	3日、北朝鮮が「新型ＳＬＢＭ発射実験成功」と報じる。
	9日、吉野彰氏ノーベル化学賞受賞。	
	12日、台風19号による記録的大雨で、広範囲で深刻な被害。	
	13日、ラグビーワールドカップ、日本が初の8強入り。	
	22日、「即位礼正殿の儀」で天皇陛下、即位を宣言。	
	22日、日本人初の国連難民高等弁務官を務めた緒方貞子さんが死去。	23日、香港政府が逃亡犯条例改正案を正式撤回。
		27日、アメリカは米軍事作戦により、過激派組織イスラム国の最高指導者死亡を発表。
	31日、沖縄県の首里城で火災。正殿、北殿、南殿など焼失。	
11月	1日、東京五輪のマラソン・競歩の、札幌市での開催決定。	
	1日、2020年度から始まる大学入学共通テストでの英語民間試験の活用が見送りに。	4日、タイ・バンコクで東南アジア諸国連合（ＡＳＥＡＮ）関連首脳会議。
		4日、アメリカがパリ協定離脱を正式に通告。
	13日、国の予算で毎春開催する「桜を見る会」、安倍首相による公的行事の私物化との批判を受け、来年度中止が決定。	
	13日、探査機はやぶさ2が、小惑星の砂や石を地球に持ち帰るためリュウグウを出発。	
	14日、天皇陛下の即位に伴う皇室行事「大嘗祭」が執り行われる。	
	15日、ハンセン病家族補償法成立。	

	日本のできごと	世界のできごと
11月	20日、安倍首相、通算在職日数2887日で最長に。	18日、香港デモ、高裁は覆面禁止法を「違憲」と判断するが中国全国人民代表大会は否定。
	22日、韓国が日本との軍事情報包括保護協定（GSOMIA）を継続。	
	23日、ローマ教皇が38年ぶりに来日し、被爆地の広島、長崎を訪れ核兵器の廃絶を訴える。	24日、香港の区議会選挙で民主派が圧勝。
	30日、東京五輪の主会場、新国立競技場が完成。	27日、アメリカで香港人権・民主主義法が成立。
12月	1日、スマートフォンや携帯電話を使いながら車を運転する「ながら運転」厳罰化。	2日、第25回国連気候変動枠組み条約締約国会議（COP25）がスペイン・マドリードで開幕。パリ協定ルールの合意は見送りに。
		4日、アフガニスタンで人道支援に取り組んできた医師・中村哲さんが銃撃され死亡。
	6日、大量の個人情報などを含む神奈川県の行政文書が大規模流出。	オーストラリアの森林火災が拡大し、記録的被害に。
		9日、ニュージーランド北部沖のホワイト島で火山噴火。
	12日、神奈川県川崎市で、全国初となるヘイトスピーチに罰則を科す条例が成立。	12日、イギリスの総選挙でジョンソン首相率いる保守党が大勝、1月末EU離脱へ。
	17日、大学入学共通テストの記述式問題導入見送り決定。	
	17日、世界経済フォーラム発表の「男女格差（ジェンダーギャップ）指数」で日本は過去最低の121位。	
	24日、1年3カ月ぶりに日韓首脳会談。元徴用工問題の議論は平行線。	
2020年1月	1日、日米貿易協定が発効。	
	7日、政府がカジノ管理委員会を設置。	9日、中国武漢で新型コロナウイルスを検出。
	15日、オーストラリアの森林火災に対応する国際緊急援助活動のため自衛隊派遣。	
	16日、新型コロナウイルスによる肺炎患者を日本国内で初めて確認。	
	17日、愛媛県の伊方原発、再び運転差し止めに。	

2020年のおもなできごと

	日本のできごと	世界のできごと
2020年1月	17日、国際地質科学連合は、約77万4千年〜12万9千年前の地質を「チバニアン」と命名。	
	28日、渡航歴ない日本人国内感染を確認。	28日、米トランプ政権はパレスチナ問題でイスラエル寄りの新たな中東和平案を公表。
		31日、イギリスがEU離脱。
2月	3日、感染者確認のクルーズ船、横浜で船内検疫。	
		7日、南極の気温が過去最高の18.3度を記録。
	11日、世界保健機関（WHO）は新型コロナウイルスによる感染症を「COVID-19」と命名。	
	17日、2019年10〜12月の国内総生産（GDP）は消費増税の影響でマイナス成長に。	
	28日、北海道知事は「緊急事態宣言」を出し、週末の外出自粛を要請。	29日、アメリカとアフガニスタンの反政府武装勢力タリバンが和平合意に署名。
3月	2日、全国の小中高校で臨時休校始まる。	
	4日、福島第一原発事故で帰還困難区域となっていた福島県双葉町で一部の避難指示を解除。	
	5日、新型コロナウイルス対策として、中国・韓国からの入国制限を強化。	
	11日、世界保健機関（WHO）は新型コロナウイルスの感染拡大について世界的な流行を意味する「パンデミック」と認定。	
	11日、選抜高校野球大会、初の中止に。	
	13日、新型コロナウイルスを新型インフルエンザ等対策特別措置法の対象に加える改正法が成立。	13日、アメリカが非常事態宣言。
	14日、東日本大震災の影響で一部不通となっていたJR常磐線が9年ぶりに全線開通。	
	14日、JR山手線・京浜東北線の品川駅ー田町駅間に、新駅「高輪ゲートウェイ駅」が開業。	
	18日、香川県で「ネット・ゲーム依存症対策条例」が成立。	23日、国際通貨基金（IMF）は世界経済が2008年のリーマンショック級のマイナス成長との見通しを示す。
	24日、安倍首相と国際オリンピック委員会（IOC）は東京オリンピックを延期することで合意。2021年7月23日開幕に。	

	日本のできごと	世界のできごと
3月	27日、2020年度予算が102兆円で成立。	
	30日、アメリカ、中国、韓国、欧州ほぼ全域からの外国人の入国を禁止する方針を固める。	
4月	1日、群馬県の八ッ場ダム運用開始。	
	1日、改正健康増進法が施行。飲食店は原則屋内禁煙が義務化される。	
	3日、35年間未解決だった数学の難問「ABC予想」を京都大学教授が証明。	
	7日、医療現場でのオンライン初診を解禁へ。	
	7日、新型コロナウイルス対応の特別措置法に基づく緊急事態宣言が、7都府県（東京、神奈川、埼玉、千葉、大阪、兵庫、福岡）を対象に発令される。期間は5月6日まで。	8日、中国武漢、77日ぶりに封鎖解除。
	10日、探査機「みお」、水星へ軌道変更。	
	11日、新型コロナウイルス感染症による世界の死者が10万人を超える。	
	14日、環境省は2018年度の温室効果ガスの総排出量を発表。5年連続での減少。	14日、国際通貨基金（IMF）は2020年世界経済の成長率予測を大幅に引き下げた。1920〜30年代の大恐慌以来最悪の不況。
	16日、緊急事態宣言、全国に拡大。	14日、ユネスコが6月中国で開催予定だった世界遺産委員会延期を決定。
	16日、経済対策として、所得制限を設けず国民に一律10万円給付へ。	
		20日、ニューヨーク原油先物相場が史上初めてマイナスに陥る。
5月	4日、緊急事態宣言が5月31日まで延長に。13の「特定警戒都道府県」は重点的に対策。	アフリカ東部でバッタが大量発生。農作物被害により食糧危機に。
	5日、総務省発表の15歳未満の子どもの数は1512万人、39年連続で減少。	
	12日、豊臣秀吉の最後の城とされる「京都新城」の遺構が発見される。	
	14日、緊急事態宣言が39県で解除される。	
	18日、検察庁法改正案の世論反発を受け、政府・与党は今国会での成立を断念。	

2020年のおもなできごと

	日本のできごと	世界のできごと
5月	20日、夏の全国高校野球選手権大会中止を発表。	
	21日、大阪・兵庫・京都で緊急事態宣言解除。	
	25日、緊急事態宣言、残る5都道県も解除となり、全国で解除に。	25日、米ミネソタ州で白人警官の暴行による黒人男性の死亡事件が起きる。
	27日、AIなどを活用して最先端都市づくりをめざすためのスーパーシティ法案が成立。	28日、中国全国人民代表大会は、香港で反体制的活動を規制する「国家安全法制」を採択。
		31日、民間初の有人宇宙船が米フロリダ州のケネディ宇宙センターから打ち上げられる。
6月	5日、厚生労働省発表の2019年統計で、人口自然減が初の50万人超え。合計特殊出生率は1.36で4年連続減。	黒人差別抗議デモ、全世界に拡大。
	6日、東京メトロ日比谷線で新駅「虎ノ門ヒルズ駅」が開業。	
	15日、防衛省は陸上配備型迎撃ミサイルシステム「イージス・アショア」の配備計画の停止を発表。	16日、北朝鮮が南北共同連絡事務所を爆破。
	19日、都道府県をまたぐ移動の自粛要請が解除される。厚生労働省の感染者接触通知アプリ「COCOA」提供開始。	
	22日、スーパーコンピューター「富岳」が性能を競う世界ランキングで1位に。	25日、朝鮮戦争勃発から70年。
	29日、新型コロナウイルス感染症による世界の死者が50万人を超える。	
	30日、ふるさと納税訴訟、泉佐野市が逆転勝訴。新制度からの除外決定は取り消しに。	30日、中国が香港での反体制活動を禁じる「香港国家安全維持法」を公布、香港政府は同日夜施行。
7月	1日、レジ袋有料化スタート。	1日、ロシアの全国投票で憲法改正法案成立が確実となりプーチン大統領の続投が可能に。
	3日、経済産業省は石炭火力発電所の休廃止を進めると表明。	
	3日、熊本県を中心に九州や中部地方などで集中豪雨が発生。令和2年7月豪雨と命名。	
	5日、東京都知事選挙で現職の小池百合子氏が圧勝し再選。	6日、アメリカが世界保健機構（WHO）脱退を国連に正式通知。

	日本のできごと	世界のできごと
7月	12日、北海道白老町でアイヌ文化を学べる国立「民族共生象 徴空間（ウポポイ）」が開業。	
	16日、将棋の藤井聡太七段が17歳11か月で棋聖位獲得、最年少タイトルに。	
	21日、政府は2020年までに「指導的地位」にしめる女性の割合を30%程度とする男女共同参画政策目標を先送り。	
	22日、政府による、国内観光需要喚起を目的とした「Go Toトラベル」事業が東京除外で開始。	24日、アメリカは中国総領事館を閉鎖、これを受け、27日には中国もアメリカ総領事館を閉鎖に。
	29日、広島原爆の「黒い雨」訴訟で、広島地裁は原告の主張を認める。	
8月		4日、レバノンの首都で大規模爆発発生。
	5日、総務省は2020年1月1日現在の日本人の総人口は1億2427万1318人と発表。	6日、インド洋のモーリシャス沖で座礁した大型貨物船から重油が流出。
	10日、春の選抜大会出場予定だった32校による甲子園高校野球交流試合が開幕。	9日、ベラルーシ大統領選挙でルカシェンコ氏6選。結果をめぐり反政権デモも。
		米カリフォルニア州で山火事が拡大し、同州史上最悪の被害に。
		13日、イスラエルとアラブ首長国連邦（UAE）が国交正常化に合意。
	17日、浜松市で気温41.1度を観測し、国内統計史上最高記録に並ぶ。	アメリカ大統領選挙候補に、18日民主党はバイデン氏を、24日共和党はトランプ氏を指名。
	24日、安倍首相の連続在職日数が2799日となり、歴代最長を記録。	
	28日、安倍首相が辞任を表明。	
9月	10日、立憲民主党と国民民主党の合流新党の代表選が行われ、代表は枝野氏、党名は立憲民主党に。	
	14日、自民党の総裁選が行われ、石破氏、岸田氏を破り、菅氏が新総裁に。	
	16日、菅内閣が発足。	
	28日、新型コロナウイルス感染症による世界の死者が100万人を超える。	

2020年、2021年の ◯年前のできごと

2020年

1300年前	舎人親王らによって『日本書紀』が成立。（720年）
300年前	キリスト教以外の漢訳洋書輸入制限が緩和される。（1720年）
150年前	日本最初の日刊紙『横浜毎日新聞』が創刊される。（1870年）
100年前	国際連盟が発足し、日本が常任理事国となる。（1920年）
70年前	朝鮮戦争が始まり、警察予備隊が創設される。（1950年）
60年前	日米安全保障条約が改定される。（1960年）
	国民所得倍増計画が発表される。（1960年）
50年前	大阪で日本万国博覧会が開催される。（1970年）
	米の減反政策を実施。（1970年）
30年前	バブル経済崩壊で株が暴落。（1990年）

2021年

800年前	後鳥羽上皇らが幕府打倒のため承久の乱をおこす。（1221年）
200年前	伊能忠敬が中心となって作製した「大日本沿海輿地全図」が完成。（1821年）
150年前	廃藩置県。郵便事業開始。（1871年）
100年前	現職の首相であった原敬が東京駅で暗殺される。（1921年）
90年前	満州事変がおこる。（1931年）
80年前	太平洋戦争がはじまる。（1941年）
70年前	サンフランシスコ平和条約に調印。（1951年）
30年前	ソビエト連邦が崩壊する。（1991年）
20年前	アメリカ同時多発テロがおこる。（2001年）
10年前	東日本大震災がおこる。（2011年）

第2編

中学入試対策

予想問題編

● 第1章～第6章のニュースには「確認問題」と「総合問題」があります。
● 第7章～第23章のニュースには「確認問題」のみがあります。

確認問題

ニュースや社会科学習の基礎知識をチェックする問題です。穴埋め形式や一問一答が中心で、入試に必要なキーワードなどをおさえます。

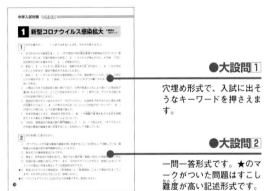

● 大設問 ①

穴埋め形式で、入試に出そうなキーワードを押さえます。

● 大設問 ②

一問一答形式です。★のマークがついた問題はすこし難度が高い記述形式です。

総合問題

知識と知識を組み合わせ、考えて解く、発展・応用問題です。ひとつひとつの知識が体系化して整理されます。実際の入試問題に多い形式です。

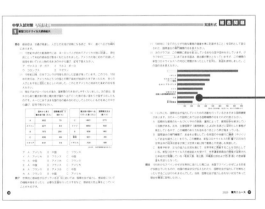

近年の入試では、細かすぎる知識を問う問題は少なくなり、記述や文章選択肢の正誤問題など「持っている知識を組み合わせて論理的に考える」ような問題が増えています。こうした問題にも対応しています。

1 新型コロナウイルス感染拡大 ▶解答は180ページ

1 次の文章中の（ ）にあてはまることばを、それぞれ答えなさい。

A　2019年末から中国湖北省（ 1 ）市で原因不明の肺炎患者が多数報告されていたが、翌2020年1月には、中国の患者から新型（ 2 ）ウイルスが検出された。その後、3月には世界的な流行を意味する（ 3 ）が発表された。

B　新型（ 2 ）ウイルスに感染すると、発熱やせきの症状のほか、（ 4 ）を引き起こすことがあるが、軽症や無症状であることも多い。

C　新型（ 2 ）ウイルスのおもな感染原因としては、感染者のくしゃみ、せき、つばなどから感染する「（ 5 ）感染」、ウイルスのついた手で口や鼻にさわる「（ 6 ）感染」がある。

D　人類はこれまでも感染症と戦い続けており、文明の発達とともにより遠くへと感染症が運ばれるようになった。とくに15世紀半ばからの（ 7 ）時代には、アメリカ大陸に多くの伝染病が持ちこまれた。

E　感染症の流行がくり返される中で、やがて人びとに、伝染病を予防するために衛生状態の改善を行うなど、（ 8 ）の考え方が広まった。とくに19世紀のヨーロッパで（ 9 ）が流行した際には、上下水道の整備が進んだ。

F　科学の発達とともに、感染症を予防する（ 10 ）や細菌の増殖をおさえる抗生物質、抗ウイルス薬などが開発されていくようになった。

G　1948年、国際連合の保健分野の専門機関として、（ 11 ）が設立され、「すべての人々が可能な最高の健康水準に到達すること」を目的として活動している。

2 次の各問いに答えなさい。

①　「すべての人々が可能な最高の健康水準に到達すること」を目的として活動している、国際連合の保健分野の専門機関を何といいますか。

②　現在の①の事務局長はだれですか。

③　歴史上、世界各地で何度も流行し、現在では人類が唯一根絶に成功した感染症は何ですか。

④　気温の低い時期に流行しやすく、また、1918年のスペインかぜなど、新型によるパンデミックが過去に何度も発生している感染症は何ですか。

★⑤　新型コロナウイルス感染症は、「飛沫感染」と「接触感染」によって感染が広まっています。それぞれどのようなことか、説明しなさい。

★⑥　「インフォデミック」とはどのような現象ですか。説明しなさい。

2 日本全国で緊急事態宣言

▶解答は180ページ

1 次の文章中の（　　　）にあてはまることばや数字を、それぞれ答えなさい。

A　日本国内でも新型コロナウイルス感染症が大都市を中心に全国に広がりました。東京都や大阪府、北海道などの都市部では、感染者集団とよばれる（　1　）が発生しました。

B　感染が拡大すると、医療現場ではベッド数や人材不足、重症患者の心臓と呼吸を補助するために用いる体外式膜型人工肺である（　2　）の不足などが起きました。

C　感染が疑われる場合、問い合わせの窓口になる公的な機関は（　3　）です。（　3　）は、ふだん、感染症や食中毒の予防や発生時の原因調査、対策などを行っています。

D　2020年4月7日には新型インフルエンザ等対策特別措置法にもとづく（　4　）が政府から発令されました。これにもとづき、都道府県の（　5　）が各地域の状況をふまえて、外出自粛や休業要請などの指示をしました。

E　緊急経済対策では、家計への支援として、1人あたり（　6　）円の特別定額給付金の給付などを行いました。

F　政府からは、人との接触機会を減らし、感染拡大を防止するための新しい生活様式が示されました。たとえば、（　7　）身体的・物理的距離の確保や、職場に行かずに、在宅勤務や職場以外でオンラインを活用して仕事をする（　8　）の活用などが提案されました。

G　日本では、感染症が歴史上何度か流行しました。奈良時代に流行した天然痘には、（　9　）が大仏建立の詔を出して仏教の力で鎮めようとしました。鎌倉時代、臨済宗を開いた（　10　）は、『喫茶養生記』で病への茶の効用を記しました。江戸時代には、適塾を開いた（　11　）が天然痘の種痘（天然痘の予防接種）を広めました。明治時代以降には、医学や治療法が進歩し、破傷風菌を発見した（　12　）、赤痢菌を発見した（　13　）、黄熱病を研究した（　14　）が、世界的な功績を残す研究を行いました。

2 次の各問いに答えなさい。

①　感染症予防のための対策として、上下水道の整備をしたり、予防接種をしたりするなど環境衛生を改善しようとする考え方を何といいますか。

②　新しい生活様式のうち、「3密の回避」とよくいわれますが、3密とは、「密①」「密②」「密③」を指します。①〜③にあてはまる漢字1字をそれぞれ答えなさい。

★③　新型コロナウイルス感染症の感染拡大を防ぐための、日常生活における具体的な行動例を3つあげなさい。

3 令和2年7月豪雨

▶解答は
180ページ

1 次の文章中の（　　）にあてはまることばを、それぞれ答えなさい。

A　2020年7月3日から31日にかけて、日本付近に停滞した（　1　）前線の影響で、日本各地で大雨となり、人的被害や物的被害が続出しました。気象庁はこの災害を（　2　）と名づけました。

B　九州では7月3日から7日にかけて、記録的な大雨となりました。この大雨で、日本三急流の1つに数えられる（　3　）川や、九州最大の河川である（　4　）川が氾濫しました。

C　九州だけでなく本州でも、（　5　）県で飛騨川、（　6　）県で江の川、（　7　）県で最上川などの一級河川が氾濫しました。

D　2020年は、日本各地で梅雨明けがおくれ、7月の（　8　）時間は平年と比べて東京都心で32%、名古屋市で45%、大阪市で51%など、大幅に減りました。また、7月は（　9　）の発生が観測史上初めてゼロでした。

E　梅雨が明けてから日本各地で連日暑い日が続き、8月17日には静岡県（　10　）市で41.1℃を観測し、2018年に埼玉県（　11　）市で観測された国内最高気温とならびました。

F　日本は自然災害の多い国です。2020年は（　12　）大震災から25年となる年でした。また、2021年は（　13　）大震災から10年の年になります。

2 次の各問いに答えなさい。

① 地球温暖化が豪雨の発生に関係しているといわれています。2020年には、地球温暖化防止のための新たな国際的枠組みが実施段階に入りました。この取り決めを何といいますか。

② 地方公共団体などが作成して配布している、災害において危険な場所や避難場所などを示し、住民に災害への備えをうながすための地図を何といいますか。

③ 数十年に一度という危険な災害が予測されたときには、対象地域の住民に最大限の警戒をよびかけるための警報が出されます。この警報を何といいますか。

④ 国内で大規模な災害が発生したときに、電話を用いて被災した人が安否情報を録音し、安否を確認したい人が音声を再生することができるサービスを何といいますか。

★⑤ 災害はいつおこるかわかりません。そのため、前もって備えをしておくことが重要になります。日ごろからどのような備えをしておけばよいかを説明しなさい。

4 レジ袋の有料化スタート

▶解答は
180ページ

1 次の文章中の（　　　）にあてはまることばを、それぞれ答えなさい。

A　2020年7月、全国で（　1　）製買物袋（レジ袋）の有料化が始まりました。（　1　）の過剰な使用をおさえるきっかけをつくることで、そのごみが海に流れ出たり、焼却にともなう二酸化炭素排出によって引きおこされると考えられている（　2　）化を防止したりすることにつなげる目的があります。

B　海に流れ出た（　1　）は、紫外線や波の力などによって細かくくだかれていきます。小さな粒子になったものをとくに（　3　）といい、その人ささではすべてを取りのぞくことが難しくなります。また、（　4　）ホルモンとよばれる有害物質を吸着する可能性があることが問題となっています。

C　廃棄物の発生をおさえることや、資源を再利用すること、再利用されない廃棄物を適切に処分することにより、天然資源の消費をおさえ、環境への負荷をできる限り小さくしていく社会を（　5　）社会とよびます。この社会の形成には、（　6　）・（　7　）・（　8　）の3Rの活動が大きく寄与すると考えられます。

D　2015年、国連サミットにおいて、「（　9　）な開発目標」として17の目標が掲げられました。その中には、「つくる責任　つかう責任」「海の豊かさを守ろう」などがあり、今回のレジ袋の有料化をきっかけに、環境問題への対策が進むことが期待されています。

2 次の各問いに答えなさい。

① 今回有料化の対象となったプラスチック製買物袋（レジ袋）の原料となる、原油を精製してつくられる物質の名をカタカナで答えなさい。

② 原油は日本ではほとんど産出されず、その多くを輸入にたよっています。原油の輸入国のうち、最も大きな割合をしめる国の名を答えなさい。

③ 1973年にイスラエルとアラブ諸国の間でおこった戦争がきっかけで、原油価格が急激に上がりました。当時おこった戦争と、原油価格の高騰による世界経済の混乱は何とよばれていますか。それぞれ漢字で答えなさい。

④ 世界にはたくさんの海洋がありますが、それらの海洋の中で「三大洋」とよばれる海洋の名を、広い順にそれぞれ答えなさい。

★⑤ レジ袋などの原料となるプラスチックによる海洋汚染は、海の生き物のみならず、他の生き物にも影響をあたえることとして問題になっています。プラスチックによる海洋汚染がもたらす人への影響として考えられることを説明しなさい。

5 人口減少で日本はどう変わる？ ▶解答は180ページ

1 次の文章中の（　　　）にあてはまることばや数字を、それぞれ答えなさい。

A　厚生労働省の発表によると、2019年の合計特殊出生率は（　1　）となり、4年連続で低下しました。また、出生数は初めて（　2　）万人を割りこみました。

B　日本の総人口は約1億2617万人で、9年連続の減少となりました。総人口が減少している理由としては、（　3　）数の増加や、少子化の進行があげられます。

C　今回の調査結果を都道府県別に見ると、（　4　）圏など7都県では人口増加が確認され、うち沖縄県を除く6都県が「自然減」・「社会増」でした。「社会増」とは、（　5　）者が（　6　）者を上まわっている状態です。残る40道府県では人口減少がおきていて、その多くが「自然減」・「社会減」でした。

D　地方における人口減少がさらに加速すると、過疎化と高齢化が一段と進行し、（　7　）が増えるおそれも出てきます。（　7　）とは、65歳以上の高齢者が人口の半数を超え、社会的な共同生活の維持が困難な集落のことです。

E　2025年には、第一次ベビーブームで生まれた「（　8　）の世代」が、全員75歳以上の後期高齢者になります。後期高齢者は、医療費や介護費用が他の世代よりも多い傾向にあるので、国の歳出のうち、（　9　）費の支出額が増大すると予想されます。その一方で、15〜64歳にあたる（　10　）年齢人口は減少するため、所得税による収入は減少します。

F　日本人の2019年の平均寿命は、女性が（　11　）.45歳、男性が（　12　）.41歳で、いずれも過去最高を更新しました。

G　深刻化する労働力不足を補うため、2018年にいわゆる（　13　）法が改正され、在留資格である「特定技能」の新設によって外国人労働者の受け入れ拡大が図られています。

2 次の各問いに答えなさい。

①　1970年代以降、日本で出生数が減ってきたことには、どのような原因や理由が考えられますか。

②　現在、日本が直面している「人口減少社会」とは、0〜14歳、15〜64歳、65歳以上の3つの年齢層が、それぞれどのような状態になっていることですか。

★③　人口が年々減少することは、社会にどのようなデメリットをもたらすと考えられますか。

★④　人口減少が社会にメリットをもたらすとしたら、どのようなものが考えられますか。

★⑤　日本の労働力不足を解消するためには、どのような取り組みが有効だと考えられますか。外国人労働者の受け入れを拡大すること以外で説明しなさい。

6 トランプ政権と国際社会

▶解答は
181ページ

1 次の文章中の（　　　）にあてはまる数字やことばを、それぞれ答えなさい。

A　アメリカ大統領の任期は（　1　）年で、最長（　2　）期までとなっています。

B　アメリカの政治は、2017年に大統領に就任したトランプ氏の所属政党である（　3　）党と、2009〜17年に政権をになった（　4　）党との二大政党制のもとで行われています。

C　2017年に発足したトランプ政権は、環太平洋諸国との経済連携協定である（　5　）からの離脱決定、気候変動枠組条約に加盟する全196か国が参加していた（　6　）からの離脱表明、国際連合の専門機関として新型コロナウイルス感染症への対策を進めている（　7　）からの脱退手続きなど、国際協調を軽視する対外政策を進めてきました。

D　アメリカ第一主義のトランプ政権は、国内の産業と雇用を保護するという名目で、輸入品にかける（　8　）の税率を大幅に上げる政策も進めました。とくに、ＧＤＰが世界第２位で、「世界の工場」とも称される（　9　）との間では「貿易戦争」といわれる状態になっています。

E　2020年11月の大統領選挙では、保守的な白人層を支持基盤に持つ政党からは現職のトランプ氏が、社会的弱者や黒人層を支持基盤に持つ政党からは、2009年に初の黒人大統領となった（　10　）政権時に副大統領を務めた（　11　）氏が、それぞれ大統領候補の指名を受けています。

D　アメリカ大統領選挙では、全（　12　）州と首都で国民が選び出した選挙人が大統領を選出します。選出にあたって主権者である国民の意思が強く反映されている大統領の権限は絶大で、アメリカの憲法では「（　13　）権は大統領個人に属する」とされています。

2 次の各問いに答えなさい。

①　アメリカの憲法で大統領個人に属するとされる行政権は、日本国憲法第65条では、どの機関に属するとされていますか。

②　一国の経済規模を示すＧＤＰが、アメリカに次いで世界第２位の国の名を答えなさい。

③　トランプ政権の対アジア外交のあり方に影響した、中国が進出している、南沙諸島の位置する海の名を答えなさい。

④　南沙諸島の領有権を主張する国ぐにのうち、フィリピン、ベトナム、マレーシア、ブルネイが属する、東南アジア諸国による地域協力機構の略称をカタカナ４字で答えなさい。

★⑤　トランプ政権は、関税の税率を引き上げる政策を進めました。関税の税率を高くすることが自国国内の産業や雇用にもたらす効果を説明しなさい。

7 安倍首相辞任、菅新内閣が発足 ▶解答は181ページ

1 次の文章中の（　　　）にあてはまることばを、それぞれ答えなさい。

A　2020年8月28日、安倍晋三首相が会見を開き、持病の悪化を理由に辞任を表明しました。辞任会見では、北朝鮮による日本人の（　1　）問題、ロシアとの（　2　）条約、（　3　）改正の3つをあげ、結果が出せず痛恨のきわみだと述べました。安倍首相は、8月24日に連続在職日数が2799日となり、（　4　）をぬいて歴代最長を記録したばかりでした。

B　安倍首相は2012年に政権に復帰してから、金融緩和・財政政策・成長戦略を中心とする「（　5　）ミクス」を推進し、ジェンダー平等社会の実現を目指して「（　6　）活躍推進法」を定めるなどしてきました。また、（　7　）自衛権の行使を認める閣議決定をしたことも大変注目されました。

C　安倍首相の所属する（　8　）党では総裁選を行い、3名の立候補者のうち、安倍政権を（　9　）長官として支えた（　10　）氏が新しい総裁に選ばれました。そして、9月16日に（　11　）国会が開かれ、（　10　）氏が第99代内閣総理大臣に指名されました。

2 次の各問いに答えなさい。

① 安倍晋三首相は佐藤栄作の2798日をぬいて、連続在職日数で歴代最長を記録しました。佐藤内閣の下で、1972年にアメリカの統治をはなれ日本に復帰したのはどこですか。

② 連続在職日数が3位の人物は、1951年に48か国との間で、ある条約に調印し、日本の独立を回復しました。この人物の名と、条約の名をそれぞれ答えなさい。

③ 安倍首相が第2次安倍内閣の発足直後から取り組んだ、金融緩和・財政政策・成長戦略の3つの柱からなる経済政策を何といいますか。カタカナで答えなさい。

④ 安倍首相は憲法改正を党是（党の根本方針）として目指してきました。憲法改正にはどのような手続きが必要か、「3分の2」「過半数」ということばを使って説明しなさい。

⑤ 内閣総理大臣は、国会で最多議席をもつ政党の党首が指名されることがほとんどなので、党内で党首を決める選挙はとても重要です。与党である自由民主党では党首を何とよびますか。漢字2字で答えなさい。

⑥ 現在、与党は自由民主党と公明党ですが、9月15日には野党が合流して新党が誕生しました。新党の名と、新党の党首の名をそれぞれ答えなさい。

⑦ 内閣総理大臣は国会で指名されますが、任命するのは誰ですか。

★⑧ 内閣総理大臣の国会指名において、衆議院と参議院とで異なる人物が指名された場合はどのようにして内閣総理大臣を決めますか。

8 東京オリンピック・パラリンピック、1年延期 ▶解答は181ページ

1 次の文章中の（　　）にあてはまることばや数字を、それぞれ答えなさい。

A　2020年３月、新型コロナウイルスの感染拡大により、東京オリンピック・パラリンピックの１年程度の（　1　）が発表されました。オリンピックは過去に５回、夏季・冬季を合わせて（　2　）になったことがありますが、（　1　）は初めてのことです。

B　東京オリンピック・パラリンピックは、オリンピックは（　3　）年（　4　）月から、パラリンピックは（　3　）年（　5　）月から開催される予定となりました。

C　来年の開催に向けた計画を示した（　6　）では、「選手、観客、関係者、ボランティア、大会スタッフにとって、安全・安心な環境を提供することを最優先課題とする」「（　1　）に伴う（　7　）を最小化し、都民・国民から理解と共感を得られるものにする」「安全且つ持続可能な大会とするため、大会を（　8　）なものとする」などが掲げられました。

D　プロ野球やサッカーＪリーグは、何度かの（　1　）を経て、６月や７月に開幕しました。開幕後しばらくは観客を入れない（　9　）試合で対応しました。

E　日本で夏季五輪が開催されたのは1964年です。冬季五輪は1972年の（　10　）大会と1998年の（　11　）大会の２回開催されました。

2 次の各問いに答えなさい。

①　現在行われているオリンピックは、フランスのクーベルタンによって構想され、1896年にオリンピックの起源となった祭典が行われていた地で第１回大会が開催されました。第１回大会が開催された国と都市の名をそれぞれ答えなさい。

②　クーベルタンの提唱で1894年にパリで結成され、本部はスイスのローザンヌにある、オリンピックを主催する組織の名を答えなさい。

③　1964年にアジアで最初のオリンピックが東京で開催されました。この大会に合わせて東京〜新大阪間に開業した高速鉄道の名を答えなさい。

④　1964年の東京オリンピックの開会式が行われた10月10日は、国民の祝日とされました。この祝日の名を答えなさい。また、この祝日は2020年から名称が変更されました。変更後の祝日の名を答えなさい。

★⑤　東京オリンピック・パラリンピック開催に向けて、政府はこれまで観光立国を推進してきましたが、新型コロナウイルスの影響により、見直しが必要だという声もあります。本来考えていた観光立国になることのメリットを説明しなさい。

9 変わる学び方・働き方

▶解答は
181ページ

1 次の文章中の（　　　）にあてはまることばや数字を、それぞれ答えなさい。

A　新型コロナウイルス感染症の拡大を防止するため、2020年2月、政府は全国の小中学校、高等学校、特別支援学校に（　1　）を要請しました。これを受けて全国の学校は3月2日から春休みまで（　1　）になり、多くの学校では新学期が始まる（　2　）月以降も登校できない状態が続きました。また、政府は企業に対しても、（　3　）ワークを導入して、社員の7割が在宅勤務できるよう要請しました。

B　全国各地の学校では、家庭で取り組める課題の作成、タブレット端末などを使った（　4　）授業などさまざまな工夫を行いました。また、新学年を（　5　）月スタートにする議論も起こりましたが、世論によって、先送りになりました。

C　政府の要請によって、（　3　）ワークや出社時間をずらす（　6　）通勤、会社にいる時間を働く人自身が決める（　7　）タイム制を導入する企業が増えました。政府が掲げた「（　8　）改革」がなかなか進まない中、新型コロナウイルスによって進めざるを得ない状況になったともいえます。

2 次の各問いに答えなさい。

①　教育や学校、スポーツ、文化に関わる仕事を行う省庁の名を答えなさい。

②　地方自治体の政治において、教育に関する事務を行う機関の名を答えなさい。

③　江戸時代後期に、庶民の子どもたちに読み書きそろばんなどを教えた教育機関と、各藩が藩士の子弟を教育するために設立した学校を、それぞれ何といいますか。

④　明治時代、義務教育を制度化するにあたり、1872年に発布された日本最初の教育法令を何といいますか。

⑤　1890年に、明治天皇が臣民にあたえる形で発布された教育方針を何といいますか。また、1947年に、この教育方針に代わって、新しい教育方針を示した法律を何といいますか。

⑥　国民の働き方や、労働条件、労働環境などに関する仕事を行う省庁の名を答えなさい。

⑦　政府が掲げる「働き方改革」では、正社員でない人たちの地位や労働条件の向上も大きな課題です。アルバイトやパート、派遣などの正社員でない人たちのことを何といいますか。

⑧　日本語では「仕事と生活の調和」と訳される、仕事とプライベートのどちらも充実させていくという考え方を、カタカナ10字で答えなさい。

★⑨　学校や塾に行かずに、自宅でICT（情報通信技術）機器などを利用して授業を受けることの利点と欠点を、感染症の拡大防止とは異なる視点から、それぞれ説明しなさい。

10 どうなる日本の観光業

▶解答は
181ページ

1 次の文章中の（ ）にあてはまることばを、それぞれ答えなさい。

A　過去15年間に日本を訪れた外国人旅行者数は、（ 1 ）が起きた翌年の2009年と、（ 2 ）のあった2011年をのぞき、増加し続けてきました。

B　2018年の１年間に日本を訪れた外国人旅行者の国籍・地域を調べると、80％以上はアジアの国や地域で、（ 3 ）、（ 4 ）、台湾などとなっています。

C　2019年末から始まった新型コロナウイルスによる感染症の流行の影響で、多くの国では外国からの（ 5 ）制限や、自国民の（ 6 ）禁止などの措置がとられ、世界的に旅行者が減少しました。

D　国内的にも、（ 7 ）宣言中は人びとの移動は大きく減り、宣言解除後も（ 8 ）の外出をひかえるようよびかけられたことで、さまざまな産業活動の停滞を招きました。

E　国内の観光関連産業を救済し、経済を動かすために、政府は2020年７月22日から「Go To （ 9 ）」という支援策を進めました。

F　政府は、2008年に「（ 10 ）立国」を推進するために、国土交通省の外局として（ 10 ）庁を創設し、関係各省庁と協力してさまざまな施策を講じてきました。今後は、その施策にウィズコロナという視点をふまえた見直しが必要になります。

2 次の各問いに答えなさい。

①　外国へ旅行する人のことを指す「アウトバウンド」に対して、近年世界的に増加している「外国から訪れる旅行者」のことを何といいますか。

②　住宅の全部または一部を活用して宿泊サービスを提供することを、一般に何といいますか。

③　政府が外国人旅行者をさらに増やすためにこれまで行った取り組みに、入国を認める書類のひとつである査証の発給要件の緩和がありました。この査証は、一般に何とよばれていますか。

★④　政府が国内観光関連産業の支援策として行った「Go To トラベル」事業では、当初、東京発着の旅行はこの事業の対象外としていました。なぜ東京発着の旅行は対象外とされたのですか。その理由を説明しなさい。

★⑤　観光関連産業には、どのようなものがあるでしょうか。○○業という形で３つ答えなさい。

11 キャッシュレス社会の広がり ▶解答は182ページ

1 次の文章中の（　　　）にあてはまることばや数字を、それぞれ答えなさい。

A　現金をほとんど使わなくてもよい社会のことを（　1　）社会とよびます。

B　日本政府が（　1　）化を推進する目的のひとつは消費の活性化です。2020年6月末で終了した政策は、2019年10月から税率が10％に上がった（　2　）税での消費行動の落ちこみを減らすため、2020年9月から実施されている政策は7月から8月にかけて開催予定だった（　3　）後の消費行動の落ちこみを減らすためでした。

C　2018年現在、日本の（　1　）決済比率はおよそ（　4　）％です。最も高い割合となっている国は（　5　）であり、97.7％になっています。

D　クレジットカードや電子マネーのほかに、ビットコインやイーサリアムなどインターネット上で取引が行われている（　6　）とよばれているものがあります。これらは国や中央銀行の保証などがありません。

E　現在、日本国内で使われている硬貨は、日本政府が発行し造幣局で製造されています。その種類は、（　7　）種あります（記念硬貨を除く）。硬貨の材質に目を向けると1円玉には（　8　）が使われており、他の硬貨はすべてに（　9　）が使われています。それらの発行枚数は、近年（　10　）傾向にあります。

2 次の各問いに答えなさい。

①　2020年6月まで実施されていた「キャッシュレス・ポイント還元事業」と、2020年9月から実施されている「マイナポイント」において、中心となって事業を進めている省庁をそれぞれ答えなさい。

②　日本で流通している1万円札などの紙幣を発行しているのはどこですか。漢字4字で答えなさい。

③　ある種類のお金を異なる種類のお金と交換するとき、交換比率はつねに変動しています。たとえば、1ドル＝120円から1ドル＝100円に変動した場合、「円安」「円高」のどちらになりますか。また、その状態は、日本の輸出・輸入のどちらに有利にはたらきますか。

★④　日本政府は、キャッシュレス決済の比率を2025年までに40％にする目標を掲げています。現金を使わずに支払いをすることの利点を、利用する人の立場をふまえて答えなさい。

★⑤　キャッシュレス化の推進について反対の立場をとっている人の考えを説明しなさい。

12 東京都知事選挙

▶解答は
182ページ

1 次の文章中の（　　）にあてはまることばや数字を、それぞれ答えなさい。

A　2020年７月５日、投開票が行われた都知事選挙で現職の（　1　）氏がほかの候補者をおさえて再選されました。

B　４年前の都知事選挙で候補者を立てた政権与党の（　2　）党と（　3　）党は、今回候補者を立てませんでした。

C　今回の都知事選挙で（　1　）氏が獲得した得票率は59.7％で、前回よりも（　4　）ポイント上がり、歴代第（　5　）位の得票率でした。

D　（　1　）氏は前回の都知事選挙で、東京がかかえる問題を解決するための「（　6　）つのゼロ」の実現という公約を発表し、目標を達成した項目はひとつだけでした。

E　今回の都知事選挙では、新型コロナウイルス対策として、３つの密を避ける点から、従来のような候補者の（　7　）を減らして、ＳＮＳ上で候補者が政策を発表して有権者に配信するなどの（　8　）選挙運動が進みましたが、課題も多く残されています。

2 次の各問いに答えなさい。

①　都道府県知事の選挙権と被選挙権はそれぞれ満何歳以上の国民にあたえられますか。

②　東京都には23区とそれ以外の市町村があります。23区のことをとくに何といいますか。

③　②で答えた区を、今後行政区分の中に取り入れようとしていて、2015年５月に続いて2020年11月に住民投票を実施した道府県はどこですか。

④　地方の政治では、住民が直接政治に参加する直接請求権が認められています。その中で「A条例の制定や改廃を求めるとき」と「B議員のリコール」とでは、それぞれ有権者の何分の１の署名が必要ですか。

⑤　地方の政治にないものは、立法・行政・司法の３つの機能のうちどれですか。

★⑥　東京都の人口は約1400万人ですが、昼間人口となると1600万人近くになります。その理由を答えなさい。また、新宿区、千代田区、世田谷区、練馬区、豊島区のうち、夜間人口に対して昼間人口の比率がとくに高い区としてふさわしくないものをすべて答えなさい。

⑦　東京都がかかえる課題のひとつに、保育所に子どもを預けたくても預けられず、定員に空きが出るまで待っている家庭が多いことがあげられます。このような子どものことを何といいますか。

13 注目を集めるふるさと納税(のうぜい)

▶解答は
182ページ

1 次の文章中の（　　　）にあてはまることばを、それぞれ答えなさい。

A　個人が選んだ自治体にお金を寄付し、寄付額に応じて納(おさ)めるべき税金が減額される制度を（　1　）制度といいます。この制度で減額される税には、個人の収入にかけられる（　2　）税や、住んでいる自治体ごとに集められる（　3　）税があります。

B　支援(しえん)をしたい自治体を選ぶ（　1　）制度は、さまざまな場面で利用されています。2011年3月におきた（　4　）の復興支援として、多くの寄付金が集められました。また、2019年の火事により焼(しょう)失(しつ)した（　5　）がある（　6　）県や、今年集中豪(ごう)雨(う)により大きな被(ひ)害(がい)を受けた（　7　）県にも寄付金が集まっています。

C　大阪府にある（　8　）市では、制度の趣(しゅ)旨(し)から大きくはずれた寄付金の集め方が問題となりました。（　8　）市は（　9　）工業地帯の都市のひとつです。（　10　）工業が発達しており、愛媛県今治市とならんで（　11　）の生産で知られています。

2 次の各問いに答えなさい。

①　税金は、納める先によって大きく2つの種類に分けることができます。それぞれ何といいますか。

②　税金には、税を負(ふ)担(たん)する人と納める人が同じものと、税を負担する人と納める人が異(こと)なるものがあります。それぞれ何といいますか。

③　貿易品にかかる税で、国内産業を保護するはたらきのある税の名を答えなさい。

④　国の財政や税に関する仕事を行う、内(ない)閣(かく)の省の名を答えなさい。

⑤　地方自治体ごとに、人口や納められる税額が異なるため、地方自治体によって税収に差が出てしまいます。この差を減らすために国から地方自治体に交付される資金のことを何といいますか。

⑥　住民からの要求を受けて、税金の使い方や行政の不正などを調査・監(かん)視(し)し、地方自治体に改(かい)善(ぜん)を勧(かん)告(こく)する制度を何といいますか。

⑦　以下にあげたものは、実際のふるさと納税の返礼品です。どこの都道府県のものか、それぞれ答えなさい。
浜(はま)名(な)湖(こ)産(さん)ウナギ　　今(いま)治(ばり)タオル　　琉(りゅう)球(きゅう)びんがたの染(そ)めもの体験

★⑧　岩手県・宮城県・福島県では、2011年以(い)降(こう)、ふるさと納税による寄付金額が大(おお)幅(はば)に増えました。その理由を説明しなさい。

14 変わりゆく日本のエネルギー政策 ▶解答は 182ページ

1 次の文章中の（　　　　）にあてはまることばや数字を、それぞれ答えなさい。

A　鉱物資源の少ない日本は、石油の（　1　）％、石炭の（　2　）％、天然ガスの（　3　）％を、外国からの（　4　）にたよっています。

B　石炭は、比較的値段が安く、世界各地から産出されるため、日本にとって安定的に調達できる資源です。そのため、政府は石炭火力発電を「（　5　）電源」の主流と位置づけてきました。

C　石炭火力発電には、地球温暖化をもたらす原因のひとつである（　6　）を多く排出するという欠点があります。世界では、地球温暖化が深刻化する中、その抑制と削減に向けた考え方として「脱（　7　）」という考え方が主流となっています。

D　石炭火力発電に関する日本の姿勢については、2019年の「ＣＯＰ25（気候変動枠組条約締約国会議）」において、（　8　）協定に逆行するとして、批判されました。

E　2020年7月、政府は2030年度までに低効率の石炭火力発電所の発電量を（　9　）割削減する方針を固めました。

F　政府が2018年に閣議決定した「第5次エネルギー基本計画」では、将来に向けて再生可能エネルギーの（　10　）化を目指すことが掲げられました。

2 次の各問いに答えなさい。

① 現在、日本で最も多くの電力を供給している火力発電の燃料となる石炭・石油・天然ガスなどを何燃料といいますか。

② 資源の乏しい日本では、石炭・石油・天然ガスなどの多くを輸入にたよっています。このうち、石炭を多く輸入している相手国を3つ答えなさい。

③ 国の機関のうち、国内のエネルギー政策をになうのは何省ですか。

★④ 温室効果ガスを排出しないとして期待されている原子力発電所は、2011年におきたできごとの影響で2013年以降運転停止となり、その後、再稼働が十分に進んでいません。原子力発電所は、なぜ運転停止からの再稼働が十分に進んでいないのですか。

★⑤ 世界各国のエネルギー計画の中では、とくに再生可能エネルギーに大きな期待がかけられています。それはなぜですか。3つ答えなさい。

⑥ 将来、日本のエネルギー供給に一定の割合をしめることが期待されている再生可能エネルギーの例を5つあげなさい。

15 先細る日本の水産業

▶解答は182ページ

1 次の文章中の（　　　　）にあてはまることばを、それぞれ答えなさい。

A　2019年、日本の食卓になじみ深いサケ・サンマ・スルメイカが記録的不漁となり、これらの魚種の水揚高が多い（　1　）地方や（　2　）地方の漁民や加工業者の先行きの経営に大きな不安をあたえています。

B　世界的に水産物の需要が高まる中、世界で最も大きな漁獲量をあげているのは（　3　）で、（　4　）・（　5　）・インド・ロシア・アメリカなどがそれに続いています（2018年）。

C　サケの漁獲量が減少してきている理由には、孵化して下った川に数年後にもどってくるという（　6　）の性質をもったサケが、日本においては養殖場での人工孵化の比率が高いために回帰率が低下してきていることが推測されています。

D　サンマの漁獲量が減少してきている理由のひとつには、これまで北太平洋から（　7　）海流にのって日本の沖合を下ってきていたのが、日本列島近海の海水温の上昇によって、より東の公海域を下ってくるようになったことが推測されています。

E　スルメイカの漁獲量が減少してきている理由のひとつには、（　8　）海や（　9　）海にあると考えられているスルメイカの産卵域の海水温が低下してきていることが推測されています。

F　近年、サンマが南下を始める北太平洋の公海では（　10　）や（　3　）、スルメイカの漁場である（　9　）海では（　3　）や（　11　）・（　12　）の漁船との漁獲競争がはげしさを増してきています。

2 次の各問いに答えなさい。

①　日本の遠洋漁業は、1973年をピークに、以後漁獲量が年々減り続けていきました。その原因となったできごとを2つ答えなさい。

②　日本の沖合漁業は、1980年代中ごろをピークに、以後2000年ごろにかけて漁獲量を大きく減らします。このときの沖合漁業の漁獲量の減少と最も関係が深い魚種を答えなさい。

③　近年の海水温の上昇傾向には、地球上のどのような環境の変化が影響していると考えられていますか。

④　水産資源の再生産を確保しながら適正量の漁獲を行っていくことを、一言で言い表すことばを答えなさい。

★⑤　水産資源の枯渇を防ぎ、これを維持していくためには、関係諸国間でどのような取り組みが必要だと考えられますか。

16 世界遺産の決定が延期に

▶解答は182ページ

1 次の文章中の（　　　）にあてはまることばを、それぞれ答えなさい。

A　新型コロナウイルス感染症の世界的な拡大にともない、2020年6月から7月にかけて（　1　）で開催予定だった世界遺産委員会の延期が決定しました。今年は、日本政府が世界自然遺産に推薦している、「（　2　）、徳之島、沖縄島北部及び（　3　）」の審査が行われる予定でした。

B　今回世界遺産に推薦されていた「（　2　）、徳之島、沖縄島北部及び（　3　）」は、実は2017年にも一度推薦されていましたが、国際自然保護連合から（　4　）の勧告を受けました。そのおもな要因として、候補地に小さな飛び地が多かったこと、（　5　）から返還された北部訓練場がふくまれていないことなどがあげられます。

C　2019年10月31日に沖縄の（　6　）で火災が発生しました。世界文化遺産に登録されている正殿の基壇は燃えずにすみましたが、焼失した正殿などの建造物は、（　7　）戦争中に焼けた建物を30年かけて再建したばかりでした。

2 次の各問いに答えなさい。

① 1972年に「世界の文化遺産及び自然遺産の保護に関する条約」を採択し、世界遺産の認定・保護を行っている国際連合の機関の名前をアルファベットで答えなさい。

② 自然や天然資源の保全を目的として活動し、世界遺産の候補地の現地調査・勧告を行っている組織の名前をアルファベットで答えなさい。

③ 沖縄島北部は、別名『やんばるの森』ともよばれ、独自の進化を遂げた生物が多く生息しています。そのうち、絶滅危惧種に指定されている飛べない鳥の名前を答えなさい。

④ 日本では現在いくつの世界自然遺産が登録されていますか。また、そのうち世界最大級の規模のブナの原生林があるのはどこですか。

⑤ 首里城は、かつて沖縄島にあった王国の行政機関の本部であり、王宮でもありました。首里城がつくられた王国の名を答えなさい。

⑥ 世界遺産に登録されると、多くの観光客が訪れるようになります。観光客の増加によるメリットにはどんなものがありますか。説明しなさい。

⑦ ⑥のようなメリットのある一方で、観光客が増えごみが放置されたり、その島に生息していない動植物が持ちこまれたりする、といったデメリットもあります。その解決策としてどのようなことが考えられますか。あなたの考えを文章で説明しなさい。

17 リニア中央新幹線計画

▶解答は
183ページ

1 次の文章中の（　　　）にあてはまることばを、それぞれ答えなさい。

A 「（　1　）新幹線」の建設はＪＲ東海が進めている計画です。東京から甲府（こうふ）市付近、赤石山脈中南部、名古屋、奈良市付近を経て大阪市までを、最高時速500kmを可能にする超電導（ちょう）（　2　）によって、結ぶものです。

B 東京と大阪を結ぶ新幹線には、すでに（　3　）新幹線が全線開通しています。さらに（　4　）新幹線の延伸（えんしん）、（　1　）新幹線の開業によって３つのルートができます。

C （　1　）新幹線は、山梨、静岡、長野の三県にまたがる全長25kmの（　5　）トンネルを通過する予定です。（　5　）トンネルは山梨県内の（　6　）川、静岡県内の（　7　）川、長野県内の（　8　）川という三河川の水系をつらぬきます。

D （　7　）川は（　5　）北部を源流（げんりゅう）とし、（　9　）湾（わん）に注ぐ川です。静岡県では（　7　）川を（　10　）用水だけでなく工業や農業にも利用しており、県民からは「命の水」とよばれています。

2 次の各問いに答えなさい。

① 日本で初めて鉄道が開通したのは1872年のことでした。このとき開通した区間を答えなさい。

② 日本で最初に開業した新幹線の名を答えなさい。また、同時期に東京で開催（かいさい）され、2020年にも東京での開催が予定されていた世界的なスポーツの大会の名を答えなさい。

③ 東京から新函館北斗（しんはこだてほくと）まで、東北、北海道新幹線が通る都道府県を南から通る順に答えなさい。ただし、駅のない通過するだけの県もふくめて答えること。

④ 東北新幹線と山形新幹線の分岐（ぶんき）点となっている駅の名を答えなさい。

⑤ 上越（じょうえつ）新幹線と北陸新幹線の分岐点となっている駅の名を答えなさい。

⑥ リニア中央新幹線は南アルプスを通過する予定です。南アルプスとは何山脈のことですか。

⑦ 新幹線の整備など交通網が発達し、地方と大都市圏との行き来が容易になったことで、大都市への人や物の一極集中と地方の過疎（かそ）化が加速することを何効果とよびますか。

★⑧ 将来（しょうらい）的に、日本の新幹線網の中で、東京と大阪の間には３本のルートが整備されます。このように複数のルートを整備する理由をひとつあげなさい。

18 交通網のさらなる進展

▶解答は
183ページ

1 次の文章中の（　　）にあてはまることばを、それぞれ答えなさい。

A　2020年3月14日、ＪＲ山手線では49年ぶりとなる新駅、（　1　）駅が開業しました。これにより山手線は全30駅となりました。

B　2020年3月14日、ＪＲ常磐線の不通区間であった（　2　）県の富岡駅と浪江駅の間で運転が再開し、全線で運転を再開しました。ＪＲ常磐線は2011年の（　3　）によって、路線が（　4　）の被害を受けたり、福島第一原子力発電所事故の影響で路線の一部が立ち入り禁止区域に指定されたりしたことで、運転を見合わせていた区間がありました。

C　内陸を走る東北本線に対し、海沿いを走る常磐線は災害時の不通などに備え、首都圏と東北地方をつなぐ（　5　）（迂回路）としての役割もになっています。

D　東京都は都心と東京臨海地域を高速バスによってつなぐ東京（　6　）の運行を計画しています。（　6　）はバス高速輸送システムの略称で、高速かつ大量輸送が可能です。

E　都心とその周りの（　7　）をつなぐ鉄道路線の開発も進んでいます。2019年11月30日には相模鉄道とＪＲが相互直通運転を開始し、2022年にはここへ東急電鉄も加わる予定です。

2 次の各問いに答えなさい。

①　高輪ゲートウェイ駅付近にはかつて高輪大木戸という江戸への出入り口がありました。この大木戸はある街道に続いています。この街道の名を答えなさい。

②　ＪＲ常磐線が日暮里駅（東京都）から岩沼駅（宮城県）までの間で通っている都県を南から順にすべて答えなさい。

③　ＪＲ常磐線の名前の由来となった旧国名を2つ答えなさい。

④　最寄りの駅やバス停まで自動車で行き、鉄道やバスといった公共交通機関に乗り換えて都心部や観光地へ向かう方法を何といいますか。

⑤　都心の土地価格が高くなったことや生活環境が悪化したことにより、都心へ通勤・通学する人びとがその周辺部に暮らすようになる現象を何といいますか。

★⑥　鉄道の駅では駅名のほかに、記号と数字をつかって駅を表す「駅ナンバリング制度」が取り入れられています。この目的を40字程度で答えなさい。

19 イギリスが正式にＥＵ離脱(りだつ)

▶解答は
183ページ

1 次の文章中の（　　　）にあてはまることばや数字を、それぞれ答えなさい。

A　イギリスのＥＵ離脱(りだつ)は、イギリス（Britain、British）と離脱を意味する英語の（Exit）
を合わせた造語のBrexit、カタカナで（　**1**　）ということばで表わされています。

B　イギリスは、2020年１月９日に下院（庶民院(しょみん)）が離脱法案を可決し、その後現地時間の
１月31日午後11時に正式にＥＵから離脱しました。このときのイギリスの首相(しゅしょう)である
（　**2**　）氏は、演説の中で「これは終わりではなく始まりだ」と述べました。

C　イギリスはＥＵの前身である（　**3**　）のころから加盟していました。この離脱によっ
て47年間の加盟国としての地位に幕(まく)を下ろしました。イギリスがＥＵを離脱した後、ＥＵ
の加盟国は（　**4**　）か国となっています。

2 次の各問いに答えなさい。

①　ＥＵの正式名称(めいしょう)を答えなさい。また、ＥＵの前身である1967年に発足した欧州共同体(おうしゅう)
（ヨーロッパ共同体）の略称(りゃくしょう)をアルファベットで答えなさい。

②　ＥＵ加盟国のうち19の国で使用されている共通通貨を答えなさい。

③　イギリスで使用されている通貨を答えなさい。

④　ＥＵ域内(いき)では、貿易の際に輸入品に課される税金がありません。この税金のことを何と
いいますか。

⑤　世界のＧＤＰにしめるＥＵの割合(わりあい)（2018年）は、約何パーセントか答えなさい。

⑥　イギリスはＥＵ離脱により、単独での貿易交渉(こうしょう)が必要になりました。その中でもとくに
ＥＵと「自由貿易協定」を結ぶことに力を入れています。「自由貿易協定」の略称をアルフ
ァベットで答えなさい。

⑦　イギリスはＥＵに残留するか、離脱するかを国民投票で決めています。イギリスが行っ
た国民投票の中で、離脱のきっかけとなった国民投票が行われた年を答えなさい。

★⑧　イギリスがＥＵを離脱した背景(はいけい)には、どんな社会問題があったといわれていますか。か
んたんに説明しなさい。

★⑨　ＥＵ離脱は決まりましたが、「移行期間」というＥＵ離脱後の体制に向けた準備期間があ
ります。その準備期間である「移行期間」では、ＥＵ離脱前と変わらずできることがあり
ます。そのできることとは何か、「人・財・資本・サービス」のこの４つのことばを必ず入
れてかんたんに説明しなさい。

20 香港に国家安全維持法を新設 ▶解答は183ページ

1 次の文章中の（　　）にあてはまることばを、それぞれ答えなさい。

A　2020年6月30日、中華人民共和国の（　1　）国家主席は、香港での反体制活動を禁じる「香港（　2　）法」に署名し公布しました。

B　中国が（　3　）王朝の時代、1840年に起きた（　4　）戦争に敗れて以来、香港は長らく（　5　）の統治下に置かれました。

C　1949年の建国以来、中国は当時のソビエト連邦と同じく（　6　）主義経済のしくみのもと、国家を運営しています。一方、香港は（　5　）の統治により（　7　）主義経済のしくみのもと、国際的な自由貿易港として独自の発展を遂げてきました。

D　1984年、中国の（　8　）最高指導者と（　5　）の（　9　）首相との間で香港返還に向けた共同声明が発表されました。この声明の中で、返還後50年間は香港における（　7　）主義経済のしくみや、民主主義が守られることが確認されました。

E　1997年7月1日、香港が中国に返還されました。また、その2年後にはポルトガルが長年にわたって統治してきた（　10　）も中国に返還されました。いずれも返還後は特別行政区に指定され、（　11　）党の支配する（　6　）主義国家の中国において、「高度な（　12　）」と自由経済が認められました。このようなしくみを「（　13　）制度」といいます。

2 次の各問いに答えなさい。

① 自由貿易のもと発展している香港において、最大の貿易相手国はどこですか。

② 香港は1997年まで外国の統治下にあったことから、公用語が中国本土とは異なります。香港の公用語は中国語と何語ですか。

③ 香港は中国本土の南部で九龍半島と香港島からなり、およそ東経114度、北緯22度に位置します。直線距離で日本から最も近い都道府県はどこですか。

④ 1941年12月25日、香港におけるイギリス軍との戦いに勝利した日本軍は、香港を占領しました。このきっかけでもある同年12月8日に開戦した日本軍と連合国軍との戦争は何ですか。

⑤ 香港は1945年8月15日まで日本の占領下に置かれたのち、再びイギリス領となりました。このきっかけとなった、日本が連合国より受け入れた宣言の名を答えなさい。

★⑥ 中国政府の香港における1国2制度に関わる政策は、日本やアメリカ、ヨーロッパなど先進国の経済にも影響をおよぼすと考えられます。それはなぜですか。

21 北朝鮮が韓国への圧力を強化 ▶解答は183ページ

1 次の文章中の（　　　）にあてはまることばを、それぞれ答えなさい。

A　今年6月、朝鮮半島の南北交流の拠点である（　1　）に設置されていた南北共同連絡事務所が北朝鮮の手によって爆破されました。

B　南北共同連絡事務所は、2018年に行われた南北首脳会談後に出された「（　2　）宣言」中の取り決めにより設置されたものでした。

C　2018年に行われた南北首脳会談は、前年に韓国で当選した（　3　）大統領の働きかけによって実現したもので、「（　2　）宣言」では、朝鮮半島の完全非核化や、軍事的緊張をもたらす敵対行為の全面中止などが盛りこまれました。

D　2018年6月、韓国の（　3　）大統領の仲立ちにより、シンガポールでアメリカの（　4　）大統領と北朝鮮の（　5　）労働党委員長による第1回米朝首脳会談が開かれました。

E　2019年2月、ベトナムのハノイで第2回米朝首脳会談が開かれましたが、朝鮮半島の完全な（　6　）を求める（　4　）大統領と（　7　）の早期解除を求める（　5　）委員長の意見が対立したまま、会談は決裂しました。

F　2020年5月に韓国の（　8　）の団体が北朝鮮に向け、金体制を批判するビラを飛ばしたことから、北朝鮮は態度を硬化させ、韓国への圧力を強めるようになりました。

G　北朝鮮は、2020年6月になり、（　1　）や金剛山に軍を展開したり、（　9　）線がある非武装地帯の監視所を復活させたりして、かつての軍事的緊張をよび戻そうとしてきています。

2 次の各問いに答えなさい。

①　1950年に始まった朝鮮戦争は3年後に休戦協定が結ばれて停戦しますが、その後、平和条約は結ばれましたか、それとも結ばれていませんか。

②　1945年まで朝鮮半島を支配していた日本は、1965年に韓国との間で国交を回復しました。このとき結ばれた条約は何とよばれていますか。

③　日本と北朝鮮との間には国交が開かれていません。日本が北朝鮮に対し、とくに解決を求めているのはどのような問題ですか。

★④　2018年と2019年の2回にわたる米朝首脳会談で、アメリカが北朝鮮に、北朝鮮がアメリカに求めてきたのは、それぞれどのようなことでしたか。

★⑤　2020年になって北朝鮮が韓国に対して強い圧力をかけてくるようになったことには、どのような意図があると考えられていますか。

22 八ッ場ダムが運用開始

▶解答は
183ページ

 次の文章中の（　　　）にあてはまることばや数字を、それぞれ答えなさい。

A　2020年4月1日、（　1　）川の支流、吾妻川に位置する八ッ場ダムが、本格的な運用を開始しました。八ッ場ダムは、1947年の（　2　）台風で（　1　）川の堤防が決壊し、およそ1100人の死者を出したことがきっかけで1952年に計画されました。ダムは計画から（　3　）年の歳月をかけて、ようやく完成したことになります。

B　ダム建設の地元の（　4　）県長野原町では、建設をめぐって対立がおき、地域社会が分断されてしまいました。国の生活再建案と引きかえに、地元はようやくダム建設を受け入れますが、公共事業の見直しを（　5　）に掲げた（　6　）党政権が、2009年にとつぜん八ッ場ダムの工事中止を宣言します。すでに転居を始めていた地元住民は、「いまさらなぜ」と、建設中止反対の声を上げ、（　6　）党政権は中止を撤回しました。

C　完成した八ッ場ダムは（　7　）ダムで、大雨のときに（　8　）をするほか、流域住民の（　9　）用水や（　10　）発電にも使われます。近年は、豪雨による（　11　）害が増えていることから、とくに（　12　）水機能への期待が高まっています。

23 アイヌ文化復興の拠点ウポポイが開業

▶解答は
183ページ

 次の文章中の（　　　）にあてはまることばを、それぞれ答えなさい。

A　アイヌは、北海道と（　1　）・（　2　）などに先住してきた独自の言語と文化をもつ民族です。

B　アイヌの人びとは、食料や日常生活に必要な素材の多くを、（　3　）・（　4　）・（　5　）などの手段で自然の中から得てきました。

C　明治時代になって、それまでの（　6　）が北海道と改称されると、本州以南から移住してきた開拓民によって、アイヌの人びとの生活域がせばめられていきました。

D　1993年、（　7　）はこの年を「世界の先住民の国際年」としました。

E　2007年には、（　7　）の総会において「（　8　）の権利に関する宣言」が、日本も賛成して採択されました。

F　2008年には、衆参両議院で「アイヌ民族を（　8　）とすることを求める決議」が（　9　）で採択されました。

1　新型コロナウイルス感染拡大　▶解答は184ページ

 新型コロナウイルス感染症について、あとの各問いに答えなさい。

問1　次のグラフは、新型コロナウイルスの感染者数が多い上位6か国（2020年10月1日現在）について、感染者数の推移を示しています。

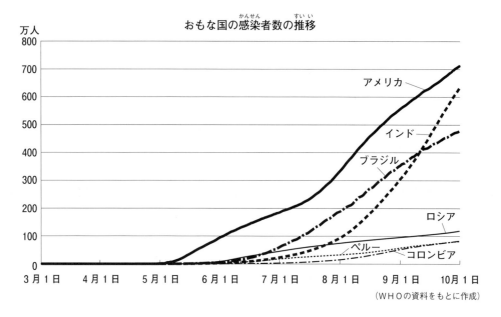

おもな国の感染者数の推移

（WHOの資料をもとに作成）

　このグラフを読み取ったものとしてふさわしくないものを次の中から2つ選び、記号で答えなさい。

ア　アメリカは、4月ごろから爆発的に感染者数が増え、5月1日から8月1日の間に3倍ほどに増えている。

イ　ブラジルは、5月までの感染者数の増加は比較的ゆるやかだったが、6月から急激に感染者数が増えている。

ウ　インドは、6月の初めはロシアやブラジルよりも感染者数が少なかったが、やがて急激に増えて、ロシアとブラジルを上回った。

エ　ロシアは、5月ごろから感染者数が増えていたが、その後はアメリカやインド、ブラジルに比べて増え方はゆるやかな状態が続いている。

オ　ペルーとコロンビアは、6月・7月ごろから感染者数の増え方が大きくなり、9月1日には100万人を上回った。

問2　次の表は、死者数の多い上位6か国（2020年10月1日現在）の感染者数と死者数を示しています。

	感染者数	死者数	感染者数にしめる 死者数の割合
アメリカ	約712万人	約20万人	2.8%
ブラジル	約478万人	約14万人	2.9%
インド	約631万人	約10万人	1.6%
メキシコ	約74万人	約8万人	10.8%
イギリス	約45万人	約4万人	8.9%
イタリア	約31万人	約4万人	（　　　）%

（数は累計。WHOの資料をもとに作成）

(1)　問1のグラフには示されていなかったメキシコ、イギリス、イタリアは、死者数が多くなっています。表中の（　　　）にあてはまる、イタリアの感染者数にしめる死者数の割合を、小数第2位を四捨五入して答えなさい。

(2)　問1のグラフと問2の表には、新型コロナウイルス感染症の患者が最初に確認された国は示されていません。この国の名を答えなさい。

問3　次のA・Bは、問1のグラフまたは問2の表に示されているいずれかの国についての説明です。A・Bが説明している国の名をそれぞれ答えなさい。

　A　EUからの離脱にともなう、EUとの貿易などに関する交渉の最中に新型コロナウイルスの流行が始まった。首相の感染が確認され、一時は外務大臣がさまざまな職務を代行した。一度は新規の感染者数は落ち着いたが、8月から再び増えつつある。

　B　近年めざましい経済発展をとげ、BRICSの1つに数えられている。国の全土で厳しい都市封鎖が行われたが、6月から経済活動を優先して規制が緩和されると、地方都市でも感染者数が急増し、累計ではアジアで最多となっている。

問4　新型コロナウイルスの感染拡大を防ぐため、多くの国では、主要都市で都市封鎖が行われ、人びとの行き来が制限されました。これを何といいますか。カタカナで答えなさい。

問5　ここまでの問題からは、世界各国に新型コロナウイルスの感染者が広がっていることがわかります。このように感染症が世界的に広がっている状態を何といいますか。カタカナ6字で答えなさい。

1 新型コロナウイルス感染拡大

問6 感染症は、交通が発達し、人びとの交流が活発になるほど、早く、遠くへ広がる傾向にあります。

(1) 15世紀半ばの大航海時代には、ヨーロッパ人が初めてアメリカ大陸に到達し、原住民にとって未知の感染症が数多くもたらされました。アメリカ大陸に初めて到達した船団を率いていた人物の名を次の中から選び、記号で答えなさい。

　ア　ヴァスコ・ダ・ガマ　　イ　マルコ・ポーロ
　ウ　コロンブス　　　　　　エ　マゼラン

(2) 19世紀以降、日本でコレラが何度も流行した記録が残っています。このうち、1858年の流行は、アメリカなど5つの国との間で条約が結ばれた年であったため、多くの人びとを不安と混乱におとしいれました。このときアメリカと結ばれた条約の名を答えなさい。

(3) 現在ではグローバル化が進み、国家間の行き来がしやすくなりました。次の表は、国外から来た観光客の数と観光客が国外へ出て行った数の多い国を5か国ずつ示したものです。A～Cにあてはまる国の名の組み合わせとしてふさわしいものをあとの中から選び、記号で答えなさい。

	国外から来た観光客の数（万人）	国際観光収入（億ドル）
A	8932	731
スペイン	8277	813
B	7975	2561
C	6290	404
イタリア	6157	516

	観光客が国外へ出て行った数（万人）	国際観光支出（億ドル）
C	14972	2773
ドイツ	10854	1042
B	9256	1865
香港	9221	265
イギリス	7039	689

（2018年、『世界国勢図会2020/21』）

　ア　A：アメリカ　　B：中国　　　C：フランス
　イ　A：アメリカ　　B：フランス　C：中国
　ウ　A：中国　　　　B：アメリカ　C：フランス
　エ　A：中国　　　　B：フランス　C：アメリカ
　オ　A：フランス　　B：アメリカ　C：中国
　カ　A：フランス　　B：中国　　　C：アメリカ

問7 世界的に感染症が広がっている状況においては、国際社会が協力し、感染症についての情報共有を行ったり、必要な支援を行ったりするなど、感染拡大防止策をとっていくことが大切です。

(1) 1948年に「全ての人々が可能な最高の健康水準に到達すること」を目的として設立された、国際連合の専門(せんもん)機関の名を答えなさい。

(2) 次のグラフは、この機関に資金を拠出(きょしゅつ)しているおもな国や団体を示しています。グラフ中の＿＿＿＿にあてはまる国は、拠出額が最大となっていますが、この機関の新型コロナウイルスへの対応に問題があったとして批判(ひはん)し、脱退(だったい)を表明しました。この国の名を答えなさい。

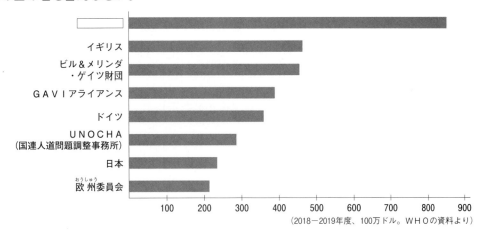

（2018－2019年度、100万ドル。WHOの資料より）

(3) (1)以外にも、国際社会が協力していくための活動を行っているさまざまな国際機関があります。次のA～Cの説明にあてはまる国際機関の名をそれぞれ答えなさい。

A 国際的な貿易のルールづくりやその実施(じっし)・運用によって、貿易紛争(ふんそう)を解決していく役割がある。近年、主要国間で「貿易戦争」とよばれるほどに深刻化(しんこく)した事態が発生している中で、この機関のあり方を改めるべきという声が高まっている。

B 国際連合の専門機関で、お金を必要としている各国の中央銀行に融資(ゆうし)（やりくりしてお金を貸すこと）を行う。この機関は、新型コロナウイルスの影響(えいきょう)で2020年の世界全体の経済(けいざい)成長率が第二次世界大戦以降で最悪との見通しを発表した。

C 教育や科学、文化の協力と交流を通じて、世界平和に貢献(こうけん)することを目的としている。新型コロナウイルスの感染拡大を受けて、世界遺産(いさん)委員会の開催(かいさい)が延期(えんき)され、日本政府が推薦(すいせん)している「奄美大島(あまみおおしま)、徳之島(とくのしま)、沖縄島(おきなわじま)北部および西表島(いりおもてじま)」の登録審(しん)査(さ)も先送りとなった。

問8 1918年からスペインかぜが世界的に流行した際には、各国でスペインかぜによる死者が多数出ていたものの、他国の感染状況が伝えられたり、国際社会が協力して対策をとったりすることは行われませんでした。当時、国際社会が協力し合わない状況であった理由を簡潔(かんけつ)に説明しなさい。

2 日本全国で緊急事態宣言

▶解答は
185ページ

1 2020年の新型コロナウイルス感染症の感染拡大について、次のI・IIの文章を読み、あとの各問いに答えなさい。

I　日本の社会保障制度における感染症対策

> 日本の感染症対策は、各地の保健所が中心となって行われています。これは、1日本国憲法第25条にもとづき、国民が健康的な生活を送るための公的なサービスです。2020年に流行した新型コロナウイルス感染症でも、2保健所が窓口となって対応しました。連日、保健所には、感染の不安や検査に関する問い合わせの電話が相次ぎました。

問1　下線部1について、次は日本国憲法第25条を示したものです。

> 第25条
> ①　すべて国民は、（　**1**　）で文化的な（　**2**　）の生活を営む権利を有する。
> ②　国は、すべての生活部面について、社会福祉、社会保障及び（　**3**　）の向上及び増進に努めなければならない。

(1)　日本の社会保障制度の考えの土台になる日本国憲法第25条について、条文中の（　**1**　）～（　**3**　）にあてはまることばをそれぞれ答えなさい。

(2)　第25条は、社会権のうちの（　　　）権が示されています。（　　　）にあてはまることばを漢字2字で答えなさい。

問2　下線部2について、

(1)　保健所の仕事ではないものを次から選び、記号で答えなさい。
　　ア　飲食店などで発生した食中毒の原因調査や対策を行う。
　　イ　住民の戸籍の登録や管理、地域の人が利用する公園の整備などを行う。
　　ウ　飼い犬の登録をし、狂犬病予防注射票を交付する。

(2)　保健所は、2020年4月1日現在、全国に469あります。保健所を示す地図記号を次から選び、記号で答えなさい。

ア　　　　　　　イ　　　　　　　ウ　　　　　　　エ

問3　新型コロナウイルス感染症の感染拡大を防止するために、新しい生活様式が提案されました。感染症予防対策としてふさわしくないものを次から選び、記号で答えなさい。

ア　人との間隔をできるだけ２m、最低でも１mはとる。

イ　混雑を避けて時差通勤をしたり、テレワークなどを取り入れたりする。

ウ　買い物はできるだけ短時間ですますために、家族や友人などを誘って行き、売り場を回ってレジに並ぶ。

Ⅱ　2020年度、第二次補正予算が成立

新型コロナウイルス感染症対策として、２度にわたる補正予算で合計約60兆円が計上され、2020年度予算の歳出は160兆円を超えました。補正予算の額は過去最大となり、その全額が国債の追加発行でまかなわれます。

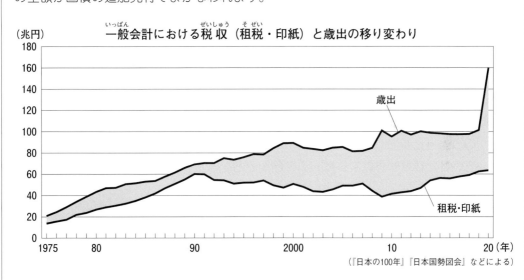

（兆円）　**一般会計における税収（租税・印紙）と歳出の移り変わり**

（『日本の100年』『日本国勢図会』などによる）

問4　グラフの　　　が国債にあたり、将来の国民への借金となります。補正予算の計上により、2020年度末の国債残高は約964兆円となる見こみです。国民１人あたり、いくらの借金となりますか。次から選び、記号で答えなさい。

ア　約7690円　　イ　約76900円　　ウ　約769万円　　エ　約7690万円

問5　新型コロナウイルス感染症に関連して、２度にわたり補正予算を計上した理由としてふさわしくないものを次から選び、記号で答えなさい。

ア　家計への支援として、１人あたり10万円の特別定額給付金を支給したため。

イ　中小企業などへの支援として、雇用調整助成金や、持続化給付金を支給したため。

ウ　医療体制の強化や、ワクチンの研究・開発に費用がかかるため。

エ　Go To トラベル事業で、海外からの旅行者の旅行代金を支援するため。

2 日本全国で緊急事態宣言

2 人類はこれまでも感染症と何度か闘ってきました。次のA～Cの文章を読み、あとの各問いに答えなさい。

A ₁701年に完成したきまりによって、国家事業として医師の養成が制度化されました。₂奈良時代なると中国との交流がさかんになり、大陸からも感染症がもたらされました。なかでも、天然痘は、大陸との玄関口であった九州で流行し、737年には奈良の都にも広がり、当時、政治の力を持っていた藤原四兄弟の命を相次いで奪いました。この時代、感染症のほかにも飢饉や、政情不安などもあったため、₃当時の天皇は、仏教の力で国を鎮め、安定させようとし、諸国に国分寺・国分尼寺をつくらせました。また、743年には大仏建立の詔を出しました。

問1 下線部1について、701年に藤原不比等らによって完成されたきまりの名を答えなさい。

問2 下線部2について、このころ、日本から中国へ渡った使者のことを何といいますか。

問3 下線部3について、

(1) この天皇の名を答えなさい。

(2) この天皇の皇后もまた、福祉事業に力を注ぎ、施薬院や悲田院をつくりました。この皇后の名を答えなさい。

(3) (2)で答えた人物は、(1)で答えた天皇が亡くなると、天皇の遺品とともに、薬を大仏に納めました。納められた薬は、右の建物に保管されました。この建物の名を答えなさい。

問4 奈良時代には、中国からのたびたびの渡航に失敗しながらも、日本にやってきた僧が、戒律とともに医学を伝えました。この僧の名を答えなさい。

B 江戸時代、鎖国下においても、日本で定着していた感染症がたびたび流行していました。この時代、₄中国などから伝わった医学（漢方医学）が独自の発展を見せ、オランダ商館の医師らを通じて伝わった医学（蘭方医学）が発達し、医療施設などもできて、医師が治療にあたりました。その中の一人、医師で蘭学者であった₅緒方洪庵は、種痘（天然痘の予防接種）の普及に力を入れました。幕末にコレラが大流行したときには、治療指針を示した本を緊急に出版しました。

問5　下線部4について、江戸時代には、医学の発達にかかわる人物が多くいました。

(1)　1722年、8代将軍は、貧しい人にも医療を提供しようと、小石川養生所をつくりました。この8代将軍の名を答えなさい。

(2)　前野良沢らとともに、オランダ語で書かれた解剖書『ターヘル・アナトミア』を翻訳した『解体新書』を著し、その後、オランダ語の翻訳の苦心談を記した『蘭学事始』を著した人物の名を答えなさい。

(3)　オランダ商館の医師として来日し、1824年に長崎に鳴滝塾を開き、オランダ語や医学を教えた人物の名を答えなさい。

問6　下線部5について、この人物が1838年に大阪に開いた塾の名を答えなさい。

C　幕末から明治時代にかけて、多くの欧米人が来日するようになると、たびたびコレラが大流行しました。明治時代には、国が中心となって、公衆衛生の対策を行いました。石炭酸という薬品で消毒したり、患者を避病院という施設に収容したりしました。また、上下水道の整備なども進められました。明治時代から大正・昭和にかけては、$_6$西洋で医学などを学んだ日本人の中から、感染症の菌を発見したり、最先端の研究をしたりする人があらわれ、世界的な功績を残すようになりました。

問7　下線部6について、次の①〜③の人物の名をそれぞれ答えなさい。また、その人物の写真をあとから選び、記号で答えなさい。

①　ドイツに留学し、破傷風菌とその治療法を発見しました。帰国後、感染症の研究所を設立し、感染症の研究と予防に尽力し、何人もの後輩を育成しました。

②　①の人物の研究所で助手として働き、その後、アメリカに渡り、蛇毒や梅毒病原体の研究で成果をあげました。黄熱病の研究でアフリカに渡ったものの、自らが感染して亡くなりました。

③　①の人物の研究所で研究し、赤痢菌を発見しました。その後、フランスから結核予防のBCGワクチンを日本に持ち帰り、研究を続けました。

ア　　　　　　イ　　　　　　ウ　　　　　　エ

3　令和2年7月豪雨

▶解答は185ページ

1 次の文章を読んで、あとの各問いに答えなさい。

2020年7月4日、梅雨前線の影響で、熊本県南部は記録的な大雨に見舞われました。この大雨で熊本県南部を流れる（　A　）が氾濫し、流域の人吉市など広い範囲で浸水しました。また、熊本県内では土砂くずれも相次ぎ、死者・行方不明者67名、家屋の被害9000棟以上という大きな被害が出ました。

熊本県南部に大きな被害をもたらした梅雨前線の北上にともない、7月6日から7日にかけて、九州北部ははげしい雨に見舞われました。この大雨で（　B　）が氾濫し、氾濫地点の大分県日田市や福岡県大牟田市では浸水被害が相次ぎました。

停滞する梅雨前線による大雨は、本州でも被害をもたらしました。7月8日には岐阜県下呂市で（　C　）が氾濫し、7月14日には島根県で（　D　）が氾濫しました。そして7月27日から28日にかけては東北地方で大雨となり、山形県では（　E　）が53年ぶりに氾濫しました。

問1　熊本県に大雨をもたらした要因は、（　1　）にはさまれて停滞した梅雨前線に向かって（　　2　　）空気が流れこみ、積乱雲が次々とできて（　3　）降水帯が形成されたことです。

　次の図を参考にして、（　1　）には漢字3字、（　　2　　）には10字以内、（　3　）には漢字2字のあてはまることばをそれぞれ答えなさい。

問2　今年7月の一連の大雨は、「令和2年7月豪雨」と名づけられました。令和2年7月豪雨では、熊本県、鹿児島県、福岡県、佐賀県、長崎県、岐阜県、長野県の7県に大雨特別警報が発令されました。「特別警報」とは、6つの気象災害や、津波、火山噴火、地震などによって、重大な災害の危険性が著しく高まっている場合、最大限の警戒をよびかけるときに発表されるものです。

(1)　特別警報などを発表する国の役所を次の中から選び、記号で答えなさい。
　　ア　気象庁　　イ　消防庁　　ウ　警察庁　　エ　復興庁

(2)　6つの気象災害としてあてはまらないものを次の中から選び、記号で答えなさい。
　　ア　大雨　　イ　暴風　　ウ　高潮　　エ　波浪
　　オ　大雪　　カ　濃霧　　キ　暴風雪

問3　文章中の（　A　）〜（　E　）には、次の地図に示した川の名があてはまります。（　A　）〜（　E　）にあてはまる川の名をそれぞれ答えなさい。

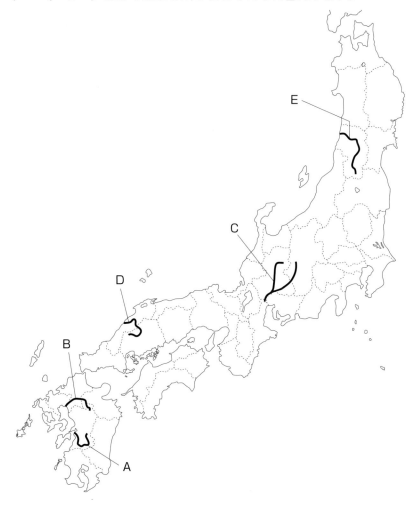

3 令和2年7月豪雨

2 次の文章は、日本における自然災害について書かれたものです。これを読んで、あとの各問いに答えなさい。

　　1日本は大部分が温帯に位置し、2世界の中でも降水量が多い国のひとつです。とくに梅雨と3台風の時期には降水が集中するので、河川の増水や土砂災害などに注意が必要です。近年は、地球温暖化にともなう気候変動の影響で、こうした災害の頻発化や激甚化が心配されています。

　　心配されているのは、気象災害だけではありません。環太平洋火山帯の一部になっている日本には、世界の火山のおよそ7％が集中していることから、4火山の噴火などにも注意が必要です。また、54つのプレートが接するところに位置しているため、世界の中でも6地震の被害にあいやすい国だといえます。

　　このようにして見ると、日本は実に多くの自然災害の危険にさらされているといえます。そのため、7国や地方自治体が防災対策を強化するのはもちろんのこと、8わたしたち一人ひとりが高い防災意識を持って、日ごろから災害に備えておくことが必要不可欠となります。

問1　文章中の下線部1について、日本の中で温帯に位置していない都道府県としては、北海道と沖縄県があげられます。それぞれの道県が属する気候区分を答えなさい。

問2　文章中の下線部2について、日本の年間平均降水量として最も近いものを次から選び、記号で答えなさい。

　　ア　2700mm　　イ　2200mm　　ウ　1700mm　　エ　1200mm

問3　文章中の下線部3について、次の文章は台風の発生や被害について説明したものです。文章中の（　①　）～（　④　）にあてはまることばをあとから選び、それぞれ記号で答えなさい。ただし、同じ番号には同じことばがあてはまります。

> 　台風は（　①　）付近で多く発生します。これは、水温が高い海上では、多くの水蒸気をふくんだ（　②　）気流が生まれるためです。この（　②　）気流によって、次々と発生した積乱雲がまとまり、渦を形成します。渦の中心付近は気圧が下がり、さらに発達して（　③　）となります。この（　③　）が台風です。台風は、暴風や（　④　）などによる被害をもたらします。

　　ア　赤道　　　　　イ　北極や南極　　ウ　上昇　　エ　下降
　　オ　温帯低気圧　　カ　熱帯低気圧　　キ　津波　　ク　高潮

問4　文章中の下線部4について、過去に噴火した火山と、その火山が属する都道府県の組み合わせとしてふさわしくないものを次の中から2つ選び、記号で答えなさい。
　　ア　雲仙岳——鹿児島県　　　　　イ　阿蘇山——熊本県　　　　ウ　三宅島——東京都
　　エ　御嶽山——愛知県・岐阜県　　オ　霧島山——鹿児島県・宮崎県

問5 文章中の下線部5について、右の地図は日本付近のプレートのようすをあらわしたものです。A～Dにあてはまるプレートの名を次の中から選び、それぞれ記号で答えなさい。

ア　フィリピン海プレート　　イ　太平洋プレート
ウ　ユーラシアプレート　　　エ　北米プレート

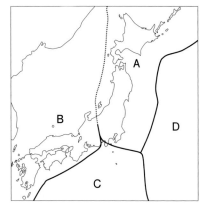

問6 文章中の下線部6について、□□□□は地震の被害を軽減する目的で、緊急地震速報を運用しています。□□□□にあてはまる省庁を次の中から選び、記号で答えなさい。

ア　消防庁　　イ　気象庁　　ウ　総務省　　エ　環境省

問7 文章中の下線部7について、近年、行政が行った新たな防災対策には、特別警報の運用や新たな地図記号の作成・決定などがあげられます。

(1) 2013年、国は特別警報の運用を開始しました。特別警報は、大雨・暴風・大雪・地震・津波・火山の噴火などで、数十年に一度という危険が予測される場合に出されるものです。この警報が出されたときには、対象地域の住民はただちに□□□□□□行動をとらなければなりません。

　　　　文中の□□□□□□にあてはまることばを答えなさい。

(2) 2014年、国は災害時の緊急避難場所や避難所をわかりやすく表示するために、それぞれの地図記号を新たに定めました。緊急避難場所と避難所をあらわす地図記号を次の中から選び、それぞれ記号で答えなさい。

　　ア　　　　　　　イ　　　　　　　ウ　　　　　　　エ

問8 文章中の下線部8について、日ごろから災害に備える例としてふさわしくないものを次の中から選び、記号で答えなさい。

ア　家族とはなれたときの連絡手段や集合場所などを事前に話し合っておく。
イ　ハザードマップを活用して、安全性が高そうな避難経路を調べておく。
ウ　災害用伝言ダイヤルや災害用伝言板を実際に体験し、使い方を確認しておく。
エ　非常用持ち出しグッズを点検し、野菜やレトルト食品、水などをそろえておく。

4　レジ袋の有料化スタート

▶解答は
185ページ

1　次の文章を読んで、あとの各問いに答えなさい。

　2020年7月から、全国で₁レジ袋の有料化が義務づけられました。この背景には、海に流れ出た₂プラスチックごみが、海の生態系に悪影響をおよぼしているという問題があります。

　日本では、ごみの処理は₃市町村の仕事で、収集車によって集められたのち、清掃工場で₄焼却処分されたり、最終処分場で埋め立てられたり、資源として₅再利用されたりします。回収されれば適切に処理されるしくみがあるものの、街中でレジ袋などが強い風に飛ばされ、川に落ちたりして、そのまま海に運ばれていってしまうこともあります。海にたどり着いたごみは、そのまま海流によって流されていくので、日本語の印刷されたごみが外国から発見される例も数多くあります。また、太平洋には、海上の漂流物が集まる場所があり、流れ出たごみがそこに集中していることから、「太平洋ごみベルト」とよばれています。

　2016年の世界経済フォーラムでは、海洋中に存在するプラスチックごみの量が、重量で換算した場合、2050年までに魚の量を超えるという試算が報告されました。さらに、2019年に開かれたG20大阪サミットでは、早急に取り組むべき課題として、プラスチックごみによる海洋汚染問題が主要テーマのひとつとなり、2050年までに海洋プラスチックごみによる新たな汚染をゼロにすることを目指す、という宣言が出されました。

　人間は歴史の中でさまざまな技術を作り出してきましたが、その中で自然を回復不能にしてしまうことがたびたびおこりました。地球によって生かされているものとして人間の活動をとらえ、₆持続可能な開発としていくことが、今後も不可欠となるでしょう。

問1　文章中の下線部1について、プラスチック製のレジ袋の中でも、有料化の対象にならないものがあります。次の文章は、有料化の対象にならないプラスチック製のレジ袋の説明です。（　あ　）～（　う　）にあてはまる言葉を答えなさい。

①　プラスチックのフィルムの厚みが50マイクロメートル以上のもの。くり返し使えるので、レジ袋の無駄遣いを防ぐことができます。

②　（　あ　）によって海洋で分解される、海洋生分解性プラスチックの配合率が100％のもの。海洋プラスチックごみの対策となります。

③　トウモロコシやサトウキビなどからつくられる（　い　）素材の配合率が25％以上のもの。植物由来なので、原料の生産から焼却処分までに排出される（　う　）の量が実質的にゼロになるとみなされ、地球温暖化対策となります。

問2 文章中の下線部2について、

(1) プラスチックの原料は石油です。石油は他にもさまざまなものの原料となります。石油を原料としないものを次から選び、記号で答えなさい。

ア 合成ゴム　　イ セメント　　ウ 化学繊維　　エ 合成洗剤

(2) 廃棄されたプラスチックは国内で処分されるもののほかに、海外に輸出されるものがあります。2019年には、汚れたプラスチックごみの輸出について規制が強化されました。その内容をふくむものを次から選び、記号で答えなさい。

ア モントリオール議定書　　イ ワシントン条約

ウ バーゼル条約　　　　　　エ ラムサール条約

問3 文章中の下線部3について、市町村の仕事としてふさわしいものを次から選び、記号で答えなさい。

ア 消防の仕事　　　　　　　イ 郵便の仕事

ウ 法律をつくる仕事　　　　エ 外国と条約を結ぶ仕事

問4 文章中の下線部4について、清掃工場でごみを焼却処分する際に出る熱は、人びとの生活に役に立つことにも使われています。どのような役に立っているか、簡単に答えなさい。

問5 文章中の下線部5について、再利用をふくめ、資源を有効活用し、廃棄物を減らしていくことは、循環型社会の構築につながります。

(1) 次の説明は循環型社会を目指して行われる、「3R」の3つの要素について、具体的な行動を説明したものです。それぞれが説明しているものをカタカナで答えなさい。

① 家具などで必要のなくなったものは、ほしい人にゆずる。

② 空き缶やペットボトル、古紙の回収に協力する。

③ 買い物のときには、必要のない包装を断る。

(2) 循環型社会のしくみを助けるため、国はさまざまなリサイクル法を定めています。これまでに定められているリサイクル法としてふさわしくないものを次から選び、記号で答えなさい。

ア 家電リサイクル法　　　　イ 薬剤リサイクル法

ウ 容器包装リサイクル法　　エ 自動車リサイクル法

問6 文章中の下線部6について、2015年に開かれた国連持続可能な開発サミットでは、「持続可能な開発目標（ＳＤＧｓ）」として17の目標が掲げられました。その中には、環境と人間のくらしとのつながりに関係が深いものもあります。①～④に挙げたＳＤＧｓの目標の中から1つ選び、私たちが日常的にできる行動を説明しなさい。

① つくる責任　つかう責任　　② 気候変動に具体的な対策を

③ 海の豊かさを守ろう　　　　④ 陸の豊かさも守ろう

4 レジ袋の有料化スタート

2 次の表を見て、あとの各問いに答えなさい。

1960年代	北欧諸国で（　あ　）の被害が広がった。北欧諸国は、（　あ　）は自国以外で排出された硫黄酸化物や窒素酸化物が原因であると主張した。このころから汚染物質が国境を越えて被害をおよぼすようになり、国際的に環境問題を考えることが必要になった。
1970年代	1972年、₁スウェーデンの（　①　）で「　A　」をテーマに、国連人間環境会議が開催された。この会議は自然保護や環境問題に大きな影響をあたえ、世界遺産条約の採択や、国連環境計画の設立のきっかけとなった。
1980年代	（　い　）を破壊するフロンガスなどの生産や消費を規制する、モントリオール議定書が採択された。また、1988年、地球温暖化について環境的、社会的影響や今後の対策を議論するIPCC（気候変動に関する政府間パネル）が設置された。
1990年代	1992年、₂ブラジルの（　②　）で「　B　」をテーマに国連環境開発会議が開催された。この会議は別名「　C　」ともよばれ、国連でも大規模な会議となった。また、1997年には日本の（　③　）で温暖化防止会議が開催された。
2000年代	₃南アフリカのヨハネスブルグで、持続可能な開発に関する世界首脳会議が開催された。また、2005年には、温暖化に対する取り組みとして（　③　）議定書が発効したが、先進国と発展途上国との間での責任のとらえ方のちがいなどが問題として残った。
2010年代	国連持続可能な開発会議が、ブラジルの（　②　）で開催された。また、2015年には、₄フランスの（　④　）で開催されたＣＯＰ21において、気候変動に関する新たな国際枠組みである（　④　）協定が結ばれた。同年、国連持続可能な開発サミットが国連本部で開催され、「誰一人取り残さない」といった理念のもとに、「持続可能な開発目標」が掲げられた。環境問題の中でも、2019年のG20（　⑤　）サミットでは、早急に取り組むべき課題として、プラスチックごみによる海洋汚染問題がテーマのひとつとなった。

問1 表中の（　あ　）・（　い　）にあてはまることばをそれぞれ答えなさい。

問2 表中の「　A　」～「　C　」にあてはまることばをそれぞれ答えなさい。

問3 表中の（　①　）～（　⑤　）にあてはまる都市の名をそれぞれ答えなさい。

問4　表中の下線部1～4の国の位置を次の地図中から選び、それぞれ記号で答えなさい。

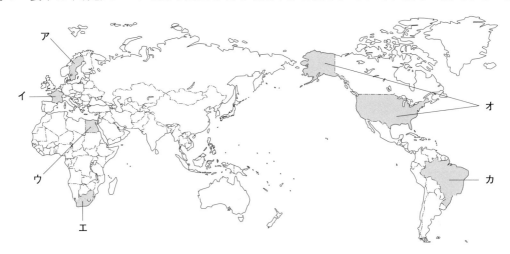

問5　地球温暖化について、二酸化炭素が原因の一つと考えられています。

右のグラフは、おもな国の二酸化炭素の排出量を示したものです。a～dの国の組み合わせとして正しいものを次のア～エから選び、記号で答えなさい。

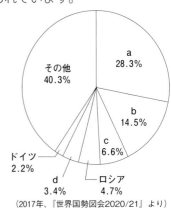

(2017年、『世界国勢図会2020/21』より)

	a	b	c	d
ア	アメリカ	中国	インド	日本
イ	アメリカ	中国	日本	インド
ウ	中国	アメリカ	インド	日本
エ	中国	アメリカ	日本	インド

問6　2015年に開かれた国連持続可能な開発サミットについて、その中で掲げられた「持続可能な開発目標」の略称を、アルファベット4文字で答えなさい。

問7　プラスチックごみによる海洋汚染問題について、私たちが日常で使っているプラスチック製品の中には、適切に処理されずに海に流れ出たあとで、紫外線などによってくだかれて小さなかけらになるものもあります。このような直径5mm以下のプラスチックを何とよぶか、カタカナで答えなさい。また、プラスチックに関する説明としてふさわしくないものを次から選び、記号で答えなさい。

ア　紙製のストローを提供をして、プラスチックごみをへらしている喫茶店などがある。

イ　洗顔料や歯みがき粉などに、微細なプラスチック粒子がふくまれているものがある。

ウ　近年は、自然分解されるプラスチックの開発が進んでいる。

エ　2020年7月からプラスチック製のレジ袋の有料化が始まったが、これは義務ではない。

5 人口減少で日本はどう変わる？ ▶解答は186ページ

日本の人口減少について説明した次の文章を読んで、あとの各問いに答えなさい。

　厚生労働省が発表した2019年の人口動態調査によると、日本の総人口は約1億2600万人で、9年連続の減少となりました。日本の総人口が減少しているのは、少子化や高齢化の進行が大きな原因です。

　₁2019年の出生数は初めて90万人を割りこみ、₂少子化の進行を如実にあらわす統計となりました。また、一人の女性が一生に産む子どもの平均数を示す合計特殊出生率は、1.36となり、4年連続で低下しました。₃政府は2025年までに合計特殊出生率を1.8にする目標をかかげていますが、その達成は厳しさを増しています。そもそも1.8という数値は、出産を希望する女性が全員出産した場合に達成できる値であり、人口を維持するために必要な水準である（　4　）には届いていません。仮に目標を達成したとしても、人口減少を避けることはできないのです。

　65歳以上の高齢者がしめる割合は年々増加し、₅高齢化はさらに進行しています。2025年には、第一次ベビーブームで生まれたすべての人が75歳以上の後期高齢者になることから、₆社会保障制度をいかに維持していくかが大きな課題となっています。また、労働力不足も深刻化することが予想され、人材の確保が緊急の課題といえます。政府は、出入国管理法を改正して新しい在留資格を設け、海外の優秀な人材をよびこみたい考えです。しかし、法律上では外国人労働者の受け入れが拡大したものの、実際は資格試験の整備がおくれているほか、₇在留外国人への支援体制が十分には整っていないなど、改善すべき点が多く指摘されています。

　₈今後さらに人口減少が加速すると予想されるなかで社会経済を維持していくために、日本はどのように変わっていくとよいのでしょうか。

問1　下線部1について、次のグラフは、太平洋戦争直後の1947年から2019年までの日本の出生数と死亡数の移り変わりを示したものです。

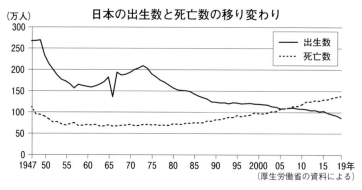

(1) グラフからわかる、日本の出生数の移り変わりについて述べた文として正しいものを次から選び、記号で答えなさい。

　ア　1947年から1949年にかけて出生数がとくに多くなっているのは、この時期が高度経済成長期にあたっていることに関係がある。

　イ　1966年の出生数が大きく落ちこんでいるのは、この時期に日本が外国と大きな戦争をしていたことに関係がある。

　ウ　1970年代前半に出生数の山ができているのは、1947年から1949年にかけての出生者が親になる時期にあたっていることに関係がある。

(2) グラフから、日本の出生数と死亡数の関係を読み取った文としてあてはまらないものを次から選び、記号で答えなさい。

　ア　1940年代の後半には、出生数と死亡数の差は、200万人以上あった。

　イ　1970年代の半ばから、出生数と死亡数の差が年々縮まっていった。

　ウ　最近では、死亡数が出生数を上回るようになっている。

問2　下線部2について、少子化の原因としてふさわしくないものを次から選び、記号で答えなさい。

　ア　女性の社会進出が進むとともに、結婚や出産に対する価値観が変化したこと。

　イ　仕事と出産・育児を両立できる環境が男女ともに整っていないこと。

　ウ　経済的な負担が大きいことを理由に、結婚や出産をひかえる人がいること。

　エ　医療の発達によって寿命が延び、高齢者が働き続けられるようになったこと。

問3　下線部3について、合計特殊出生率を引き上げるための取り組みとしてふさわしくないものを次から選び、記号で答えなさい。

　ア　保育士の給与を見直して増額することで、不足している人材を確保する。

　イ　小学校の統廃合によって通学距離を縮め、安心して通える環境を整える。

　ウ　幼児教育・保育を無償化して、子育て世帯の経済的な負担を和らげる。

　エ　時短勤務制度やフレックスタイム制度を取り入れるよう、企業に働きかける。

問4　（　4　）にあてはまる合計特殊出生率の数値を答えなさい。

問5　下線部5について、

(1) 高齢化の進行は、日本の総人口にしめる高齢者の割合からみることができます。2019年現在、65歳以上の高齢者は約3600万人います。日本の総人口にしめる高齢者の割合は何％になりますか。小数第一位を四捨五入して答えなさい。

(2) 高齢化の進行は、日本人の平均寿命からもみることができます。2019年現在の日本人の平均寿命を次から選び、記号で答えなさい。

　ア　男性＝81歳　女性＝87歳　　　イ　男性＝86歳　女性＝79歳

　ウ　男性＝82歳　女性＝77歳　　　エ　男性＝75歳　女性＝84歳

(3)　高齢化の進行は、地方でとくに深刻となっており、地方の町村のなかには65歳以上の高齢者が人口の50％を超え、集落としての共同生活が維持できなくなっている地域もあります。こうした地域を何集落といいますか。

問6　下線部6について、

(1)　日本国憲法第25条では、（　　　　　　　　　　　　　　）権利として生存権を認めており、この生存権を保障するために、国は社会保障制度を定めています。

（　　　　　　　　　　　　　　）にあてはまることばを17字で答えなさい。

(2)　社会保障制度の中心となっているのは社会保険です。これは、加入者があらかじめ保険料を積み立て、必要が生じた場合に保険の適用を受けるしくみです。次のA・Bが説明する社会保険の種類を、あとのア〜エから選び、それぞれ記号で答えなさい。

> A　毎月保険料をおさめることで、病気やけがをした場合は、治療にかかる費用の一部を行政が負担する。
>
> B　身体が弱り、日常生活を送るのに他人の手助けが必要になった場合、そのサービスを受けるのに必要な費用の一部を行政が負担する。

ア　介護保険　　イ　医療保険　　ウ　雇用保険　　エ　生命保険

(3)　社会保険のなかで、医療保険とともに大きな給付割合をしめているのが年金保険です。現在の制度では、原則65歳から年金の受け取りが始まりますが、希望すれば60歳から70歳の間で受け取り開始年齢を選ぶことができるようになっています。2020年5月、こうした年金制度について定めた法律が改正され、2022年4月からは、60歳から75歳の間で年金の受け取り開始年齢が選べることになりました。受け取り開始年齢をおくらせた人には、毎月の年金支給額が増やされるしくみです。

政府が、年金の受け取り開始年齢の上限を引き上げたねらいとしてふさわしいものを次から選び、記号で答えなさい。

ア　年金を受け取るすべての高齢者に、今よりも多くの金額を支給することで、老後の経済的な不安を取りのぞき、安心して暮らせる社会をつくる。

イ　年金を受け取ることができる最低年齢を引き上げることで、社会保障関係費の支出をおさえて、将来にわたって年金制度が崩壊しないようにする。

ウ　早く年金を受け取るよりも、働き続けておそく年金を受け取るほうが得をするという選択肢を示し、高齢者の働く意欲を高めて労働力不足を和らげる。

問7　下線部7について、次のグラフは、日本に住む※在留外国人数の移り変わりを示したものです。このグラフの読み取りとして正しくないものをあとのア〜ウから選び、記号で答えなさい。

※2011年までは登録外国人数。2012年に新しい在留管理制度が導入され、外国人登録法は廃止された。

日本に住む在留外国人数の移り変わり

（万人）

その他
ブラジル
フィリピン
朝鮮・韓国
中国

（法務省の資料による）

ア　日本に住む在留外国人数は、2008年まで年々増え続けたが、その後は2012年まで減少が続き、近年はまた増加し始めている。

イ　日本に住む在留外国人数は、かつては朝鮮・韓国の国籍を持つ人が最も多かったが、現在は中国の国籍を持つ人が最も多くなっている。

ウ　日本に住む在留外国人のうち、フィリピンとブラジルの国籍を持つ人はどちらも増え続けている。

問8　下線部8について、

(1)　次のグラフは、2065年までの日本の総人口の移り変わりを予測したものです。このグラフの読み取りとして正しいものをあとのア〜ウから選び、記号で答えなさい。

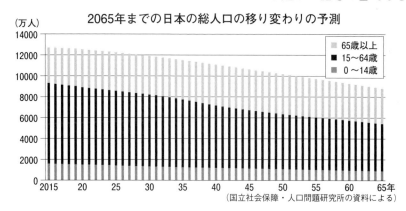

2065年までの日本の総人口の移り変わりの予測

（万人）

65歳以上
15〜64歳
0〜14歳

（国立社会保障・人口問題研究所の資料による）

ア　日本の総人口はこの先も減り続けるが、2060年までは1億人以上を維持できると予測されている。

イ　0〜14歳と15〜64歳の人口は、2065年まで減少傾向だが、65歳以上の人口は2065年まで年々大きく増え続ける。

ウ　2065年までには、65歳以上の人口は、日本の総人口のおよそ5分の2をしめる。

(2)　今後さらに人口減少が加速すると予想されるなかで社会経済を維持していくために、国や企業はどのような取り組みを行う必要があるかを、具体的に説明しなさい。

6 トランプ政権と国際社会

▶解答は
186ページ

次の新聞記事の抜粋を読んで、あとの各問いに答えなさい。

米大統領選
2020
トランプ氏、対中強硬貫く

［ A ］党大会　実績を誇示

　トランプ米政権は、大統領選での再選に向けた25日の［ A ］党大会で中国に対する強硬姿勢を改めて打ち出した。＜中略＞現時点の支持率では［ B ］党のバイデン候補にリードを許しており、実績のアピールに躍起になっている。

南シナ海圧力強く

　ポンペオ国務長官は25日、［ A ］党全国大会の演説で「トランプ大統領が中国［ C ］党の略奪的な攻撃性を暴いた」と外交の成果に対中政策を真っ先にあげた。＜中略＞

　米軍は、南シナ海で複数の空母打撃群を同時に派遣したり、台湾海峡での航行の自由作戦を増やしたりして中国への圧力を強めた。

　中国が最も敏感な人権問題でもトランプ政権はウイグル族の迫害や（　3　）の自治衰退に対し、対中制裁を相次いで発動した。＜中略＞

　北朝鮮をめぐっては2018年6月に史上初の首脳会談を開いたが非核化の進展は乏しい。アメリカン・エンタープライズ研究所のダニエル・プレトカ上級研究員は「（　4　）委員長に記念撮影の機会をあたえただけで、きまりの悪い結果に近い」と話す。

　中東政策ではイスラエルの首都として（　5　）を承認した。支持基盤の（　6　）福音派に配慮した決定だ。同国と対立関係にある（　7　）に圧力を強めるため核合意を一方的に破棄して経済制裁を再開し、国際社会から強い反発を浴びた。

貿易「合意は進展」

　＜中略＞

　トランプ氏の通商政策は中国の構造問題に挑んだ姿勢を支持する声があがるが、（　8　）という手法には批判が多い。＜中略＞

　トランプ氏は（　9　）から離脱し、単独で中国に対抗した。アメリカン・エンタープライズ研究所のデズモンド・ラックマン氏は、中国の知財侵害や補助金を糾弾した点を評価しつつ「欧州やアジアの同盟国と歩調をそろえていれば好ましい結果になっていた」と語る。

　＜後略＞

日本経済新聞　2020年8月27日の記事から抜粋

問1　記事中の　 A 　～　 C 　にあてはまる政党の名をそれぞれ答えなさい。

問2　記事中の下線部1について、(1)～(4)の問いに答えなさい。

(1)　アメリカの大統領の任期や再選の制限について説明した次の文章中の（　Ⅰ　）・

（　Ⅱ　）にあてはまる数字をそれぞれ答えなさい。

　　アメリカの大統領の任期は（　Ⅰ　）年で、再選は（　Ⅱ　）回までとなっています。

(2)　アメリカの大統領選挙の説明としてふさわしいものを次の中から選び、記号で答え

なさい。

　ア　国民が選出した議員からなる国会で、議員の中から大統領が指名される、完全な

　　間接投票で大統領を決める選挙である。

　イ　国民によって選出された選挙人が大統領を選び出す、間接投票の形式をとりなが

　　ら実質的に国民が直接大統領を決める選挙である。

　ウ　一党独裁政権のもとで開催（かいさい）される全国人民代表大会において、大会主席団が候補

　　者を指名し、全体会議で投票して大統領を決める選挙である。

(3)　アメリカで大統領選挙が実施（じっし）された2020年には、日本でも内閣（ないかく）総理大臣が交代しま

した。

　①　内閣総理大臣として、2020年8月に連続在任日数が歴代最長となった人物の名を

　　答えなさい。

　②　①で答えた人物に代わって、新たに内閣総理大臣となった人物の名を答えなさい。

(4)　日本とアメリカは、ともに民主主義の国として三権分立のしくみを持つ国ですが、日

本の内閣総理大臣とアメリカの大統領の選出方法のちがいなどもあって、それぞれの

三権分立のあり方には同じ部分とちがう部分があります。

　①　右のアメリカの三権分立のしくみを

　　示した図中の　 あ 　～　 う 　には、司

　　法、立法、行政のいずれかがあてはま

　　ります。　 あ 　～　 う 　にあてはまる

　　ことばをそれぞれ答えなさい。

　②　アメリカの憲法（けんぽう）では、「　 い 　権は大

　　統領個人に属する」とされています。そ

　　れに対して、日本国憲法第65条では、

　　「　 い 　権は、（　　　　）に属する」と

　　されています。

　　　（　　　　）にあてはまることばを答え

　　なさい。

アメリカの三権分立のようす

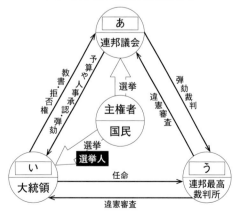

6 トランプ政権と国際社会

問3 記事中の下線部2について、中国が、台湾、フィリピン、ベトナムなどとの間で領有権問題をかかえながら軍事拠点化を進めているとみなされている、南シナ海に位置する島、または、島々の名を次の中から選び、記号で答えなさい。

ア　鬱陵島(ウルルン)　イ　尖閣諸島(せんかくしょとう)　ウ　竹島(たけしま)　エ　南沙諸島(なんさ)

問4 記事中の（　3　）では、1997年にイギリスから中国に返還(へんかん)されたときに、一国二制度を50年間維持することになっていましたが、新たな法律(ほうりつ)が制定されて自治が失われるのではないかと心配されています。これには、日本のメディアにしばしば登場して、日本語で取材に答えていた右の写真の周 庭氏(しゅうてい)が、現地で逮捕(たいほ)されたこともあり、日本でも注目を集めました。（　3　）にあてはまる地域(ちいき)の名を答えなさい。

問5 記事中の（　4　）にあてはまる、北朝鮮の指導者の名を答えなさい。

問6 記事中の（　5　）にあてはまる都市の名を次の中から選び、記号で答えなさい。

ア　エルサレム　イ　テヘラン　ウ　テルアビブ　エ　ベイルート

問7 記事中の（　6　）について、(1)・(2)の問いに答えなさい。

(1) トランプ氏を支持する、保守的な白人層の多くが所属している宗教グループとして（　6　）にあてはまるものを次の中から選び、記号で答えなさい。

ア　イスラム教徒　イ　キリスト教　ウ　ヒンズー教

(2) アメリカの黒人には、トランプ氏の対抗候補(たいこう)であるバイデン氏の支持者が多くいます。

① バイデン氏が副大統領となった2009年に、アメリカで初の黒人大統領となった人物の名を答えなさい。

② 2020年には、黒人が白人警官(けいかん)によって銃撃(じゅうげき)される事件がアメリカ各地で相次ぎ、人種をめぐる諸問題も大統領選の争点の一つとなりました。この人種差別問題に関連して、アメリカでは、1950〜60年代に黒人の公民権運動が大きな盛り上がりを見せました。その運動の中で「I Have a Dream（私(わたし)には夢(ゆめ)がある）」の演説をしたことで知られる黒人男性の名を次の中から選び、記号で答えなさい。

ア　ガンジー　イ　キング牧師　ウ　マザー・テレサ　エ　マンデラ

問8 記事中の（　7　）にあてはまる国の名を次の中から選び、記号で答えなさい。

ア　アフガニスタン　イ　イラン　ウ　クウェート　エ　エジプト

問9 記事中の（　**8**　）には、貿易品にかけられる税があてはまります。このことについて、(1)〜(3)の問いに答えなさい。

(1)　（　**8**　）にあてはまる税の名称を答えなさい。

(2)　トランプ政権は、(1)で答えた税の税率を大幅に引き上げました。このことで、トランプ政権がねらいとしていたことを「生産拠点」と「雇用」の2つのことばを使って、30字以内で説明しなさい。

(3)　(1)で答えた税については、19世紀後半に、日本とアメリカとの間で、日本がその税を自由にかけられる権利が認められない条約が結ばれた歴史があります。

①　19世紀後半に、日本とアメリカとの間で結ばれた、貿易品に対して日本が自由に税をかけられないことが盛りこまれた条約の名を答えなさい。

②　①で答えた不平等条約がアメリカとの間で改正された年を西暦で答えなさい。また、その不平等条約改正が実現されたときの日本の外務大臣の名を答えなさい。

問10 記事中の（　**9**　）には、日本をふくむ環太平洋諸国が結んだ経済連携協定の名称とその略称があてはまります。その略称をアルファベットで答えなさい。

問11 記事中の下線部10について、トランプ政権は貿易障壁を撤廃し、自由貿易を促進するための国際機関からの脱退を正式に通知しました。その国際機関の略称をアルファベットで答えなさい。

問12 「貿易戦争」とよばれる状態におちいっているアメリカと中国は、どちらも日本の主要な貿易相手国です。アメリカと中国から、日本が輸入している品目の内訳を示したグラフを次の中から選び、それぞれ記号で答えなさい。

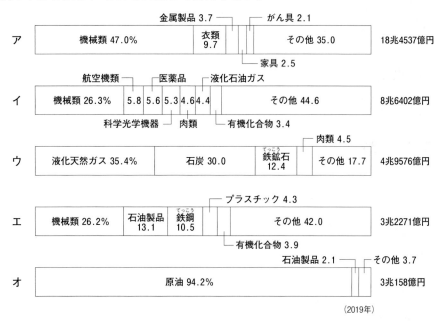

（2019年）

●表紙の写真の記事

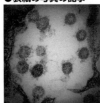

▲新型コロナウイルス
感染拡大（P.12）

▲日本全国で緊急事態宣言（P.16）

▲レジ袋の有料化スタート（P.24）

▲令和2年7月豪雨（P.20）

▲安倍首相辞任、菅新内閣が発足
（P.36）

第3編

時事問題

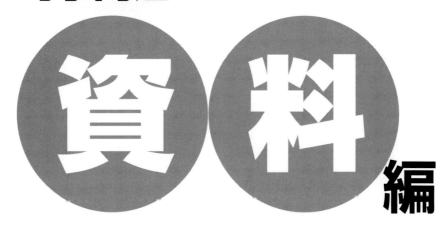

資料編

現代社会では、いろいろな地域や制度の情報をすば
やく知ることができます。しかし、今起きている事
件には歴史や地理をはじめさまざまな要素がからみ
合っているので、その発端や背景などを知らなけれ
ば深く理解することはできないでしょう。ここでは、
時事問題を深く理解しようとするときに役立ついろ
いろな「資料」や「用語」をまとめています。

時事問題を理解するための資料集

歴代の内閣総理大臣

日本に内閣制度ができたのは1885年のことです。伊藤博文が初代内閣総理大臣に就任してから現在の菅義偉首相までの約140年の間、日本の政治はどのような道すじを歩んできたのでしょうか。

（2020年10月1日現在）

❶ 1885.12～1888.4
伊藤博文① （長州）
内閣制度ができる

❷ 1888.4～1889.10
黒田清隆 （薩摩）
大日本帝国憲法発布

❸ 1889.12～1891.5
山県有朋① （長州）
第1回帝国議会

❹ 1891.5～1892.8
松方正義① （薩摩）

❺ 1892.8～1896.8
伊藤博文② （長州）
日清戦争，三国干渉

❻ 1896.9～1898.1
松方正義② （薩摩）

❼ 1898.1～1898.6
伊藤博文③ （長州）

❽ 1898.6～1898.11
大隈重信① （憲政党）
初の政党内閣（隈板内閣）

❾ 1898.11～1900.10
山県有朋② （長州）

❿ 1900.10～1901.5
伊藤博文④ （立憲政友会）

⓫ 1901.6～1906.1
桂 太郎① （陸軍）
日露戦争

⓬ 1906.1～1908.7
西園寺公望① （政友会）

⓭ 1908.7～1911.8
桂 太郎② （陸軍）
韓国併合

⓮ 1911.8～1912.12
西園寺公望② （政友会）

⓯ 1912.12～1913.2
桂 太郎③ （陸軍）

⓰ 1913.2～1914.4
山本権兵衛① （薩摩）

⓱ 1914.4～1916.10
大隈重信② （同志会）
第一次世界大戦

⓲ 1916.10～1918.9
寺内正毅 （陸軍）
米騒動

⓳ 1918.9～1921.11
原 敬 （政友会）
初の本格的政党内閣

⓴ 1921.11～1922.6
高橋是清 （政友会）
ワシントン軍縮会議

㉑ 1922.6～1923.8
加藤友三郎 （海軍）

㉒ 1923.9～1924.1
山本権兵衛② （薩摩）

㉓ 1924.1～1924.6
清浦奎吾 （官僚）

㉔ 1924.6～1926.1
加藤高明 （憲政会）
普通選挙法

㉕ 1926.1～1927.4
若槻礼次郎① （憲政会）

㉖ 1927.4～1929.7
田中義一 （立憲政友会）

㉗ 1929.7～1931.4
浜口雄幸 （民政党）
世界恐慌

㉘ 1931.4～1931.12
若槻礼次郎② （民政党）
満州事変

㉙ 1931.12～1932.5
犬養 毅 （立憲政友会）
五・一五事件

㉚ 1932.5～1934.7
斎藤 実 （海軍）
国際連盟脱退

㉛ 1934.7～1936.3
岡田啓介 （海軍）
二・二六事件

㉜ 1936.3～1937.2
広田弘毅 （文官）

㉝ 1937.2～1937.6
林銑十郎 （陸軍）

㉞ 1937.6～1939.1
近衛文麿 （公家）
日中戦争

㉟ 1939.1～1939.8
平沼騏一郎 （官僚）

㊱　1939.8〜1940.1
阿部信行（陸軍）

㊲　1940.1〜1940.7
米内光政（海軍）

㊳㊴　1940.7〜1941.10
近衛文麿②③（公家）

㊵　1941.10〜1944.7
東条英機（陸軍）
太平洋戦争

㊶　1944.7〜1945.4
小磯国昭（陸軍）
本土空襲

㊷　1945.4〜1945.8
鈴木貫太郎（海軍）
ポツダム宣言受諾

㊸　1945.8〜1945.10
東久邇宮稔彦（皇族）
戦後処理

㊹　1945.10〜1946.5
幣原喜重郎（進歩党）
GHQからの改革指令

㊺　1946.5〜1947.5
吉田　茂①（自由党）
日本国憲法公布

㊻　1947.5〜1948.3
片山　哲（日本社会党）

㊼　1948.3〜1948.10
芦田　均（民主党）

㊽〜㊿　1948.10〜1954.12
吉田　茂②〜⑤（民主自由党・自由党）
サンフランシスコ平和条約
日米安全保障条約

52〜54　1954.12〜1956.12
鳩山一郎①〜③（日本民主党・自由党）
55年体制

55　1956.12〜1957.2
石橋湛山（自由民主党）

56 57　1957.2〜1960.7
岸　信介①②（自由民主党）
新安保条約

58〜60　1960.7〜1964.11
池田勇人①〜③（自由民主党）
高度経済成長期
東京オリンピック

61〜63　1964.11〜1972.7
佐藤栄作①〜③（自由民主党）
日韓基本条約，沖縄返還

64 65　1972.7〜1974.12
田中角栄①②（自由民主党）
日中共同声明

66　1974.12〜1976.12
三木武夫（自由民主党）
ロッキード事件

67　1976.12〜1978.12
福田赳夫（自由民主党）
日中平和友好条約

68 69　1978.12〜1980.6
大平正芳①②（自由民主党）

70　1980.7〜1982.11
鈴木善幸（自由民主党）

71〜73　1982.11〜1987.11
中曽根康弘①〜③（自由民主党）

74　1987.11〜1989.6
竹下　登（自由民主党）
消費税（3％）導入

75　1989.6〜1989.8
宇野宗佑（自由民主党）

76 77　1989.8〜1991.11
海部俊樹①②（自由民主党）
湾岸戦争

78　1991.11〜1993.8
宮沢喜一（自由民主党）
PKO協力法成立

79　1993.8〜1994.4
細川護熙（日本新党）
55年体制の崩壊

80　1994.4〜1994.6
羽田　孜（新生党）

81　1994.6〜1996.1
村山富市（日本社会党）
47年ぶりの社会党首相，阪神・淡路大震災

82 83　1996.1〜1998.7
橋本龍太郎①②（自由民主党）
消費税が5％に

84　1998.7〜2000.4
小渕恵三（自由民主党）
ガイドライン関連法案成立

85 86　2000.4〜2001.4
森　喜朗①②（自由民主党）
沖縄サミット

87〜89　2001.4〜2006.9
小泉純一郎①〜③（自由民主党）
郵政民営化法案成立

90　2006.9〜2007.9
安倍晋三①（自由民主党）

91　2007.9〜2008.9
福田康夫（自由民主党）

92　2008.9〜2009.9
麻生太郎（自由民主党）

93　2009.9〜2010.6
鳩山由紀夫（民主党）
政権交代

94　2010.6〜2011.9
菅　直人（民主党）
東日本大震災

95　2011.9〜2012.12
野田佳彦（民主党）

96 97 98　2012.12〜2020.9
安倍晋三②③④（自由民主党）

99　2020.9〜
菅　義偉（自由民主党）

日本の政治のあゆみ（国会と内閣の歴史）

日本に内閣制度ができたのは1885年です。そして、初めて国会（帝国議会）が開かれたのは1890年で、裁判所の制度ができたのもこの年でした。ここでは、国会・内閣・裁判所の歴史をたどるとともに、現在、国会に議席を持っているおもな政党を確認しましょう。

国会・内閣・裁判所の歴史

1885	太政官制を廃し内閣制度ができる
1889	大日本帝国憲法の発布（アジアで最初の立憲国家となる）
1890	第1回帝国議会（衆議院と貴族院）
1918	最初の本格的な政党内閣ができる
1925	普通選挙法ができる（税による制限がなくなる）
1932	五・一五事件により犬養毅が暗殺される（戦前の政党政治はここで終わる）
1940	政党がすべて解党され，大政翼賛会が成立
1945	婦人参政権が認められる
1946	戦後初めての衆議院議員総選挙で女性議員が39名当選 日本国憲法の公布
1947	戦後初めての連立内閣 裁判所法ができる
1955	保守合同により55年体制が始まる
1960	日米安全保障条約の改正をめぐって，内閣が政権を放棄
1993	55年体制が崩壊，38年ぶりの連立内閣が編成される
1994	47年ぶりに社会党首相による連立内閣が編成される
2009	裁判員制度が始まる 民主党を中心とする連立内閣が成立
2012	再び自民党政権となる

日本のおもな政党（2020年9月）

	政党名	党首	設立年	議席数
与党	自由民主党 自民党	菅義偉	1955年	衆議院 284 参議院 112 計 396
与党	公明党 KOMEITO 公明党	山口那津男	1964年	衆議院 29 参議院 28 計 57
野党	立憲民主党 立憲民主党 The Constitutional Democratic Party of Japan	枝野幸男	2020年	衆議院 107 参議院 43 計 150
野党	日本維新の会 日本維新の会	松井一郎	2015年	衆議院 10 参議院 16 計 26
野党	日本共産党 日本共産党 Japanese Communist Party	志位和夫	1922年	衆議院 12 参議院 13 計 25
野党	国民民主党 国民民主党 こくみん	玉木雄一郎	2020年	衆議院 7 参議院 8 計 15
野党	社会民主党 社民党	福島瑞穂	1945年	衆議院 2 参議院 2 計 4
野党	れいわ新選組 れいわ新選組	山本太郎	2019年	衆議院 0 参議院 2 計 2

日本の選挙制度

選挙権年齢が18歳に引き下げられたことで、選挙での投票はみなさんにとっても今まで以上に身近になりました。日本の国政選挙は衆議院と参議院とでしくみがちがいます。そのちがいに目を向けながら、投票する18歳の自分をイメージしてみましょう。

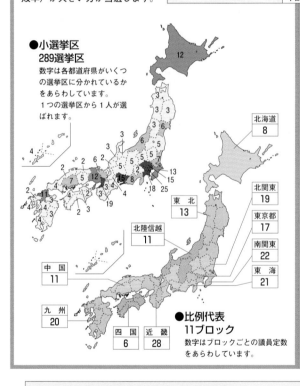

衆議院		参議院
●重複立候補 衆議院議員選挙では、小選挙区と比例代表の両方に重複して立候補することができ、小選挙区で落選しても比例代表で復活当選することがあります。比例代表の名簿で同じ順位であれば、その候補者の得票数÷当選者の得票数（＝惜敗率）が大きい方が当選します。	**議員の定数** 465人 （小選挙区289、比例代表176） ↑ 重複あり ↑ 選挙区は都道府県をさらに細かく分けていて、比例代表は全国11ブロック。 248人 （選挙区148、比例代表100） ↑ 重複なし ↑ 選挙区は鳥取・島根、徳島・高知をのぞいて都道府県ごと、比例代表は全国単位で選ぶ。	**●3年ごとに半数改選** 参議院議員選挙では、3年ごとに半数の124人が改選されます。248人が2つのグループに分かれていて、任期を3年ずらしているのです。2018年7月、参議院の議員定数を242人から248人にする（選挙区選出は146から148、比例代表選出は96から100にする）改正公職選挙法が成立しました。

議員の定数
465人（小選挙区289、比例代表176） ↑重複あり↑ 選挙区は都道府県をさらに細かく分けていて、比例代表は全国11ブロック。
248人（選挙区148、比例代表100） ×重複なし 選挙区は鳥取・島根、徳島・高知をのぞいて都道府県ごと、比例代表は全国単位で選ぶ。

任期
4年　解散がある。国民の意思を反映しやすい。
6年（3年ごとに半数ずつ選挙）　解散はない。じっくりと議論しやすい。

立候補できる年齢
25歳以上　若い人も立候補しやすい。
30歳以上　経験がある人が求められる。

●小選挙区 289選挙区
数字は各都道府県がいくつの選挙区に分かれているかをあらわしています。1つの選挙区から1人が選ばれます。

北海道 8／東北 13／北関東 19／東京都 17／南関東 22／北陸信越 11／東海 21／中国 11／近畿 28／四国 6／九州 20

●比例代表 11ブロック
数字はブロックごとの議員定数をあらわしています。

●選挙区
数字は選挙区ごとに何名が当選するかをあらわしています。1回の選挙では数字の半数が選ばれます。

鳥取・島根 合わせて2／高知・徳島 合わせて2

●比例代表
参議院議員選挙の比例代表選挙は、日本全国をひとつのブロックとして考えます。投票するときは、候補者の個人名と政党名のどちらを書いてもよく、一部の候補者をのぞき、名簿には順位がついていません。これを非拘束名簿式といい、一部のあらかじめ順位をつけられた候補者の当選が決定したのち、個人名が多く書かれていた順に当選します。

比例代表の議員選出方法

当選者を決める場合は、それぞれの政党の得票を1、2、3と整数でわっていき、その商の大きいところから順に当選者を決めていきます（ドント式）。右の表のように、A党が100万票、B党が80万票、C党が60万票、D党が40万票を得て10人の当選者を選出するとしたとき、A党は4人、B党は3人、C党は2人、D党は1人になります。

	A党	B党	C党	D党
÷1	100①	80②	60③	40⑤
÷2	50④	40⑤	30⑧	20
÷3	33.33⑦	26.66⑨	20	13.33
÷4	25⑩	20	15	10
÷5	20	16	12	8
⋮	⋮	⋮	⋮	⋮

（表中の単位は万票）

ABCDそれぞれの得票数を整数で順にわっていくと、その商は左の表のように続いていく。これらの数の中で、大きいものから順に①、②、③…⑨、⑩までしるしを付けていくとそれぞれの党の当選者の割り当てが決まる。つまりしるしの付いたマス目が当選者を表しているので、A4人、B3人、C2人、D1人となる。

日本の裁判制度

　民事事件や刑事事件について、法律に従って判断を下す働きを司法といい、司法権は裁判所に属しています。日本では、裁判を身近でわかりやすいものにすることや司法に対する国民の信頼向上につなげることを目的に、2009年に裁判員制度がスタートしました。

三審制のしくみ

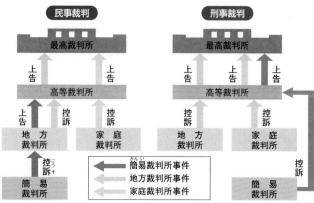

それぞれ、裁判は3回まで受けられます。

●冤罪と再審

　罪がないのにうたがわれたり罰せられたりすることを冤罪といいます。日本では、冤罪を防ぎ人権を守るために三審制がとられていますが、それでもまちがった判決が出てしまうことがあります。判決が出た後に明らかな誤りが発見された場合は、再審を求めることができます。再審が認められれば、再び裁判が行われ、判決がくつがえることもあります。

裁判員制度

　原則、裁判官3人と裁判員6人で行われる。
　裁判員は20歳以上で選挙権のある人の中からくじで選ばれる。

●裁判員と陪審員

　アメリカの陪審制でも、裁判員制度と同じように有権者から選ばれた人たち（陪審員）が裁判に参加します。裁判員制度とのちがいは、①民事事件も担当する、②量刑の決定はできないことです。

裁判所の種類と所在地

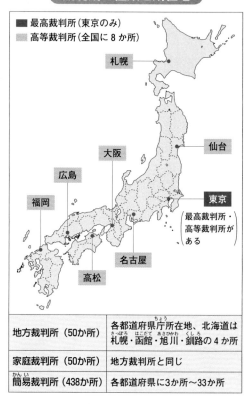

■ 最高裁判所（東京のみ）
▨ 高等裁判所（全国に8か所）

札幌
仙台
大阪
広島
福岡
名古屋
高松
東京
最高裁判所・高等裁判所がある

地方裁判所（50か所）	各都道府県庁所在地、北海道は札幌・函館・旭川・釧路の4か所
家庭裁判所（50か所）	地方裁判所と同じ
簡易裁判所（438か所）	各都道府県に3か所〜33か所

●裁判員制度とは

　一般市民による裁判員が、裁判官とともに、地方裁判所で行われる刑事裁判の第一審に参加する制度です。被告人が有罪かどうか、有罪の場合どのような刑にするかを裁判官と話し合って決めます。話し合いで意見が一致しないときは、裁判官1人をふくむ過半数の賛成で決定します。

　裁判員は、下の表のような自分がかかわった裁判について知りえたことを、他人に話してはいけません。これを守秘義務といい、違反すると罰せられる場合があります。

守秘義務の例

評議の秘密	どのような過程を経て結論に達したか
	裁判員や裁判官がどのような意見を述べたか
	その意見を支持した数、反対した意見の数
	評決の際の多数決の数
評議以外の職務上知った秘密	被害者などの事件関係者のプライバシー
	裁判員の名前

日本の社会保障制度

　高齢化が進む日本では今後も年金や医療費など社会保障費が増大することがわかっています。しかし同時に少子化も進んでいるために高齢者を支える年代の人たちが減少しているのです。日本が社会保障制度を維持していくためにはどうしたらよいのでしょうか。

社会保障関係費の歳出にしめる割合

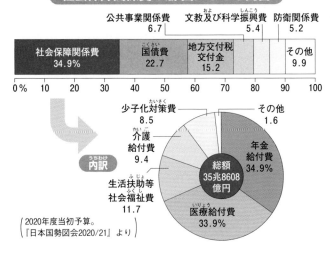

社会保障関係費 34.9%	国債費 22.7	地方交付税交付金 15.2	公共事業関係費 6.7	文教及び科学振興費 5.4	防衛関係費 5.2	その他 9.9

0% 10 20 30 40 50 60 70 80 90 100

内訳

総額 35兆8608億円

- 年金給付費 34.9%
- その他 1.6
- 少子化対策費 8.5
- 介護給付費 9.4
- 生活扶助等社会福祉費 11.7
- 医療給付費 33.9%

（2020年度当初予算。『日本国勢図会2020/21』より）

社会保障制度のおもな柱

社会保険
病気・けが・失業・高齢になったときに給付を受ける。
（医療保険・雇用保険・年金保険・介護保険…など）

公的扶助
収入が少なく、健康で文化的な最低限度の生活ができない人びとに生活費などを給付する。
（生活保護など）

社会福祉
高齢者・障がいのある人・保護者のいない児童・一人親の家庭に、保護や援助を行う。

公衆衛生
病気の予防や地域社会の衛生状態を改善し、生活の基礎を整える。

人口ピラミッドの変化

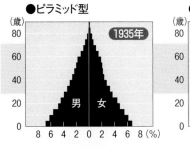

●ピラミッド型　1935年
（歳）

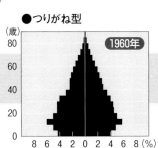

●つりがね型　1960年
（歳）

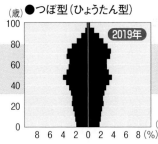

●つぼ型（ひょうたん型）　2019年
（歳）

年少人口（0〜14歳）
→12.1%
生産年齢人口（15〜64歳）
→59.5%
老年人口（65歳〜）
→28.4%
平均寿命
男81.41歳　女87.45歳
（2019年。『日本国勢図会』「簡易生命表」より）

総人口と合計特殊出生率の推移

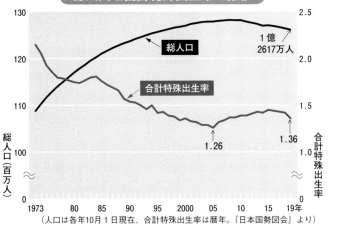

総人口
1億2617万人
合計特殊出生率
1.26
1.36

総人口（百万人）
合計特殊出生率

1973 80 85 90 95 2000 05 10 15 19年
（人口は各年10月1日現在、合計特殊出生率は暦年。『日本国勢図会』より）

高齢者1人を支える現役世代の人数

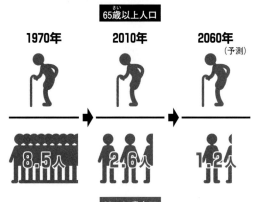

65歳以上人口

1970年　8.5人
2010年　2.6人
2060年（予測）　1.2人

20〜64歳人口
（「厚生労働白書」より）

国民の祝日

現在の日本には法律で定められている「国民の祝日」が計16日あります。

1月

元日 <1月1日>
年のはじめを祝う。

成人の日 <1月の第2月曜日>※
おとなになったことを自覚し、みずから生きぬこうとする青年を祝いはげます。
（※1999年までは1月15日）

2月

建国記念の日 <2月11日>
建国をしのび、国を愛する心を養う。

天皇誕生日 <2月23日>
天皇の誕生日を祝う。

3月

春分の日 <春分日…3月21日ごろ>
自然をたたえ、生物をいつくしむ。

4月

昭和の日 <4月29日>
激動の日々を経て、復興を遂げた昭和の時代を顧み、国の将来に思いをいたす。

5月

憲法記念日 <5月3日>
日本国憲法の施行を記念し、国の成長を期する。

みどりの日 <5月4日>
自然に親しむとともにその恩恵に感謝し、豊かな心をはぐくむ。

こどもの日 <5月5日>
こどもの人格を重んじ、こどもの幸福をはかるとともに、母に感謝する。

6月

国民の祝日はありません。

7月

海の日 <7月の第3月曜日>※
海の恩恵に感謝するとともに、海洋国日本の繁栄を願う。（※2002年までは7月20日）

8月

山の日 <8月11日>
山に親しむ機会を得て、山の恩恵に感謝する。（2016年〜）

9月

敬老の日 <9月の第3月曜日>※
多年にわたり社会につくしてきた老人を敬愛し、長寿を祝う。（※2002年までは9月15日）

秋分の日 <秋分日…9月23日ごろ>
祖先をうやまい、亡くなった人びとをしのぶ。

10月

スポーツの日 <10月の第2月曜日>※
スポーツに親しみ、健康な心身をつちかう。これまで「体育の日」とよばれていたが、2020年から「スポーツの日」となった。（※1999年までは10月10日）

11月

文化の日 <11月3日>
自由と平和を愛し、文化をすすめる。

勤労感謝の日 <11月23日>
勤労をたっとび、生産を祝い、国民がたがいに感謝しあう。

※ハッピーマンデー制度：祝日と週休2日制をつなげ、三連休以上の期間を増やすため、国民の祝日の一部を従来の日付から特定の月曜日に移動させる制度。連休にすることで余暇を有効に過ごせるように、という趣旨でつくられた。

2021年はどうなる？
2020年は、海の日が7月23日に、スポーツの日が7月24日、山の日が8月10日移動しました。これは東京オリンピック・パラリンピックを円滑に運営するためでしたが、新型コロナウイルス感染症の流行によって1年間延期されたため、2021年の東京オリンピック・パラリンピック期間中に祝日が移動する予定です。

日本のノーベル賞受賞者

ノーベル賞は、スウェーデンの科学者アルフレッド・ノーベルがダイナマイトの発明によって築いた巨額の財産を基金としてつくられたもので、物理学賞、化学賞、生理学・医学賞、文学賞、平和賞と、1969年に新設された経済学賞の6部門があります。2019年、吉野彰氏が化学賞を受賞し、日本人受賞者は27人（元日本国籍の受賞者をふくむ）になりました。

物理学賞

湯川秀樹（ゆかわ ひでき）
●1907〜1981年。東京都生まれ。物理学者。
「中間子理論」で、1949年に日本人初のノーベル賞を受賞。

朝永振一郎（ともなが しんいちろう）
●1906〜1979年。東京都生まれ。物理学者。
電子などの素粒子の研究を続け、1965年受賞。

江崎玲於奈（えさき れおな）
●1925年、大阪府生まれ。物理学者。
「エサキダイオード」の発明などにより、1973年受賞。

小柴昌俊（こしば まさとし）
●1926年、愛知県生まれ。物理学者。
素粒子のニュートリノの検出に成功し、2002年受賞。

南部陽一郎（なんぶ よういちろう）
●1921〜2015年。東京都生まれ。物理学者。（米国籍）

小林 誠（こばやし まこと）
●1944年、愛知県生まれ。物理学者。

益川敏英（ますかわ としひで）
●1940年、愛知県生まれ。物理学者。
基本粒子の研究で先駆的な理論を提唱し、2008年受賞。

赤﨑 勇（あかさき いさむ）
●1929年、鹿児島県生まれ。化学工学者。

天野 浩（あまの ひろし）
●1960年、静岡県生まれ。電子工学者。

中村修二（なかむら しゅうじ）
●1954年、愛媛県生まれ。技術者、電子工学者。（米国籍）
青色発光ダイオード（LED）の開発と実用化に成功し、2014年受賞。

梶田隆章（かじた たかあき）
●1959年、埼玉県生まれ。物理学・天文学者。
素粒子ニュートリノに質量があることを証明し、2015年受賞。

化学賞

福井謙一（ふくい けんいち）
●1918〜1998年。奈良県生まれ。化学者。
「フロンティア軌道理論」をうちたて、1981年受賞。

白川英樹（しらかわ ひでき）
●1936年、東京都生まれ。化学者。
導電性プラスチックの開発に成功し、2000年受賞。

野依良治（のより りょうじ）
●1938年、兵庫県生まれ。化学者。
有機化学分野で不斉合成反応の新分野を開拓し、2001年受賞。

化学賞

田中耕一（たなか こういち）
●1959年、富山県生まれ。企業研究員。
生体高分子の分子を取り出し、質量計測に成功し、2002年受賞。

下村 脩（しもむら おさむ）
●1928〜2018年。京都府生まれ。生物学者。
発光物質イクオリン・GFPの取り出しに成功し、2008年受賞。

鈴木 章（すずき あきら）●1930年、北海道生まれ。化学者。
根岸英一（ねぎし えいいち）●1935年、旧満州生まれ。化学者。
有機化合物の特殊な結合反応を発見し、2010年受賞。

吉野 彰（よしの あきら）
●1948年、大阪府生まれ。企業の名誉研究員。
リチウムイオン電池の開発により、2019受賞。

生理学・医学賞

利根川進（とねがわ すすむ）
●1939年、愛知県生まれ。生物学者。
分子生物学免疫系の遺伝子を研究し、1987年受賞。

山中伸弥（やまなか しんや）
●1962年、大阪府生まれ。医学者。
人工多能性幹細胞（iPS細胞）の開発により、2012年受賞。

大村 智（おおむら さとし）
●1935年、山梨県生まれ。化学者。
土壌の微生物から感染症の治療薬を開発し、2015年受賞。

大隅良典（おおすみ よしのり）
●1945年、福岡県生まれ。生物学者。
オートファジー（自食作用）のしくみの発見により、2016年受賞。

本庶 佑（ほんじょ たすく）
●1942年、京都府生まれ。医学者。
免疫の研究で新しいがん治療薬の開発に貢献し、2018年受賞。

文学賞

川端康成（かわばた やすなり）
●1899〜1972年。大阪府生まれ。小説家。
『伊豆の踊子』『千羽鶴』『雪国』など。1968年受賞。

大江健三郎（おおえ けんざぶろう）
●1935年、愛媛県生まれ。小説家。
『死者の奢り』『ヒロシマ・ノート』など。1994年受賞。

平和賞

佐藤栄作（さとう えいさく）
●1901〜1975年。山口県生まれ。政治家。
沖縄・小笠原の返還を実現、「非核三原則」。1974年受賞。

＊経済学賞は該当者なし

日本の世界遺産

西暦…登録年	■…文化遺産	■…自然遺産

　世界遺産は、世界の貴重な自然や文化を人類全体の財産として守っていこうという考えから生まれました。1972年に国連教育科学文化機関（UNESCO＝ユネスコ）の総会で、「世界遺産条約」が採択され、この条約にもとづいて登録された世界遺産は、現在1121件で、国内では23件（2020年10月現在）あります。

1994年
古都京都の文化財
金閣、平等院、延暦寺など京都市・宇治市・滋賀県大津市の17社寺と城がふくまれている。

2015年
明治日本の産業革命遺産
8県23資産の、明治期の日本の工業の発展などを示す産業革命に関する遺産群。

〇 のところ

2007年
石見銀山遺跡とその文化的景観
16世紀に開発された日本最大級の銀山の遺跡で、産業に関する遺産としては日本で初の登録。

1993年
姫路城
日本を代表する城で、その美しさから別名「白鷺城」といわれている。

1996年
厳島神社
平氏一族の信仰を集めていた神社で、海上に立地する景観は他には見られないもの。

1996年
原爆ドーム
原子爆弾の被害を残すかつての広島県産業奨励館。過去のあやまちをくり返さないために登録された。

2017年
「神宿る島」宗像・沖ノ島と関連遺産群
沖ノ島と宗像大社など、8つの資産からなる国内最大級の祭祀遺跡。

2018年
長崎と天草地方の潜伏キリシタン関連遺産
信徒が暮らした集落や大浦天主堂など、禁教下での独自信仰を物語る遺産群。

● のところ

1993年
屋久島
樹齢7200年といわれる縄文杉で有名。気候や生態系も多様である。

2000年
琉球王国のグスク（城）及び関連遺産群
首里城跡など、琉球王国の遺跡と失われつつある文化的伝統を今に伝える。

2019年
百舌鳥・古市古墳群
古墳時代の最盛期に造られた、45件49基の古墳群。

2014年
富岡製糸場と絹産業遺産群
明治期の近代工業発展の中心となった官営の製糸工場。

1993年
白神山地
東アジア最大のブナの原生林がある。

2005年
知床
陸地と海の生物の食物連鎖が見られる貴重な場所。

1995年
白川郷・五箇山の合掌造り集落
富山県と岐阜県の山間部に見られる民家の集落。傾斜のきつい萱葺き屋根が有名。

2011年
平泉
平安末期に花開いた、浄土思想に基づく華麗な奥州藤原氏の文化遺産群。

2011年

日光の社寺
二荒山神社や東照宮をふくむ社寺が登録されており、東照宮は徳川家康が祀られていることでも有名。

1999年

国立西洋美術館
7か国にまたがる「ル・コルビュジエの建築作品」の構成資産の1つ。

2016年

1998年
古都奈良の文化財
東大寺、唐招提寺、平城宮跡などをふくむ地域が登録されている。

2013年
富士山
山岳信仰や芸術の対象として日本文化を象徴する存在。

小笠原諸島
大陸と一度も陸続きにならず、独自の進化を遂げた動植物の宝庫。

2011年

2004年
紀伊山地の霊場と参詣道
和歌山県、奈良県、三重県の3県にまたがる。神社や寺院などが文化的景観を構成している。

1993年
法隆寺地域の仏教建造物
聖徳太子によって建立された寺で、現存する世界最古の木造建築物。

ラムサール条約登録地

　ラムサール条約は、1971年にイランのラムサールで採択されました。水鳥の生息地として重要な湿地を守るため、世界各地の湖や沼・湿原などを登録し、保護するための条約です。日本では2018年10月に新たに2か所が追加登録され、2020年現在52か所が登録されています。

名称
（所在地・面積）

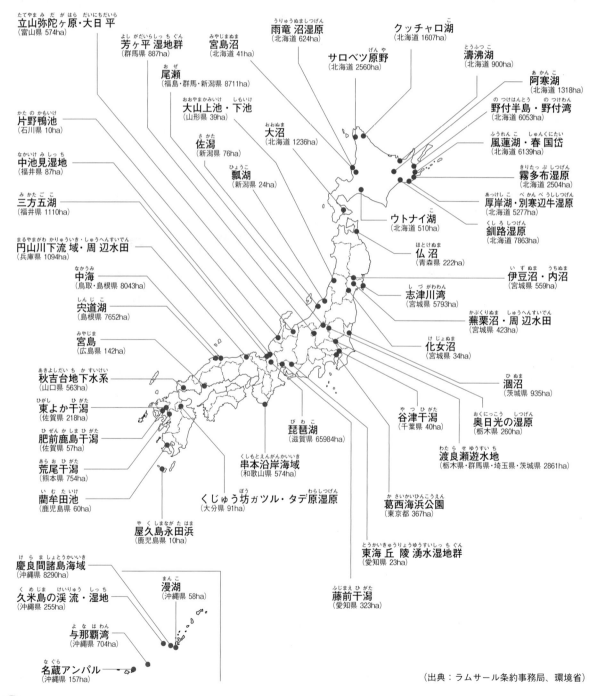

（出典：ラムサール条約事務局、環境省）

国立公園

　自然を守るために、日本には自然公園が指定されています。自然公園には、環境省が指定・管理する国立公園と、環境省が指定し都道府県が管理する国定公園があります。2020年9月現在、日本の国立公園は34か所、国定公園は57か所あります。

　2016年には沖縄のやんばる国立公園が新設され、2017年には奄美群島国定公園が、国立公園に変更されました。

■ 国立公園
■ 国定公園

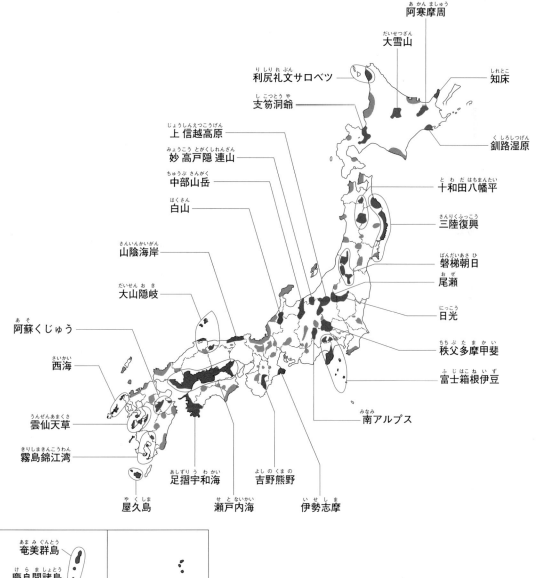

阿寒摩周（あかんましゅう）
大雪山（だいせつざん）
利尻礼文サロベツ（りしりれぶん）
知床（しれとこ）
支笏洞爺（しこつとうや）
釧路湿原（くしろしつげん）
上信越高原（じょうしんえつこうげん）
妙高戸隠連山（みょうこうとがくしれんざん）
中部山岳（ちゅうぶさんがく）
白山（はくさん）
十和田八幡平（とわだはちまんたい）
三陸復興（さんりくふっこう）
磐梯朝日（ばんだいあさひ）
尾瀬（おぜ）
山陰海岸（さんいんかいがん）
日光（にっこう）
大山隠岐（だいせんおき）
阿蘇くじゅう（あそ）
秩父多摩甲斐（ちちぶたまかい）
西海（さいかい）
富士箱根伊豆（ふじはこねいず）
雲仙天草（うんぜんあまくさ）
南アルプス（みなみ）
霧島錦江湾（きりしまきんこうわん）
足摺宇和海（あしずりうわかい）
吉野熊野（よしのくまの）
屋久島（やくしま）
瀬戸内海（せとないかい）
伊勢志摩（いせしま）

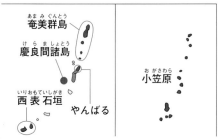

奄美群島（あまみぐんとう）
慶良間諸島（けらましょとう）
小笠原（おがさわら）
西表石垣（いりおもていしがき）
やんばる

世界の戦争・紛争と平和への取り組み

世界のおもな戦争・紛争地図

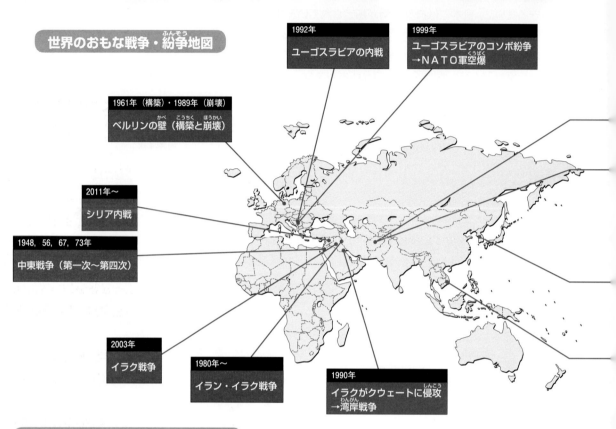

1992年 ユーゴスラビアの内戦	1999年 ユーゴスラビアのコソボ紛争 →NATO軍空爆	
1961年（構築）・1989年（崩壊） ベルリンの壁（構築と崩壊）		
2011年〜 シリア内戦		
1948, 56, 67, 73年 中東戦争（第一次〜第四次）		
2003年 イラク戦争	1980年〜 イラン・イラク戦争	1990年 イラクがクウェートに侵攻 →湾岸戦争

戦争と平和に関するおもなできごと

	戦争・紛争	西暦	平和へのとりくみ
	ドイツが降伏（→ヤルタ会談）	1945	国際連合ができる
	広島・長崎に原爆投下（→日本が降伏）		
	朝鮮が南北に分かれて独立国家に	48	第1回アジア・アフリカ会議
	イスラエル建国（→第一次中東戦争）		周恩来（中国）とネルー（インド）が
	北大西洋条約機構（NATO）設立	49	
	ドイツが東西に分かれて独立	50	
	朝鮮戦争始まる（〜53年 休戦協定）	54	平和5原則を発表
	アメリカがビキニ環礁で水爆実験（第五福竜丸が被爆）	55	第1回原水爆禁止世界大会（広島）
	ワルシャワ条約機構ができる		（平和10原則を発表）
	第二次中東戦争（スエズ動乱）	56	アフリカ諸国の独立相次ぐ
	ベトナム戦争勃発（〜75年）	60	（「アフリカの年」）
	ベルリンの壁ができる	61	
	キューバ危機	62	
	アメリカ軍がベトナム戦争に参戦	63	米・英・ソが部分的核実験禁止条約
	中国で文化大革命が起こる	65	（PTBT）に調印
	第三次中東戦争	66	
		67	米・ソなどが核拡散防止条約（NPT）
	カンボジアで内戦が起こる	68	に調印
	第四次中東戦争（石油危機が起こる）	70	
	ソ連がアフガニスタン侵攻（〜89年撤退）	73	南北ベトナムが統一される
	イラン・イラク戦争（〜88年 停戦）	76	
	フォークランド紛争	79	
		80	ベルリンの壁がこわされる
		82	米・ソが中距離核戦力全廃条約に調印
		87	
		89	

世界の歴史の中で、最も大規模で、最も多くの死傷者を出した第二次世界大戦が終わってから75年がたちました。しかしこの間、世界各地で争いのなかった日はないのです。国どうしの戦争・紛争はもちろん、冷戦、内戦、テロ…　あげていけばきりがありません。その一方で、核軍縮をはじめとする、平和への取り組みも行われてきました。戦後の「戦争・紛争」と「平和への取り組み」のあとをたどってみましょう。

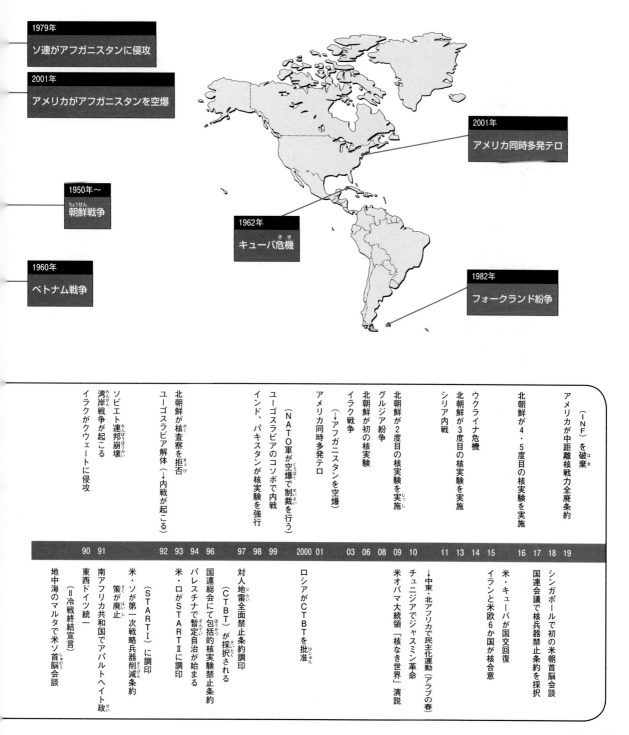

1979年
ソ連がアフガニスタンに侵攻

2001年
アメリカがアフガニスタンを空爆

1950年〜
朝鮮戦争

1960年
ベトナム戦争

2001年
アメリカ同時多発テロ

1962年
キューバ危機

1982年
フォークランド紛争

年表の上段（戦争・紛争）

- イラクがクウェートに侵攻
- 湾岸戦争が起こる
- ソビエト連邦崩壊
- ユーゴスラビア解体（→内戦が起こる）
- 北朝鮮が核査察を拒否
- インド、パキスタンが核実験を強行
- ユーゴスラビアのコソボで内戦（NATO軍が空爆で制裁を行う）
- アメリカ同時多発テロ（→アフガニスタンを空爆）
- イラク戦争
- 北朝鮮が初の核実験
- グルジア紛争
- 北朝鮮が2度目の核実験を実施
- 北朝鮮が3度目の核実験を実施
- シリア内戦
- ウクライナ危機
- 北朝鮮が4・5度目の核実験を実施
- アメリカが中距離核戦力全廃条約（INF）を破棄

年号
90　91　92　93　94　96　97　98　99　2000　01　03　06　08　09　10　11　13　14　15　16　17　18　19

年表の下段（平和への取り組み）

- 地中海のマルタで米ソ首脳会談（＝冷戦終結宣言）
- 東西ドイツ統一
- 南アフリカ共和国でアパルトヘイト政策が廃止
- 米・ソが第一次戦略兵器削減条約（START I）に調印
- パレスチナで暫定自治が始まる
- 米・ロがSTART IIに調印
- 国連総会にて包括的核実験禁止条約（CTBT）が採択される
- 対人地雷全面禁止条約調印
- ロシアがCTBTを批准
- 米オバマ大統領「核なき世界」演説
- チュニジアでジャスミン革命（アラブの春）→中東・北アフリカで民主化運動
- イランと米欧6か国が核合意
- 米・キューバが国交回復
- 国連会議で核兵器禁止条約を採択
- シンガポールで初の米朝首脳会談

環境保全をめぐる50年

地球環境をめぐる世界の動き	スローガン・目標など
1965 「宇宙船地球号」	

	地球環境をめぐる世界の動き	スローガン・目標など
1965		「宇宙船地球号」
1970		
1971	ラムサール条約（発効は1975年）	
1972	国連人間環境会議 ⋯⋯⋯⋯⋯⋯⋯⋯⋯⋯⋯⋯⋯⋯⋯⋯	「かけがえのない地球」
	⇒スウェーデンのストックホルムで開催	『成長の限界』
	⇒人間環境宣言	
	国連環境計画（UNEP）の設立	
	世界遺産条約（発効は1975年）	
1973	ワシントン条約（発効は1975年）	
1980		
1987	オゾン層保護に関するモントリオール議定書 （発効は1989年）	「持続可能な開発」
1988	気候変動に関する政府間パネル（IPCC）設立	
1990		
1992	国連環境開発会議（地球サミット）⋯⋯⋯⋯⋯⋯⋯⋯	「持続可能な開発」
	⇒ブラジルのリオデジャネイロで開催	
	⇒アジェンダ21	
	⇒気候変動枠組条約（発効は1994年）	
1997	第3回気候変動枠組条約締約国会議（COP3） （地球温暖化防止京都会議）	
	⇒京都議定書（発効は2005年）	
2000		ミレニアム開発目標（MDGs）
2002	持続可能な開発に関する世界首脳会議	
	⇒南アフリカのヨハネスブルグで開催	
2005		国連ESDの10年 （〜2014年）
2010		
2012	国連持続可能な開発会議（リオ＋20）	
	⇒ブラジルのリオデジャネイロで開催	
2015	第21回気候変動枠組条約締約国会議（COP21）	国連持続可能な開発目標（SDGs）
	⇒パリ協定（発効は2016年）	⋯⋯⋯⋯⋯⋯⋯⋯⋯⋯⋯⋯「誰一人取り残さない」

地球環境問題への危機感を多くの人が持つようになり、初めて国際的な会議が開かれたのは1972年のことでした。それから50年近くたった今、地球環境の現状はどのようになっているでしょうか。

「宇宙船地球号」

　地球は有限であることを宇宙船にたとえたことば。この考え方は、アメリカの国連大使であったスティブンソンが、1965年に「私たちは全員が共に小さな宇宙船に乗って旅行している乗客で、わずかな空気と土に依存している」と演説の中で表現したのが最初とされ、ローマ・クラブの『成長の限界』や、「かけがえのない地球」というスローガンのもとで行われた国連人間環境会議にも影響をあたえました。

「地球は有限」このままでは限界が来る

環境と開発は「共存できる」という考え方

　国連の「環境と開発に関する世界委員会」が1987年に発表した最終報告書の中で、「持続可能な開発（Sustainable Development）」という考え方が示されました。「持続可能な開発」は、将来の世代のニーズをそこなうことなく、今日の世代のニーズを満たすような開発、と説明されており、それ以来、現在にいたるまで、環境保全と開発を考える上での中心的な理念となっています。

『成長の限界』

　国際的な研究団体であるローマ・クラブが1972年に発表した報告書。その中で「このまま人口増加や経済成長が続けば、食糧不足や資源の枯渇、環境汚染などによって100年以内に地球は成長の限界をむかえる」と警告しました。この報告書は、地球環境問題への取り組みの重要性を広く人びとに知らせる役割を果たしました。

ＥＳＤ

　ＥＳＤは、「持続可能な開発のための教育」と訳されます。
　2002年の「持続可能な開発に関する世界首脳会議」で日本政府とＮＧＯが、持続可能な開発のためには人材育成が重要だと強調し、「持続可能な開発のための教育の10年」を提唱しました。持続可能な社会のために、地球のさまざまな課題を自分のこととしてとらえ実践していくこと（Think Globally Act Locally）をめざす学習や活動です。

ＭＤＧｓからＳＤＧｓへ

　新しいミレニアムのはじまりを目前にした2000年、国連でミレニアム開発目標（ＭＤＧｓ）がかかげられました。この目標は、それまでの主要な国際会議で採択されたさまざまな目標を１つの枠組にまとめたもので、2015年までに達成することが宣言されました。
　そして、むかえた2015年、一定の成果はあったものの課題も多く残る結果となり、新たな目標である、国連持続可能な開発目標（ＳＤＧｓ）が採択されたのです。ＳＤＧｓは17の目標と169のターゲットからなっており、2030年までの行動計画が示されています。ＳＤＧｓの中心となる理念はNo one will be left behindで、「誰一人取り残さない」という意味です。

ミレニアム開発目標（MDGs）
8つのゴール

持続可能な開発目標（SDGs）17のゴール

世界のおもな国ぐに

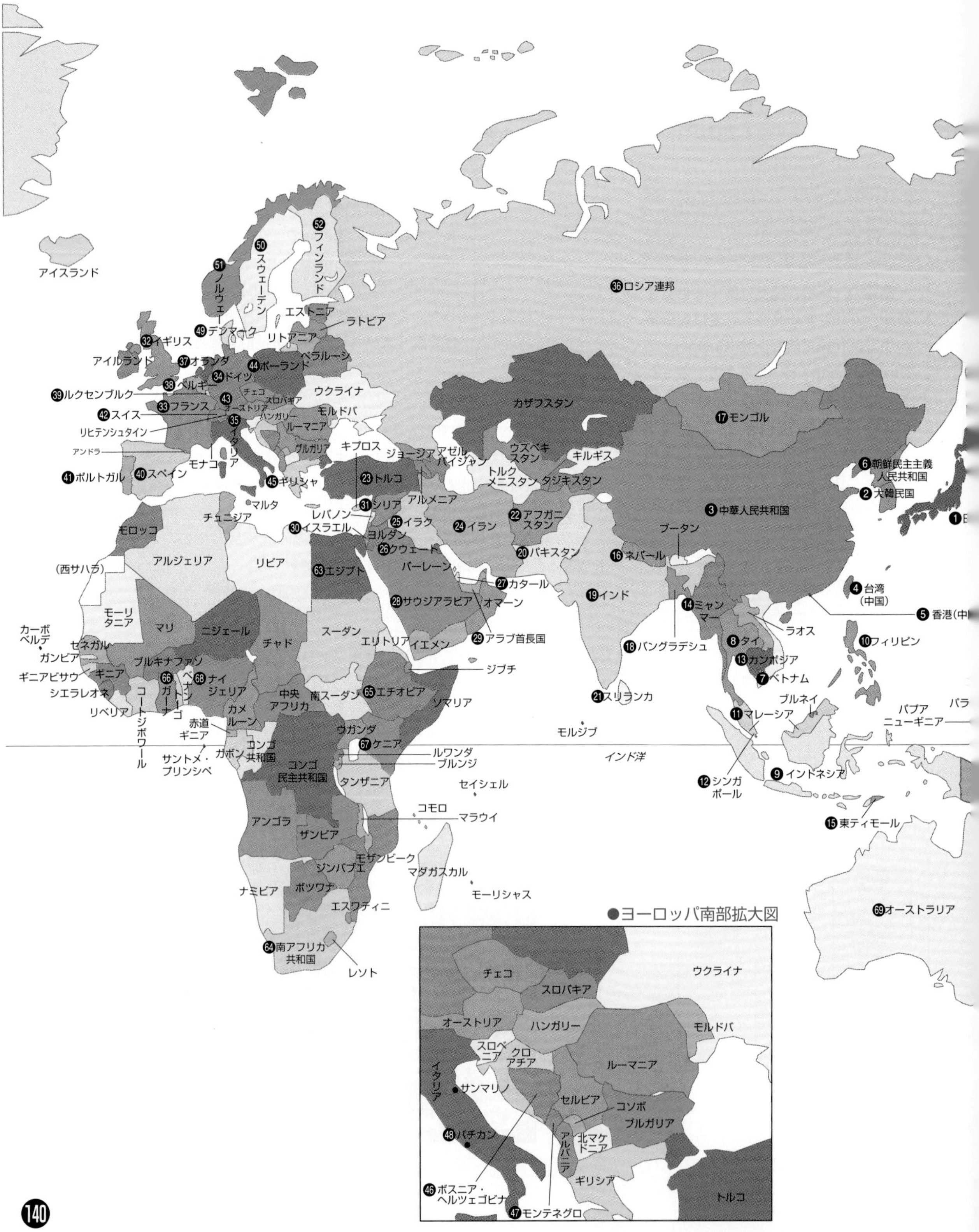
アイスランド
(51)ノルウェー
㊿スウェーデン
(52)フィンランド
㊱ロシア連邦
エストニア
ラトビア
リトアニア
㊾デンマーク
㉜イギリス
アイルランド
㊲オランダ
㊹ポーランド
ベラルーシ
㊳ベルギー
㉞ドイツ
㊴ルクセンブルク
チェコ
㊸オーストリア
スロバキア
ウクライナ
㉝フランス
モルドバ
㊷スイス
ハンガリー
ルーマニア
リヒテンシュタイン
㉟イタリア
ブルガリア
アンドラ
モナコ
キプロス
ジョージア
アゼルバイジャン
カザフスタン
ウズベキスタン
キルギス
トルクメニスタン
タジキスタン
㊶ポルトガル
㊵スペイン
㊺ギリシャ
㉓トルコ
アルメニア
マルタ
チュニジア
レバノン
㉛シリア
㉕イラク
㉔イラン
㉒アフガニスタン
㉚イスラエル
ヨルダン
㉖クウェート
㊻モンゴル
モロッコ
(西サハラ)
アルジェリア
リビア
(63)エジプト
バーレーン
⑳パキスタン
⑯ネパール
ブータン
③中華人民共和国
⑥朝鮮民主主義人民共和国
②大韓民国
①日
㉗カタール
⑲インド
④台湾(中国)
⑤香港(中
モーリタニア
マリ
ニジェール
チャド
スーダン
㉘サウジアラビア
オマーン
⑭ミャンマー
ラオス
カーボベルデ
セネガル
ガンビア
ギニアビサウ
ギニア
シエラレオネ
リベリア
ブルキナファソ
(66)ガーナ
ベナン
トーゴ
(68)ナイジェリア
コートジボワール
エリトリア
イエメン
㉙アラブ首長国
⑱バングラデシュ
⑧タイ
⑬カンボジア
⑦ベトナム
⑩フィリピン
ジブチ
中央アフリカ
南スーダン
(65)エチオピア
ソマリア
カメルーン
赤道ギニア
ガボン
コンゴ共和国
サントメ・プリンシペ
㉑スリランカ
ブルネイ
⑪マレーシア
パプアニューギニア
パラ
ウガンダ
(67)ケニア
ルワンダ
ブルンジ
コンゴ民主共和国
タンザニア
モルジブ
インド洋
⑫シンガポール
⑨インドネシア
セイシェル
コモロ
マラウイ
アンゴラ
ザンビア
⑮東ティモール
モザンビーク
マダガスカル
ジンバブエ
ナミビア
ボツワナ
モーリシャス
エスワティニ
(64)南アフリカ共和国
レソト
(69)オーストラリア
●ヨーロッパ南部拡大図
チェコ
スロバキア
ウクライナ
オーストリア
ハンガリー
モルドバ
スロベニア
クロアチア
ルーマニア
イタリア
サンマリノ
セルビア
コソボ
ブルガリア
㊽バチカン
北マケドニア
アルバニア
ギリシア
㊻ボスニア・ヘルツェゴビナ
㊼モンテネグロ
トルコ

世界にはおよそ200の国と地域があります。日本とのつながりが深く、新聞やテレビでよく目にする国もあれば、「その国はいったいどこにあるのだろう？」と思うようななじみのない国もあるでしょう。次のページからは、「日本とのつながりが深い国」を中心に、基本的なデータを載せています。本書の記事・解説に出てきた国、日ごろの学習の中で出てきた国などを、ふりかえってみましょう。

グリーンランド
（デンマーク）

アラスカ
（アメリカ合衆国）

54 カナダ

太平洋

53 アメリカ合衆国

大西洋

ハワイ諸島
（アメリカ合衆国）

バハマ
ドミニカ共和国
プエルトリコ
（アメリカ合衆国）
56 メキシコ
55 キューバ
ジャマイカ ハイチ
アンティグア・バーブーダ
ベリーズ
セントクリストファー・ネイビス
ドミニカ国
グアテマラ
ホンジュラス
セントルシア
セントビンセント・グレナディーン
エルサルバドル
ニカラグア
バルバドス
コスタリカ
グレナダ
トリニダード・トバゴ
57 パナマ
ベネズエラ
スリナム
コロンビア
ギアナ（フランス）
ガイアナ
60 エクアドル
ネシア連邦 マーシャル諸島

ナウル
ツバル
キリバス
ソロモン
サモア
61 ペルー
58 ブラジル
バヌアツ
フィジー
ボリビア
ニューカレドニア島
（フランス）
トンガ
ニウエ
パラグアイ
62 チリ
ウルグアイ
59 アルゼンチン

70 ニュージーランド

世界のおもな国のデータ集

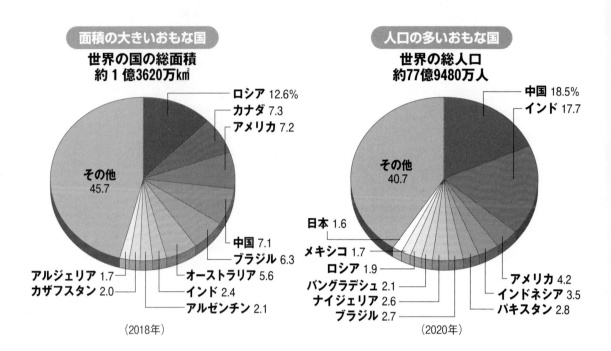

面積の大きいおもな国

**世界の国の総面積
約1億3620万km²**

- ロシア 12.6%
- カナダ 7.3
- アメリカ 7.2
- その他 45.7
- 中国 7.1
- ブラジル 6.3
- オーストラリア 5.6
- インド 2.4
- アルゼンチン 2.1
- アルジェリア 1.7
- カザフスタン 2.0

（2018年）

人口の多いおもな国

**世界の総人口
約77億9480万人**

- 中国 18.5%
- インド 17.7
- その他 40.7
- 日本 1.6
- メキシコ 1.7
- ロシア 1.9
- バングラデシュ 2.1
- ナイジェリア 2.6
- ブラジル 2.7
- アメリカ 4.2
- インドネシア 3.5
- パキスタン 2.8

（2020年）

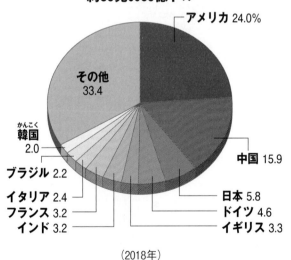

GDPの多いおもな国

**世界計
約85兆6933億ドル**

- アメリカ 24.0%
- その他 33.4
- 韓国 2.0
- ブラジル 2.2
- イタリア 2.4
- フランス 3.2
- インド 3.2
- 中国 15.9
- 日本 5.8
- ドイツ 4.6
- イギリス 3.3

（2018年）

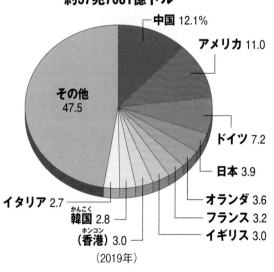

貿易額の多いおもな国

**世界計
約37兆7081億ドル**

- 中国 12.1%
- アメリカ 11.0
- その他 47.5
- ドイツ 7.2
- 日本 3.9
- オランダ 3.6
- フランス 3.2
- イギリス 3.0
- イタリア 2.7
- 韓国 2.8
- (香港) 3.0

（2019年）

面積は『日本国勢図会2020/21』より。総面積は2015年データ
人口・GDP・貿易額『世界国勢図会2020/21』より
※中国は台湾・香港・マカオをふくまない数値

国名	首都	面積 (2018年)	人口 (2020年)	国内総生産 (2018年)	1人あたり所得※ (2018年)
アジア					
❶ 日本	東京	37.8万㎢	1億2648万人	4兆9713億ドル	40529ドル
❷ 大韓民国	ソウル	10.0万㎢	5127万人	1兆7205億ドル	33710ドル
❸ 中華人民共和国	ペキン（北京）	960.0万㎢	14億3932万人	13兆6082億ドル	9496ドル
❹ 台湾	タイペイ（台北）	3.6万㎢	2382万人	6082億ドル	26376ドル
❺ 香港	―	0.11万㎢	750万人	3627億ドル	51650ドル
❻ 朝鮮民主主義人民共和国	ピョンヤン（平壌）	12.1万㎢	2382万人	175億ドル	689ドル
❼ ベトナム	ハノイ	33.1万㎢	9734万人	2449億ドル	2440ドル
❽ タイ	バンコク	51.3万㎢	6980万人	5050億ドル	6925ドル
❾ インドネシア	ジャカルタ	191.1万㎢	2億7352万人	1兆 422億ドル	3773ドル
❿ フィリピン	マニラ	30.0万㎢	1億 958万人	3309億ドル	3723ドル
⓫ マレーシア	クアラルンプール	33.1万㎢	3237万人	3586億ドル	10968ドル
⓬ シンガポール	なし（都市国家）	0.07万㎢	585万人	3611億ドル	58462ドル
⓭ カンボジア	プノンペン	18.1万㎢	1672万人	246億ドル	1419ドル
⓮ ミャンマー	ネーピードー	67.7万㎢	5441万人	727億ドル	1350ドル
⓯ 東ティモール	ディリ	1.5万㎢	132万人	26億ドル	1862ドル
⓰ ネパール	カトマンズ	14.7万㎢	2914万人	278億ドル	998ドル
⓱ モンゴル	ウランバートル	156.4万㎢	328万人	130億ドル	3650ドル
⓲ バングラデシュ	ダッカ	14.8万㎢	1億6469万人	2696億ドル	1747ドル
⓳ インド	ニューデリー	328.7万㎢	13億8000万人	2兆7794億ドル	2034ドル
⓴ パキスタン	イスラマバード	79.6万㎢	2億2089万人	2823億ドル	1401ドル
㉑ スリランカ	スリ・ジャヤワルダナプラ・コッテ	6.6万㎢	2141万人	889億ドル	4076ドル
㉒ アフガニスタン	カブール	65.3万㎢	3893万人	205億ドル	555ドル
㉓ トルコ	アンカラ	78.4万㎢	8434万人	7714億ドル	9225ドル
㉔ イラン	テヘラン	162.9万㎢	8399万人	4731億ドル	5804ドル
㉕ イラク	バグダッド	43.5万㎢	4022万人	2123億ドル	5477ドル

※国民総所得（GNI）

国名	首都	面積 (2018年)	人口 (2020年)	国内総生産 (2018年)	1人あたり所得※ (2018年)
㉖ クウェート	クウェート	1.8万km²	427万人	1417億ドル	39687ドル
㉗ カタール	ドーハ	1.2万km²	288万人	1914億ドル	67680ドル
㉘ サウジアラビア	リヤド	220.7万km²	3481万人	7825億ドル	23450ドル
㉙ アラブ首長国連邦	アブダビ	7.1万km²	989万人	4142億ドル	43211ドル
㉚ イスラエル	エルサレム	2.2万km²	866万人	3706億ドル	44238ドル
㉛ シリア	ダマスカス	18.5万km²	1750万人	166億ドル	793ドル
ヨーロッパ					
㉜ イギリス	ロンドン	24.2万km²	6789万人	2兆8553億ドル	41953ドル
㉝ フランス	パリ	55.2万km²	6527万人	2兆7789億ドル	42289ドル
㉞ ドイツ	ベルリン	35.8万km²	8378万人	3兆9495億ドル	48843ドル
㉟ イタリア	ローマ	30.2万km²	6046万人	2兆849億ドル	34762ドル
㊱ ロシア	モスクワ	1709.8万km²	1億4593万人	1兆6605億ドル	11110ドル
㊲ オランダ	アムステルダム	4.2万km²	1714万人	9141億ドル	54115ドル
㊳ ベルギー	ブリュッセル	3.1万km²	1159万人	5430億ドル	47597ドル
㊴ ルクセンブルク	ルクセンブルク	0.26万km²	63万人	709億ドル	74768ドル
㊵ スペイン	マドリード	50.6万km²	4676万人	1兆4197億ドル	30474ドル
㊶ ポルトガル	リスボン	9.2万km²	1020万人	2408億ドル	22961ドル
㊷ スイス	ベルン	4.1万km²	866万人	7051億ドル	82933ドル
㊸ オーストリア	ウィーン	8.4万km²	901万人	4555億ドル	51090ドル
㊹ ポーランド	ワルシャワ	31.3万km²	3785万人	5857億ドル	14791ドル
㊺ ギリシャ	アテネ	13.2万km²	1042万人	2181億ドル	20604ドル
㊻ ボスニア・ヘルツェゴビナ	サラエボ	5.1万km²	328万人	198億ドル	5921ドル
㊼ モンテネグロ	ポドゴリツァ	1.4万km²	63万人	55億ドル	8875ドル
㊽ バチカン	なし(都市国家)	0.00004万km²	0.08万人	—	—
㊾ デンマーク	コペンハーゲン	4.3万km²	579万人	3557億ドル	62659ドル
㊿ スウェーデン	ストックホルム	43.9万km²	1010万人	5561億ドル	56632ドル

※国民総所得(GNI)

国名	首都	面積（2018年）	人口（2020年）	国内総生産（2018年）	1人あたり所得※（2018年）
(51) ノルウェー	オスロ	32.4万km²	542万人	4342億ドル	84806ドル
(52) フィンランド	ヘルシンキ	33.7万km²	554万人	2769億ドル	50301ドル
北米					
(53) アメリカ合衆国（がっしゅうこく）	ワシントンD.C.	983.4万km²	3億3100万人	20兆5802億ドル	63704ドル
(54) カナダ	オタワ	998.5万km²	3774万人	1兆7126億ドル	45598ドル
中南米					
(55) キューバ	ハバナ	11.0万km²	1133万人	1000億ドル	8698ドル
(56) メキシコ	メキシコシティ	196.4万km²	1億2893万人	1兆2234億ドル	9466ドル
(57) パナマ	パナマシティー	7.5万km²	432万人	651億ドル	14123ドル
(58) ブラジル	ブラジリア	851.6万km²	2億1256万人	1兆8686億ドル	8785ドル
(59) アルゼンチン	ブエノスアイレス	279.6万km²	4520万人	5185億ドル	11292ドル
(60) エクアドル	キト	25.7万km²	1764万人	1084億ドル	6197ドル
(61) ペルー	リマ	128.5万km²	3297万人	2222億ドル	6627ドル
(62) チリ	サンティアゴ	75.6万km²	1912万人	2982億ドル	15270ドル
アフリカ					
(63) エジプト	カイロ	100.2万km²	1億 233万人	2498億ドル	2474ドル
(64) 南アフリカ	プレトリア	122.1万km²	5931万人	3681億ドル	6168ドル
(65) エチオピア	アディスアベバ	110.4万km²	1億1496万人	803億ドル	731ドル
(66) ガーナ	アクラ	23.9万km²	3107万人	655億ドル	2158ドル
(67) ケニア	ナイロビ	59.2万km²	5377万人	879億ドル	1696ドル
(68) ナイジェリア	アブジャ	92.4万km²	2億 614万人	4218億ドル	1976ドル
オセアニア					
(69) オーストラリア	キャンベラ	769.2万km²	2550万人	1兆4539億ドル	56396ドル
(70) ニュージーランド	ウェリントン	26.8万km²	482万人	2079億ドル	42724ドル

『世界国勢図会2020／21』より。中国は台湾・香港・マカオをふくまない数値

★がついている用語は、とくに2020年のニュースに関連したホットワードです。

さまざまなアルファベット略称

経済指標

GDP	Gross Domestic Product	国内総生産
GNP	Gross National Product	国民総生産
GNI	Gross National Income	国民総所得

国連の機関や活動

FAO	Food and Agriculture Organization	国際連合食糧農業機関
IAEA	International Atomic Energy Agency	国際原子力機関
ICOMOS	International Council on Monuments and Sites	国際記念物遺跡会議
PKO	United Nations Peacekeeping Operations	平和維持活動
UNEP	United Nations Environment Programme	国際連合環境計画
UNESCO	United Nations Educational, Scientific and Cultural Organization	国際連合教育科学文化機関
UNHCR	Office of the United Nations High Commissioner for Refugees	国際連合難民高等弁務官事務所
UNICEF	United Nations Children's Fund	国際連合児童基金
WHO	World Health Organization	世界保健機関
WTO	World Trade Organization	世界貿易機関

地域の結びつき

ASEAN	Association of South - East Asian Nations	東南アジア諸国連合
EU	European Union	欧州連合
BRICS	Brazil, Russia, India, China, South Africa	ブリックス

貿易協定・経済連携

APEC	Asia Pacific Economic Cooperation	アジア太平洋経済協力
EPA	Economic Partnership Agreement	経済連携協定
FTA	Free Trade Agreement	自由貿易協定
TPP	Trans-Pacific Partnership Agreement	環太平洋経済連携協定

条約・目標

NPT	Treaty on the Non-Proliferation of Nuclear Weapons	核（兵器）拡散防止条約
CTBT	Comprehensive Nuclear Test Ban Treaty	包括的核実験禁止条約
TPNW	Treaty on the Prohibition of Nuclear Weapons	核兵器禁止条約
MDGs	Millennium Development Goals	ミレニアム開発目標
SDGs	Sustainable Development Goals	持続可能な開発目標

その他

AIIB	Asian Infrastructure Investment Bank	アジアインフラ投資銀行
ICBM	Intercontinental Ballistic Missile	大陸間弾道ミサイル
IOC	International Olympic Committee	国際オリンピック委員会
IS	Islamic State	イスラム国
JAXA	Japan Aerospace eXploration Agency	宇宙航空研究開発機構
LCC	Low-cost carrier	格安航空会社
NGO	Non-Governmental Organizations	非政府組織
NPO	Nonprofit Organization	非営利団体
ODA	Official Development Assistance	政府開発援助
SNS	Social Networking Service	ソーシャルネットワーキングサービス

IR(統合型リゾート)実施法

IR（統合型リゾート）とは、国際展示場・劇場・ホテル・レストラン・ショッピングセンターなどが一体となった施設をいい、とくにカジノがふくまれるものをさす。IR実施法は、カジノ広告を出せる場所を空港や港の一部のエリアに限定したり、カジノの面積が施設全体に占める割合を限定したりするなど、施設を建設・運営していくための基準を定めた法律である。

IoT(アイオーティー)

テレビ、冷蔵庫などの電化製品や自動車、医療機器といった情報通信機器以外の多種多様な「モノ」がインターネットに接続され、相互に情報をやり取りすることをいう。日本語では「モノのインターネット」とよばれる。これにより、外出先からエアコンやテレビを操作したり、家の医療機器の情報をかかりつけの病院と共有したりすることが可能になる。また、自動車では、車に設置されたセンサーがインターネットとつながることにより、位置情報や走行状況などのデータをAIが分析、その結果が車に返されることで、データに応じた安全な運転が可能になり、完全自動運転の実現につながるといわれている。

アジアインフラ投資銀行(AIIB)

中国が主導して設立した国際開発金融機関。発展途上国の産業の育成や発展のため、必要な資金を供給する機関で、イギリスやドイツ、フランスなどヨーロッパの主要な国をふくむ57か国を創設メンバーとして2015年12月に設立された。2020年9月現在103の国と地域が参加している。日本やアメリカはすでにアジア開発銀行（ADB）を通じてアジアの経済開発をリードしてきたこともあり、不参加を表明している。

アジア太平洋経済協力(APEC)

太平洋を取り囲む地域の経済協力についての協議体で、オーストラリアが提唱し、日本・アメリカ・カナダ・オーストラリア・ニュージーランド・韓国と当時の東南アジア諸国連合（ASEAN）6か国（インドネシア・マレーシア・フィリピン・シンガポール・タイ・ブルネイ）の12か国で、1989年に発足した。その後、中国・台湾・香港・パプアニューギニア・メキシコ・チリ・ベトナム・ロシア・ペルーが加わり、現在21の国と地域が参加している。参加国間での貿易自由化の推進や経済・技術協力などの活動を進めている。

アダムズ方式

選挙区ごとの議席を配分する方法のひとつで、各都道府県の人口を「ある数」でわり、商の小数点以下を切り上げて定数とする。「ある数」は合計定数と合うように調整して決める。

たとえば、A県（人口250万人）、B県（人口200万人）、C県（人口150万人）の3つの県からなる国で、議員定数10を配分するとした場合を考えてみよう。この国の総人口は600万人、議員定数は10なので、議員1人あたりの人口は60万人になる。これを基準値として、各県の人口を60万でわって小数点以下を切り上げると、A県は5、B県は4、C県は3になる。これだと定数を超えてしまうので、基準値を調整する必要がある。基準値を65万にしても合計11である。70万にすると、A県は4、B県は3、C県は3で、ちょうど10になる。このように、最適な基準値をさがして、定数に合うように議席を配分していく。

■1議席当たりの基準値が65万		
	計算式	配分議席
A県	250万人÷65万=3.846…	4
B県	200万人÷65万=3.076…	4
C県	150万人÷65万=2.307…	3
→×定数より1多い11に		

■1議席当たりの基準値が70万		
A県	250万人÷70万＝3.571…	4
B県	200万人÷70万＝2.857…	3
C県	150万人÷70万＝2.142…	3
→〇定数通り10		

■1議席当たりの基準値が75万		
A県	250万人÷75万＝3.333…	4
B県	200万人÷75万＝2.666…	3
C県	150万人÷75万＝2	2
→×定数より1少ない9に		

アベノミクス

　安倍晋三前内閣総理大臣が第2次安倍内閣において打ち出した、経済政策のこと。安倍（アベ）とエコノミクス（経済学）を合わせた造語である。日本経済の足を引っぱっているとされるデフレーションからの脱却を目指し、3つの柱からなる経済政策を進めた。3つの柱とは金融緩和・財政出動・成長戦略のことで、戦国武将の毛利元就の逸話を引用して「三本の矢」ともよばれる。

アラブの春

　2010年暮れ、チュニジアで起きた民主化運動をはじめとした、アラブ諸国で現政権に対して行われた国民の抗議行動などのこと。エジプトやリビアでも同様の抗議行動が起こり、大統領や指導者が失脚した。指導者が代わり民主化が達成されたかに見えたが、その後の政権運営においても、混乱が続いたり、内戦に発展したりした国もある。

安全保障関連法

　自衛隊法や国際平和協力法など10の法律をまとめた「平和安全法制整備法」と、「国際平和支援法」から構成される。おもな内容としては、「集団的自衛権を認める」「自衛隊の活動範囲や、使用できる武器を拡大する」「在外邦人の救出やアメリカの艦船の防護を行えるようにする」ことなどがもりこまれている。日本国憲法の平和主義の原則との整合性への疑問や、戦争につながるのではないかという心配などから多くの反対意見もあがった。2015年9月に成立、2016年3月に施行された。

育児休業制度

　父親や母親など、子どもを養育する労働者が、働くことを継続しながら育児のために一定期間休業できる制度のことで、1991年の育児休業法（1995年に育児・介護休業法に改正）で定められた。この制度は人口減少にともなう労働力不足をおぎなうために、育児をしながらでも働ける環境をつくる目的がある。しかし、社会問題でもあるマタニティハラスメントや待機児童を理由とする離職が減らないことなどから、政府は法律の改正をくり返し行っている。2017年にも男女雇用機会均等法、育児・介護休業法の改正が行われ、妊娠・出産・育児休業に関するハラスメントについて事業者に相談窓口の設置を義務づけたり、保育園に入れない場合に育児休業期間を延長できるようにしたりするなど、育児を行う労働者が働きやすい環境づくりを進めている。

イコモス（ICOMOS）

　イコモスとは、ユネスコの諮問機関のひとつである国際記念物遺跡会議（ICOMOS）のことで、人類の遺跡や建造物の保存を目的とする国際的なNGO（非政府組織）である。世界遺産は、各国が推薦する候補の中から、年に1回開催される世界遺産委員会で決定するが、この決定にあたり、専門機関の現地調査による評価が必要となるため、イコモスが世界遺産として各国から推薦された文化遺産に対して、専門的な評価、調査を行う。自然遺産の評価については、国際自然保護連合（IUCN）が行っている。

イスラム教

　キリスト教・仏教とともに世界三大宗教のひとつで、7世紀にムハンマド（マホメット）により始まったとされる。教典のコーラン（ク

ルアーン）では、唯一の神アラーを信仰することや、日常生活でのきびしい戒律が課せられており、１日５回の礼拝やラマダンとよばれる断食月、一生に一度の聖地メッカ（サウジアラビア）への巡礼などが義務とされている。また女性は家族以外の男性に肌や髪の毛を見せてはいけないとされ、外出時にはヒジャブ、ブルカなどといわれる布をまいてかくしている。食生活では、豚肉を食べることが禁止され、飲酒も認められていない。近年ではイスラム教の戒律にそった食材などのハラール認証を受ける店も世界各国で増えてきている。（→「ハラール」参照）

● イスラム国（IS、ISIL）

　イスラム教の一派スンニ派の過激派組織。イラク戦争後の2006年ごろに国際テロ組織アルカイダ系の勢力が合流してできた。2014年６月にイラクからシリアにかけての一帯で一方的に国家の樹立を宣言、イスラム国と名乗った。現在はイスラム教国家との混同をさけるため、IS（イスラミックステート）などとよぶ。異なる宗派や宗教の人びとの虐殺、誘拐や略奪などをくり返し、一時はイラク・シリアの領土の広範囲を支配。略奪や外国から集めた豊富な資金と、ITを駆使して、世界中から戦闘員を募集し組織の規模を拡大させていた。2019年10月、米軍の急襲により最高指導者バグダーディーが死亡し、支配地域が縮小している。

● 一帯一路

　中華人民共和国の習近平国家主席が推進している経済・外交圏の構想のこと。中国からヨーロッパを陸路で結ぶ「シルクロード経済ベルト」（一帯）と、中国沿岸部から東南アジア―インド―アフリカ―ヨーロッパを海路で結ぶ「21世紀海上シルクロード」（一路）からなる。経済政策やインフラ、投資・貿易などの分野で、交易の拡大や経済の活性化をは

かることがねらいである。60か国以上の国・地域で、高速道路や鉄道、港湾などの交通や通信網などのインフラ整備を進めているが、これを資金面で支援するためにアジアインフラ投資銀行（AIIB）などが中国の主導で設立されている。（→「アジアインフラ投資銀行（AIIB）」参照）

● 遺伝子組み換え作物

　別の植物の遺伝子を組みこむことで、害虫や除草剤への抵抗力を強めた作物のこと。作物の手入れが楽になったり、収穫量が増加したりする期待がある反面、長期間食用とされた場合に、人体にあたえる影響を心配する見方もある。現在アメリカ国内で生産される大豆の９割以上が遺伝子組み換えであるとされ、アメリカからの穀物の輸入量が多い日本でも、不安を感じる消費者もいる。

遺伝子組み換えのしくみ

● インバウンド

　外国人の訪日旅行や訪日旅行者を指すことばである。国は訪日外国人の増加を目指し、2007年に観光立国推進基本法を施行し、翌2008年には観光庁を設置した。その結果、2005年に670万人であった訪日外国人旅行者数は、2015年には1970万人となり、45年ぶりに日本人海外旅行者数を上回った。2019年には3190万人で過去最高を記録したが、2020年は新型コロナの影響で激減した。

インフラ（インフラストラクチャ）

社会における人の活動の基盤となる港湾、鉄道、自動車道などの輸送施設や電信・電話などの通信施設といった、長い間変化の少ない施設や制度のこと。最近は、情報化社会に欠かせない通信機器や回線などもインフラとよばれるようになった。

インフレ（インフレーション）

物価が続けて上がっている状態のこと。好景気のときには、生産が増える以上に、消費者が物を買う量や企業の設備投資が増えるために、インフレになりやすい。この逆で、物価が続けて下がっている状態をデフレ（デフレーション）という。

宇宙航空研究開発機構（ＪＡＸＡ）

日本に複数存在していた、宇宙開発利用と航空研究開発の組織を統合して2003年に設立された宇宙開発に関する総合機関。2010年に地球に帰還して話題になった小惑星探査機「はやぶさ」や、現在国際宇宙ステーションにドッキングして稼働中の有人宇宙実験棟「きぼう」、資源などを宇宙ステーションに送りとどける宇宙ステーション補給機「こうのとり」などの実績がある。

エーアイ（ＡＩ）

人工知能（Artificial Intelligence）の略称で、人間がもつ認知や推論のはたらきをコンピューターに行わせる技術やシステムのこと。ビッグデータとよばれる大量の情報からコンピューター自身が学習を深めていく深層学習（ディープラーニング）とよばれる技術がそれを支えている。

液状化現象

地震の揺れによって、地表付近の水をふくんだ地層が、泥水のような液体状になる現象。液体状になった地中の砂や水が地上にふき出

したり、道路や建物がしずんだりするなどの被害が出る。海岸や川のそばの埋め立て地などで起こりやすいが、内陸でもかつて沼や田んぼであったところを埋め立てた場所で起こりやすい。震源から遠く、地震の揺れによる直接の被害は少ない地域でも発生することがあり、大きな問題となっている。

エッセンシャルワーカー

英語の「エッセンシャル（essential）＝必要不可欠な」と「ワーカー（worker）＝労働者」を組み合わせたことば。社会の機能を維持するために欠かせない仕事をする人という意味で、医療関係者をはじめ、食料生産にたずさわる人、物流を担うトラックの運転手、ゴミ収集係、スーパーの店員などがエッセンシャルワーカーの具体例である。

エルニーニョ現象

南アメリカ大陸のペルーやエクアドル沖の赤道にそった広い海域で、海面水温が平年よりも１～２℃程度高くなる現象をエルニーニョ現象という。この現象は、世界の気候に連鎖的な影響をあたえ、各地に例年にない高温や低温、あるいは豪雨や干ばつなどの異常気象を引き起こす。日本では、梅雨明けがおくれる、局地的に大雨がふる、冷夏になるなどの傾向があるともいわれる。

なお、南米沖の海域で、逆に海水温が例年よりも１～２℃程度低くなる現象を「ラニーニャ現象」とよぶ。

冤罪

無実であるのに、有罪とされたり、犯罪者としてあつかわれたりすること。科学的捜査の限界によるもののほか、捜査機関による取り調べでの自白の強要や虚偽の調書作成などが原因として指摘されている。冤罪とうたがわれても判決確定後の再審には新しい証拠などが必要で、実際に再審が認められることは

非常に難しい。現在は冤罪を防ぐために、取り調べの可視化などが進められており、2019年6月から、裁判員裁判の対象となるすべての事件での録音・録画が義務化された。

● オスプレイ

米軍などが使用している輸送機で、プロペラ機のような高速・長距離の飛行と、ヘリコプターのような垂直方向の離着陸の両方ができる。オスプレイとはミサゴという鳥（英語で「Osprey」）からついた通称。事故率が高いことから、日本への配備に対して沖縄の基地周辺など各地で反対運動が起きたが、2012年に米軍普天間基地、2018年には米軍横田基地、2020年7月には自衛隊の木更津駐屯地に暫定的に配備された。

● 温室効果ガス

赤外線を吸収し、再び放出するはたらきのある気体の総称で、温室のように太陽からの熱をとじこめる。大気中にこれらのガスが増えすぎると保温効果が高まり、地球温暖化の原因となる。おもな温室効果ガスには二酸化炭素（CO_2）をはじめ、メタン、亜酸化窒素、オゾン、フロンなどがある。

● オンブズマン

行政機関に対する苦情処理や行政活動の監視などを行う人のこと。日本においては、議会や首長から任命される公的なオンブズマンのほか、市民の立場から行政の不正行為や税金のむだ遣いなどを監視する市民オンブズマンがある。

● オンライン

コンピューターがネットワークやほかのコンピューターに接続されている状態を指す。ネットワークは、インターネットだけでなく社内や学校内など限られた範囲のネットワークの場合もある。インターネットの世界のことをオンラインと表現することも多く、オンラインショッピング、オンラインゲームなどがその例である。

か

● 介護保険

高齢化、少子化、核家族化が進んで家族だけでは難しくなってきたお年寄りの介護を社会全体で支えていこうという制度で、2000年4月から始まった。40歳以上の全国民が保険料をはらい、おもに65歳以上が、審査を受けて決められたランクに見合った、在宅や施設での介護サービスを受ける。

サービスは、在宅サービスと施設サービスの2つに大別されるが、介護保険の本来の目的は、在宅で高齢者の能力に応じた自立を支え、また、介護に携わっている家族の負担を少なくしようとするものであるため、ホームヘルパーなどによる在宅サービスが中心となっている。市町村単位で保険の運営を行うため、認定基準や保険料、サービスの質がばらつくなど課題は多い。

● 核（兵器）拡散防止条約（NPT）

1968年に国連総会で採択され、1970年に発効した。核兵器を持っていない国が核兵器を新たに保有すること、核兵器を持っている国が核兵器を持っていない国に核兵器や製造技術をわたすことを禁止した条約である。しかし、核を保有している、または保有がうたがわれているインド、パキスタン、イスラエルなどは加盟しておらず、加盟していた朝鮮民主主義人民共和国（北朝鮮）は1993年と2003年に脱退を表明している。1995年5月、この条約の無期限延長が採択されたが、その後、加盟をこばんできたインドとパキスタンが相次いで核実験を行い、条約の持つ力が失われてきている。

核兵器禁止条約

核兵器の使用や開発、実験、生産、製造、保有などを禁止する条約で、2017年7月に国連本部で採択された。「核を使用する」と威嚇することも禁じており、核保有国が主張する核抑止の考え方を否定する内容となっている。太平洋戦争中に日本に原子爆弾が投下されてから、核兵器を違法とする条約が国連で採択されるのは初めて。前文には核兵器が人道的に許されないことや、ヒバクシャという文言がもりこまれた。交渉会議には国連加盟国193のうち129が参加、122の賛成多数で条約が採択されたが、すべての核保有国や、アメリカの核の傘に入っている日本、韓国、ドイツなどは参加していない。

2020年9月、マルタが批准手続きを終えたことで、批准した国・地域は45となった。条約の発効には50か国・地域の批准が必要である。

条約の交渉会議に対する各国の立場

参加	不参加	
アメリカの「核の傘」に入らない非核保有国など	核保有国	
オーストリア	ロシア	アメリカ
メキシコ	フランス	中国
ブラジル	イギリス	
南アフリカ	実質的核保有国	
スイス	インド	パキスタン
スウェーデン	北朝鮮	イスラエル
エジプト		
インドネシア	アメリカの「核の傘」に依存	
など129か国	日本	ドイツ
	韓国	ポーランド
	イタリア	カナダ

格安航空会社(LCC)

サービスを最低限にしたり深夜早朝などの発着にしたりすることで運航費用を節約し、低価格で航空輸送サービスを提供する航空会社のこと。ローコストキャリア(Low Cost Carrier)を略してLCCとよばれる。手厚いサービスや快適な機内環境よりも、安い価格での移動を求めて、世界各国で需要が増加しており、日本でも成田国際空港など各地に

LCC専用のターミナルがつくられている。

化石燃料

石油、石炭、天然ガスなど地球の長い歴史の中で形成された地下資源のこと。いずれも古い時代の動植物が死んだり、かれたりしてできたものである。

石油(原油)は、何百万年もの長い年月をかけて海底にプランクトンの死骸や海草が積もってできたもの。石炭は、陸地が森林におおわれていた3億5千万年ほど前、植物が地下にうもれ、分解し炭化したもの。天然ガスは、原油といっしょにつくられる気体である。

観光庁

観光立国の実現を目指し、魅力ある観光地をつくることや、外国に向けてその魅力を発信することを任務とする機関で、2008年10月に国土交通省の外局として設置された。当初の目標であった、年間訪日外国人旅行者2000万人を2016年に達成したが、2020年は新型コロナの影響で激減。現在は観光関連産業の雇用の維持や事業の継続を最優先に取り組むほか、国内需要を増やすことに力を入れている。

環太平洋経済連携協定(TPP)

2006年に太平洋を囲む4か国(シンガポール・ニュージーランド・チリ・ブルネイ)が関税の撤廃などについて結んだ経済協定。その後、8か国(アメリカ・オーストラリア・ペルー・ベトナム・マレーシア・メキシコ・カナダ・日本)が参加の意向を示し、12か国での交渉が行われていた。2016年に各国が署名し、発効を目指していたが、2017年にアメリカのトランプ大統領が離脱を表明。その後、アメリカをのぞく11か国での会合が進められ、2018年3月にTPP11として各国が署名し、同年12月に発効した。環太平洋パートナーシップ協定ともいう。

義援金

大きな災害が発生した際に、被災者に現金をとどけるために寄付されるお金を義援金という。一方で、被災地で活動を行っている機関や団体に活動資金として寄付されるお金は支援金という。東日本大震災では海外からの義援金も多数寄せられ、中でも台湾からは200億円を超える多額の義援金が寄せられた。

京都議定書

1997年12月に開かれた地球温暖化防止京都会議（第3回気候変動枠組み条約締約国会議：COP3）で採択された議定書。この議定書では、先進国全体の温室効果ガスの排出量を、2008年から2012年までの間で、1990年時よりも5.2％減らすことを目標とした。各国では、EUが8％、アメリカが7％、日本とカナダが6％の削減を求められた。

2012年末で第一約束期間が終了したが、アメリカがとちゅうで離脱、中国に削減目標が課せられていないなど議定書の実効性を疑問視する意見も多かった。その後、第二約束期間に関する合意がなされたものの、すべての国が参加しなければ公平性にも実効性にも欠けるとして日本は不参加を表明。その後、新しい枠組みづくりはなかなか進まずにいたが、2016年に先進国だけでなく発展途上国にも対策を義務づけたパリ協定が発効した。

緊急地震速報

地震の震源地や規模を予測し、大きな揺れが来る直前に気象庁が発表する予報・警報のこと。震度5弱以上と予測されたときに警報を発表する。予測震度に誤差が出ることもあるうえ、警報が出てから揺れが来るまで通常数秒程度しかないが、身をかくす・火を消すなど最低限の回避行動をとることで、地震の被害を減らすことに役立っている。

緊急事態宣言

2020年4月7日に、新型コロナウイルス感染症対策の特別措置法にもとづき政府から発令された1か月半にわたる措置。これにより、都道府県知事が、住民に対して、必要な要請・指示ができるようになった。対象地域は、はじめは東京都、埼玉県、千葉県、神奈川県、大阪府、兵庫県、福岡県の7都府県だったが、4月16日には、全国に広がった。5月14日から25日にかけてすべての都道府県で宣言が解除された。

緊急事態宣言で可能となる措置

・仕事や食べ物の買い出しなど必要な場合を除く外出自粛の要請

・学校や保育所の使用制限・停止の要請・指示

・多くの人が集まる施設の使用、イベント開催の制限・停止の要請・指示

・医薬品や食品の生産・販売・輸送業者らへの売り渡し要請・収用

・鉄道や日本郵便への緊急物資の運送要請

・臨時の医療施設の開設、土地・家屋の使用

クールビズ・ウォームビズ

2005年の京都議定書の発効を受け、温室効果ガスの二酸化炭素を削減するために環境省が提唱したライフスタイルのこと。夏はエアコンの設定温度を28℃以上にするようにすすめ、ネクタイをはずし上着を着ないファッションを、冬は暖房時の室温を20℃にして、衣食住を工夫することで快適に過ごすことを推奨している。「クール」はすずしい、「ウォーム」はあたたかい、「ビズ」はビジネスの意味で、新しいビジネススタイルという意味をふくんでいる。

クオータ制

議会などで、性別によるかたよりや不平等が出ないよう、あらかじめ議員全体にしめる男女の比率を決めておく「割り当て制」のこ

と。クオータとは英語で「割り当て」の意味である。議会に限らず、企業における女性役員の比率を決めることを指す場合もある。クオータ制の発祥地であるノルウェーでは、1988年に「4人以上の構成員からなるすべての審議・委員会・評議会などは任命・選挙を問わず、一方の性が40%以下となってはいけない」というきまりが設けられ、現在では女性の社会参加の割合が非常に高い国になっている。

軽減税率

食料品などの生活必需品などに課す消費税率を、本来よりも低く設定した税率のこと。日本では1989年に消費税が導入されて以降、同一の税率が適用されてきたが、消費税率が上がるとともに、低所得者層への負担がより重くなってきた。そこで、消費税が10%に引き上げられた2019年10月から、初めて軽減税率が適用された。酒類・外食をのぞく飲食料品全般と新聞の税率を8%のままとする。低所得者の負担は軽くなる一方で、対象品目の線引きが難しいといった課題もある。

経済連携協定（EPA）

FTAのような貿易の自由化以外にも、人の移動や投資の促進、知的財産の保護など、よりはば広い分野で経済関係を強化することを目的とした協定。日本は2019年2月現在、シンガポール・メキシコ・マレーシア・チリ・タイ・インドネシア・ブルネイ・ASEAN全体・フィリピン・スイス・ベトナム・インド・ペルー・オーストラリア・モンゴル・TPP11・EUとのEPAが発効している。TPP12は署名済みだが、アメリカの離脱により発効していない。

限界集落

過疎化がすすみ、住民にしめる高齢者（65歳以上）の割合が50%をこえ、共同体として生活を維持することがあやぶまれている集落のこと。山村や離島などに多く、集落としての機能を失うと、その集落は消滅に向かうとされている。

原子力規制委員会

環境省の外局として2012年9月に発足した組織。委員会の事務局として原子力規制庁がある。これまでは経済産業省の下で、原発を推進する資源エネルギー庁に、原発を規制する「原子力安全・保安院」が置かれていた。それを、この「原子力規制委員会」にまとめ、文部科学省や内閣府にあった原発の規制や監視の機能も移して、これにより原子力安全・保安院はなくなった。新しい安全基準のもとで、原発の再稼働の審査などを行っている。

公共事業

道路や港湾、河川の整備、ダムや発電所の建設など、国民の生活を支えるために、国や地方公共団体が行う事業のこと。公の生活を支えるだけでなく、工事を行う建設関連の企業に対しては新たな注文を生む効果が、また失業者などに対しては新たな雇用を生む効果があり、景気を回復させる働きがある。一方で、大規模な自然開発をともなうとともに、計画されたものの着工されていない事業、建設とちゅうで問題が発生し、長期間中断されている事業が数多く存在するなど、そのありかたが問われている。

皇室典範

皇位継承や天皇・皇族の身分など、皇室に関する事項を定めた法律で1947年に制定された。明治時代に制定された旧皇室典範は、大日本帝国憲法と同等の効力を持つ国の最高法規とされ、1889年に憲法と同時に制定されたが、現在の皇室典範は通常の法律のひとつとなっている。

Go To トラベル事業

　Go To トラベル事業は、旅行者・事業者の感染予防対策を中心に国民の健康や安全を第一とし、停滞している日本経済の再始動を図るために立ち上げられた事業である。具体的には、宿泊をともなう、または日帰りの国内旅行の代金総額の2分の1相当額を国が支援する。給付額のうち、70％は旅行代金の割引に、30％は旅行先で使える地域共通クーポンとしてあたえられる。7月22日出発から適用された。当初、感染が再び拡大し始めていた東京都を発着する旅行は適用外とされたが、10月1日出発の旅行から適用されることになった。

高齢社会

　国際連合の統計などでは、総人口にしめる65歳以上の人の割合（高齢化率）が、7％をこえると「高齢化社会」、14％をこえると「高齢社会」、21％をこえると「超高齢社会」と定義している。そして、高齢者人口の割合が7％から2倍の14％になるのにかかった年数が「高齢化の速度」を示すひとつのめやすとして用いられている。

　高齢者人口の割合が14％をこえている国を見ると、この年数はスウェーデンで85年、イタリアで60年、イギリスで50年、ドイツで45年、オーストリアで35年となっている。これに対して日本はわずか24年であり、日本の高齢化はたいへん速く進んでいることがわかる。日本は1995年に「高齢社会」に、2007年に「超高齢社会」になった。

国際オリンピック委員会（IOC）

　オリンピックを運営する国際組織。フランスの教育学者ピエール・ド・クーベルタンの提唱により、1894年にパリでつくられ、現在の本部はローザンヌ（スイス）に置かれている。毎年1回総会を開いて、開催地などを決定している。2013年9月にドイツのトーマス・バッハが会長に就任した。現在決定している2020年以降の開催都市は以下のとおり。

年	時期	都市（国）
2020年	夏季	東京（日本）2021年に延期予定
2022年	冬季	北京（中国）
2024年	夏季	パリ（フランス）
2026年	冬季	ミラノ／コルティナ・ダンペッツオ（イタリア）
2028年	夏季	ロサンゼルス（アメリカ）

国際原子力機関（IAEA）

　原子力の平和利用を進めることを目的に、1957年に国際連合のもとにつくられた国際機関。平和的に使われる原子力施設や核物質が、軍事に利用されていないことを確かめる核査察や、発展途上国に対する原子力の技術協力などの活動を行っている。この活動が評価され、2005年にIAEAとその事務局長のエルバラダイ氏がノーベル平和賞を受賞した。

国際貢献

　ODA（政府開発援助）や青年海外協力隊の派遣など、資金援助や人的貢献など、さまざまな形で国際社会に対する活動を行うことを国際貢献という。また、PKO（平和維持活動）や戦後処理などでの自衛隊の活動も重要な国際貢献の一環としてとらえられている。

国勢調査

　人口についての総合的な調査で、日本では総務省が行っている。第1回の国勢調査は1920年に行われ、以後5年ごとに実施されている。西暦の末尾が5の年は簡易調査が、0の年は調査項目数の多い本調査が行われる。2020年は国勢調査の年にあたる。2015年の調査では初めて、パソコンやスマートフォンで入力できるインターネット回答が導入された。

国内総生産（GDP）

（→「国民総生産」を参照）

国民総生産（GNP）

ある国の国民が、1年間に生産した「もの」や「サービス」を時価に換算した合計金額のこと。ただし、二重計算をさけるために、それをつくるのに使われた原材料の金額を差し引いてある。

これに対し、その国の国民に限らず、国内に居住する人びとの生産量で算出した金額を「国内総生産（GDP）」という。

どちらも国の経済の規模をはかる尺度として使われるが、海外工場での現地生産などが進んでいるため、現在では国内総生産（GDP）を使うことの方が多くなっている。

国連環境開発会議

1992年6月にブラジルのリオデジャネイロで開かれた、地球環境についての国際会議。183か国が参加し、その規模の大きさから「地球サミット」ともよばれた。地球温暖化、オゾン層の破壊、熱帯林減少などの地球環境問題についてはば広く議論され、「他国や将来の世代の利益をおかさないように開発をしなければならない」などとする宣言文や、そのための計画である「アジェンダ21」が採択された。

国連環境計画（UNEP）

国連人間環境会議での成果を行動に移すための機関として設立された。事務局はケニアの首都ナイロビにある。おもな仕事は、国際連合の環境に関する活動を取りまとめることである。また、ワシントン条約や生物多様性条約などの条約の管理も行っている。

国連教育科学文化機関（UNESCO）

教育、自然科学、社会・人文科学、文化、コミュニケーションにかかわる活動を通して、恒久的な平和を構築する目的で設立された国連の専門機関。世界の自然遺産や文化遺産の保護を目的とする「世界遺産条約」は、ユネス

コ総会で採択された。

国連児童基金（UNICEF）

貧困、暴力、病気、差別が子どもの人生にもたらす障害を克服するのを助ける目的をもつ国連機関。もともとは第二次世界大戦により深刻な栄養不良と逆境にあったヨーロッパの児童を対象として設立された機関であるが、のちに対象を発展途上国の児童への長期援助に切り替えて存続している。活動の指針となっているのは「子どもの権利条約（児童の権利に関する条約）」である。

国連食糧農業機関（FAO）

貧困と飢餓をなくすために、農業開発を促進するとともに、栄養状態を改善し、すべての人が活動的で健康な生活を営むために必要な食料を常に得られるようにすることを目指す国連の専門機関。

国連難民高等弁務官事務所（UNHCR）

世界の難民の保護と、難民問題の解決を目指す国際活動を先導し、調整するために、1950年に国連総会によって設立された機関。

国連人間環境会議

1972年に、スウェーデンの首都ストックホルムで開かれた、世界初の地球環境についての大規模な国際会議。「かけがえのない地球」を合い言葉として開かれ、「人間環境を保護し改善させることは、すべての政府の義務である」などの内容をふくむ「人間環境宣言」を採択した。

個人情報保護法

正式名称は「個人情報の保護に関する法律」。住所などの個人情報の利用拡大にともない、他人に知られたくない情報を保護するために制定された。個人情報の利用について国や地方公共団体、企業等の責任と義務を明ら

かにし、罰則も定められた。

子どもの権利条約

「児童の権利に関する条約」ともいう。18歳未満のすべての子どもについて、自由で平等な生活を送る権利を保障したもので、1989年に国連総会で採択された。とくに戦争で学校に行けなかったり、薬が不足して病気に苦しむ発展途上国の子どもたちを救うことを目的としている。日本は1994年に批准し、世界で158番目の批准国となった。

コンテナ輸送

鉄やアルミニウムなどでつくられた箱であるコンテナを使った貨物輸送のこと。一般的なコンテナのサイズは国際的に統一されており、このコンテナに対応した船や鉄道、自動車（トレーラー）であれば、異なる輸送手段であってもコンテナごと積みかえて輸送することが可能なため、荷物を移しかえる手間がいらず、コストの削減になる。世界的な貨物輸送量の増加とともに、世界各地で港湾設備が整備されており、コンテナ輸送は年々拡大している。

コンパクトシティ

都市の中心部に行政や商業の施設、住宅などの都市機能を集約した都市形態、またはその都市計画のこと。都市の拡大をおさえて小規模にすることで、行政の費用を削減するほか、地域の商店街の活性化や住民の利便性を向上させるねらいがある。

災害対策基本法

1959年の伊勢湾台風を契機につくられた日本の災害対策に関する法律。東日本大震災では、この法律にもとづき内閣総理大臣を本部長とする緊急災害対策本部が初めて設置され

た。また東日本大震災対策時の教訓などをもとに、改正も行われている。

再生可能エネルギー

自然の中でくり返し起こる現象から取り出すことができる、枯渇することのないエネルギーのこと。太陽光や太陽熱、水力、風力、地熱、波力などがふくまれる。二酸化炭素を排出せず、地域ごとの特性を生かして発電できるため、期待は大きい。

裁判員制度

一般の国民が刑事裁判に参加して裁判官といっしょに有罪・無罪を判断し、有罪の場合には刑罰を決める日本の制度。対象となるのは、殺人や放火などの重大な刑事事件について地方裁判所で行われる第一審である。

裁判官は、専門的な知識が必要になるため法律の専門家が務めるもので、国民から選ばれることはない。そこで、司法を国民に開かれたものとするための制度改革が必要とされるようになり、市民が直接、裁判に参加する新制度として2009年5月より導入された。

サプライチェーン

おもに製造業において、原材料の調達に始まり、製品が生産・販売されて消費者にとどくまでの一連のつながりをいう。東日本大震災のときには、多くの部品を必要とする自動車産業でこれがとだえ、被害が深刻であった。なお、似た用語にコールドチェーンがあるが、こちらは生鮮食品や冷凍食品などを産地から消費地まで低温を維持しながら流通させるしくみをいう。

産業廃棄物

企業の生産などで生まれる廃棄物のうち、廃棄物処理法で定められた汚泥、動物のふん尿、建設廃材、鉱さいなどを指す。大都市から遠くはなれた山間部に処理場がつくられる

ことが多く、廃棄物からもれる有害な物質による環境汚染が問題となっている。

G20（ジートゥエンティー）

　"Group of Twenty" の略で、主要国首脳会議（サミット）に参加する7か国（G7とよばれるアメリカ、イギリス、フランス、ドイツ、イタリア、日本、カナダ）に、アルゼンチン、オーストラリア、ブラジル、中国、インド、インドネシア、韓国、メキシコ、ロシア、サウジアラビア、南アフリカ、トルコ、ヨーロッパ連合（EU）を加えた20か国・地域のこと。G20財務大臣・中央銀行総裁会議が1999年から原則年1回開催されていたが、2009年以降、世界的な金融危機をきっかけに開催頻度が増えている。また、2008年からはG20首脳会合も開催されている。

　2019年には日本が初めて議長国を務め、大阪で首脳会合が開催された。2020年は新型コロナのため、テレビ会議となった。

シェアリングエコノミー

　物やサービス、場所などを多くの人が共有して利用するしくみのこと。自動車を共有するカーシェアリングをはじめとして、住居、家具、服など、共有する対象はさまざまな分野に広がっている。ほしいものを購入し、個人で所有するのではなく、必要なときに借りることができればよい、他者と共有すればよいという考えの人が増えていることが背景にある。

Jアラート（ジェイ）

　地震や津波、気象情報、武力攻撃など、緊急事態情報を国から国民に伝える警報システム。JapanのJと、英語で警報を意味するalertを結びつけた造語で、正式名称は全国瞬時警報システムという。政府が情報を発すると、人工衛星を通じて市町村の無線が自動的に起動し、屋外スピーカーやメールなどで情報が住民に通達される。総務省消防庁が整備し、2007年から運用している。

シェールオイル・シェールガス

　泥岩の一種である頁岩にふくまれる原油のことをシェールオイル、天然ガスのことをシェールガスという。シェールオイルもシェールガスも、かたい岩石の中にあるため採掘が難しいとされてきたが、技術革新が進み2000年代からアメリカでさかんに生産されるようになった。今後100年以上にわたって世界のエネルギー需要を満たす可能性があることから、この採掘量の急増による変化を「シェール革命」とよぶ。今後も、世界各国で開発が進み、エネルギー市場に影響をおよぼすと考えられている。しかしその一方で、採掘による地下水汚染や採掘で地震を誘発する可能性も指摘されている。

ジェンダーフリー

　社会的・文化的につくられた性別をジェンダーといい、この考えから自由（フリー）になるという意味である。「男は外で仕事をする、女は家庭を守る」のような昔からある固定的な性別による役割分担にとらわれず、男女が平等に、自分の能力を生かして自由に行動し、生活できることをいう。

ジオパーク

　科学的に見て重要で貴重な、あるいは美しい地質遺産を複数ふくむ一種の自然公園を指す。日本ジオパークに認定されると「ジオパーク」と名乗ることができ、その後ユネスコに認定されると「世界ジオパーク」と名乗ることができる。2020年7月現在、日本ジオパークは43地域、世界ジオパークは9地域が認定されている。世界ジオパークになった日本の自然地形は、洞爺湖有珠山（北海道）、糸魚川（新潟県）、島原半島（長崎県）、山陰海岸（京都府・兵庫県・鳥取県）、室戸（高知県）、

隠岐（島根県）、阿蘇（熊本県）、アポイ岳（北海道）、伊豆半島（静岡県）である。

時差通勤

　1日の労働時間が決められており、労働者がその労働時間を守る範囲で出勤時間と退勤時間を選び、通勤すること。バスが渋滞する時間や、電車が混み合う時間を避けて、早い時間に通勤したり、逆におそい時間に通勤したりすることから、オフピーク通勤という表現を使うこともある。

集団的自衛権

　国家は自国または自国民に対しての攻撃や侵害から守るために、やむを得ず行う防衛の権利を持っているとされる。これを自衛権という。とくに、自国に対する攻撃や侵害を阻止する個別的自衛権に対して、自国と密接な関係にある外国に対する武力攻撃などについて、自国が直接攻撃されていなくても協力して阻止できる権利のことを集団的自衛権という。国際連合憲章にも集団的自衛権に関して定められている。これまで日本では憲法9条に定められた平和主義とのかね合いから、集団的自衛権の行使は難しいと考えられてきたが、安全保障関連法が成立し、法律でも認められるようになった。（→「安全保障関連法」参照）

自由貿易協定（FTA）

　特定の国や地域との間で、関税や輸出入の許可をするときのきびしい条件を撤廃し、モノやサービスの自由な貿易をいっそう促進することを目的とした協定。人の移動など、よりはば広い分野での協定を目指したものは経済連携協定（EPA）という。

住民投票

　国が特定の地方自治体に、特別な施設を建設したり、その地域だけに適用される法律（地方自治特別法という）を定めようとしたりする場合に、その地域の住民が賛成か反対かの意思を国に示すために行う投票のこと。地方自治特別法については、憲法95条に定めがあり、住民投票により過半数の賛成が得られなければ、国はその法律を定めることができない。また、それ以外の住民投票については定めがないため、各地方自治体が独自に住民投票の実施に関する条例を定め実施している。この場合、住民投票の結果には直接、国や地方自治体の政策を変更・撤回させる強制力はないが、世論にあたえる影響は大きい。

主要国首脳会議（サミット）

　フランスのジスカールデスタン大統領（当時）の提唱で1975年にパリ郊外のランブイエ城で第1回会議が行われてから、毎年1回開かれている。山頂という意味の「サミット」ともよばれる。第1回会議の目的は、石油危機で深刻になった不景気とインフレに先進国が協力して打ち勝つことであったが、その後は政治問題も大きなテーマとなっていった。加盟国は、最初はアメリカ、イギリス、フランス、西ドイツ、イタリア、日本の6か国であったが、第2回からカナダ、第4回からはヨーロッパ共同体（今のヨーロッパ連合）委員長も正式に参加し、1997年にはロシアが全面的に参加するようになり、原加盟国とカナダ、ロシアを合わせG8とよんだ。その後、ロシアのクリミア半島併合問題により、2014年3月からロシアの会議への参加は停止され、G7として開催されている。新型コロナのため、2020年3月に予定されていたアメリカのキャンプデービッドでの会議は中止となった。

少子化

　一人の女性が、一生のうちに出産する子どもの平均数を、「合計特殊出生率」という。この出生率が2.07を切ると人口全体は減少へ向かうといわれている。2019年の日本の合計

特殊出生率は1.36である。また、出生数は86万5234人で、過去最少を記録している。

少子化の原因には次のことが考えられる。
①仕事を持つ女性が増えて、結婚する年齢がおそくなったり、仕事と育児を両立する環境ができていなかったりすること。
②高学歴化が進み、子ども一人あたりの教育費が増えたこと。
③非正規雇用などで経済的に不安定な若者が増え、その人びとが結婚や出産をひかえていること。

このような状況に対して、政府は「少子化社会対策基本法」を施行し、仕事と子育ての両立のために、保育所の増設、企業に対して育児休業制度を奨励するなどの対策をとっている。また、2007年からは内閣府に少子化担当大臣も置かれている。

小選挙区比例代表並立制

1996年の第41回衆議院議員総選挙から取り入れられた、衆議院議員の選挙制度。2種類の選出を同時に行う。小選挙区制は1つの選挙区から1名の議員を選出する制度で、全国を289の区域に分けて実施する。比例代表制は得票数に応じて政党に議席が配分される制度で、衆議院議員総選挙では選挙前に政党から提出される名簿によって当選となる順位が決まっており（拘束名簿式）、政党名で投票する（定数は176名）。小選挙区選出と比例代表選出の重複立候補も認められている。

消費税

原則として売買されるすべての物品・サービスについて、その値段の一定割合を納めるという税。税を納める人と税を負担する人がちがう代表的な間接税である。1989年に税率3％で導入され、1997年4月に5％、2014年4月に8％に引き上げられた。さらに2019年10月に10％へ引き上げられた。10％への引き上げにともない、軽減税率が導入された。（→

「軽減税率」参照）

食品ロス

本来は食べられるのに廃棄されてしまう食品のこと。農林水産省の推計によると、日本では食品ロスが約612万トンにもなり（2017年推計値）、国民一人が毎日茶わん1杯分のご飯を捨てている計算となる。2018年の国連による世界全体への食料援助量は約390万トンで、日本の食品ロスはその1.6倍にも相当することになる。国連では2030年までのSDGs（持続可能な開発目標）において「食料の損失・廃棄の削減」を目標にあげている。また、日本でも東京オリンピック・パラリンピック開催に向け、競技会場や選手村などでの食品ロス削減のほか、会場の外でもマナー教育を行うなど、「もったいない」精神を世界に広める方針を発表している。また、食品ロスの削減を推進することを目的にした「食品ロスの削減の推進に関する法律（食品ロス削減推進法）」が2019年5月31日に公布され、10月1日に施行された。

シリア内戦

2011年からシリアで続いている内戦のこと。「アラブの春」とよばれる、中東の国ぐにでの民主化の動きを受け、シリアでも2011年に反政府運動が起き、その後はげしい内戦になった。はじめは、アサド政権側の政府軍と自由シリア軍など反政府側との戦いであったが、アルカイダの下部組織や、シリア北部のクルド人勢力などが争いに加わるかたちとなって泥沼化。2014年からはシリアの混乱に乗じてイスラム過激派テロ集団ISが勢力をのばし、多くの難民を出す原因となってきた。

新型インフルエンザ等対策特別措置法（特措法）

2009年にあった新型インフルエンザの流行の経験をもとに、2012年につくられた。これは、新型インフルエンザなどの発生に備えた

もので、国や地方自治体、医療の体制などが定められた。2020年3月14に改正された特措法が施行されたことで、新型コロナウイルス感染症にも適応できるようになった。特措法によって、感染症流行時には、首相が「緊急事態宣言」を発令することができ、それにもとづき、都道府県知事が外出自粛や緊急物資運送の要請・指示を行うことができるようになった。（→「緊急事態宣言」参照）

スポーツ庁

オリンピック・パラリンピックをふくめ、国のスポーツ行政に総合的に取り組む機関。文部科学省や厚生労働省など複数の省庁にまたがっていたスポーツに関する業務を一本化するため、2015年10月1日に文部科学省の外局として設置された。初代の長官は、ソウルオリンピック競泳金メダルの鈴木大地氏、二代目の長官は、アテネオリンピックハンマー投げ金メダルの室伏広治氏である。

3R

3R（スリーアール）は、循環型社会をつくっていくための3つの取り組みの頭文字をとったもの。3つの取り組みとは、Reduce（リデュース）、Reuse（リユース）、Recycle（リサイクル）である。リデュースは廃棄物の発生抑制、リユースは再使用、リサイクルは再資源化を意味している。

政治分野における男女共同参画推進法

選挙で男女の候補者数を「できるかぎり均等」にするよう、政党や政治団体に対して求めた法律である。2018年5月に成立し、6月に施行された。この法律は、世界的におくれている女性の政治参加を推進するために、衆議院や参議院、地方議会で女性議員を増やすことをねらいとしているが、罰則規定はない。2020年6月現在、日本の国会議員の女性比率は衆議院が9.9%（46人）、参議院が22.9%（56

人）であり、下院（日本では衆議院）における女性議員の割合で日本は191か国中165位であった。世界に目を向けると、男女同数の候補者を出すことを義務づけているフランスのほか、ノルウェーなど候補者数や議席数の男女比率をあらかじめ決めるクオータ制を取り入れている国もある。（→「クオータ制」参照）

政府開発援助（ODA）

先進国の政府が行う、発展途上国への資金や技術の援助のこと。現在、世界の約2割の国が先進国、約8割が発展途上国とされている。発展途上国の多くは第二次世界大戦が終わるまで、先進国の植民地とされ、農作物や工業原料（天然資源）を先進国へ供給する役割をにない、独立後も、こうした構造や資金・技術の不足から工業化が進んでいない。ODAはこうした南北格差を埋めるために始まった。2018年の日本の援助額は世界第4位となっている。

生物多様性

地球上には多様な生物が存在しているということを指すことばである。人間の開発によって20世紀に環境破壊が進み、多くの生物を減少・絶滅させたことから、未来の地球環境への危機感が生まれ、このことばがつくられ、使われるようになった。1993年には、地球規模で生物多様性の保全と、持続可能な利用を目指した「生物多様性条約」も発効しており、日本もこの条約を締結している。

セーフガード

世界の約4分の3の国が加盟する世界貿易機関（WTO）では、原則として、加盟国が輸入制限をすることを禁止している。しかし、ある品目の輸入量が急激に増えているために、国内の産業に大きな損害をあたえるおそれがあると判断される場合には、輸入国は一時的にその貿易品の輸入を制限してもよいという特例を認めており、これをセーフガード

という。日本では2001年に初めて、ねぎ・生しいたけ・い草（たたみ表の原料）を対象に発動した。

世界遺産

1972年にユネスコ（国連教育科学文化機関）の総会で「世界の文化遺産および自然遺産の保護に関する条約」が採択された。これは、世界各地の貴重な文化財や自然環境を、人類全体の財産として守っていこうという考えにもとづいたもので、ここに登録されたものを世界遺産という。世界遺産は、毎年、加盟国が候補地を推薦し、ユネスコの世界遺産委員会がこれを検討して選ばれている（2020年は新型コロナのため延期）。日本は1992年にこの条約に加盟し、2020年10月までに、23件の文化財や地域が登録されている。

世界の記憶

ユネスコの事業のひとつで、世界の人びとの営みを記録した歴史的な文書などの保存と振興を進めるためのものである。日本からの登録は、自筆日記としては日本最古の「御堂関白記（藤原道長の自筆日記）」、伊達政宗がローマに派遣した使節が持ち帰った遺品の数々である「慶長遣欧使節関係資料」、「朝鮮通信使に関する記録」などがある。世界では、「アンネの日記」、「ベートーベンの交響曲第9番の自筆楽譜」などが登録されている。

世界貿易機関（WTO）

貿易のさまたげになる障害を取りのぞき、自由貿易を進め世界の国ぐにの貿易量を増やすことを目的として、1948年に発足した「関税と貿易に関する一般協定（GATT）」の権限をより強めて1995年にできた機関。本部はスイスのジュネーブにある。

世界保健機関（WHO）

保健について国家間の技術協力を促進し、病気を管理、撲滅する計画を実施し、生活の質の改善に努めることで、すべての人が可能な最高レベルの健康を達成できるようにすることを目的とする、国連の専門機関である。

絶滅危惧種

絶滅の危機にひんしている動物や植物のこと。国際自然保護連合（IUCN）が公表しているレッドリストでは、現在地球上には2万8千種以上の絶滅危惧種がいるとされている。レッドリストとは、それぞれの種について、複数の専門家が絶滅の危険度を評価して、リストにまとめたもの。日本に生息している動植物も多数のっており、近年ではニホンウナギが追加されたことも話題となった。

ソーシャルネットワーク

インターネットを利用して個人や組織が気軽に情報を発信し、交流が広がるように設計されたメディアのこと。ソーシャル（社会）の交流の増加や、情報の双方向化（発信したものを受け取るだけでなく、自分からも発信していく）を促進している。

SNSはソーシャル・ネットワーキング・サービスの略称で、近況や写真を投稿し、友人・同僚などとの交流をはかることができる。日本ではFacebookやLINE、Twitter、Instagramなどが有名。

た

第三セクター

国や地方自治体（第一セクター）と民間（第二セクター）が共同で出資して設立した企業のこと。経営の効率を上げるとともに、国や地方自治体の資金の負担を減らすことを目的としている。第三セクターは、地域開発、町づくり、鉄道や飛行場の運用など全国各地に見られるが、経営が破たんするところも出ている。

太平洋ゴミベルト

アメリカのカリフォルニア州とハワイ州の間にある、世界でもっとも海洋ごみの多い地帯。海流の影響で、ごみが集まってきており、その多くがプラスチックごみである。太平洋ごみベルトの面積は160万平方キロメートルにもおよび、漂っているごみは2兆個近いともいわれている。

大陸間弾道ミサイル（ＩＣＢＭ）

射程距離が超長距離で、大洋でへだてられた大陸間を飛ぶことができる弾道ミサイルの総称。ミサイルには、ほぼ直線をえがいて飛ぶものや、地表面に対して水平飛行するものがあるが、弾道ミサイルはロケットエンジンにより高い角度で打ち上げられて高々度を飛行し、目標に落下着弾する。

男女雇用機会均等法

職場における男女の差別を禁止する法律で、正式には「雇用の分野における男女の均等な機会及び待遇の確保等に関する法律」という。1985年に制定された。具体的には、募集・採用のときや昇進に関して、男女で異なるあつかいをすることや、妊娠・出産を理由に女性に退職を要求することなどを禁じている。また、法律の改正により、事業主にセクシャルハラスメントへの配慮が義務づけられ、男性も差別禁止の対象となった。

チェルノブイリ

原子力発電所の事故の中で史上最大とされている、1986年にチェルノブイリ原子力発電所（旧ソ連のウクライナ共和国）で起こった事故である。火災と爆発をともなったこの事故では多くの被害者を出しただけでなく、ヨーロッパにおよぶ広い範囲を汚染し、農作物などにも被害をもたらした。また、放射線障がいで現在にいたるまで苦しんでいる人びともいる。

地産地消

地域で生産された農畜産物や水産物をその地域で消費すること。商品の販売形態の多様化や食の安全・安心志向の高まりを背景に、地域振興や食料自給率の向上などにもつながるものとして、地方自治体で取り組むところが多く、国も後押ししている。

中東問題

第二次世界大戦後、国連決議によってパレスチナの地にイスラエルが建国された。これによりパレスチナのアラブ系民族とユダヤ人との対立が悪化し、4度にわたる中東戦争が起こった。とくに1973年の第四次中東戦争では、アラブの産油国が原油の生産・輸出を制限したことから日本でも石油危機が引き起こされた。イスラエルと、パレスチナおよび周辺アラブ諸国は、中東和平会議の開催やパレスチナ暫定自治政府の設立などで和平に向けて動いてきたが、現在でもイスラエルではガザを中心にパレスチナ自治区の住民とイスラエル軍との対立が続いており、解決への道のりは険しい。

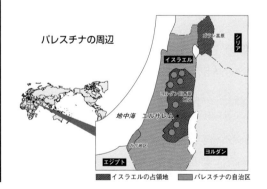

パレスチナの周辺

■ イスラエルの占領地　■ パレスチナの自治区

デフレ（デフレーション）

景気が悪くなると消費者が物を買う量は減って物価が下がり、それが企業のもうけを減らして生産活動をにぶらせる。この状態をデフレ（デフレーション）という。不景気による企業の生産活動の低下は、さらに消費者が物を買う気持ちをおとろえさせ、再び物価の

下落につながる。このように、物価の下落と不景気がたがいに影響し合って進んでいく現象をデフレスパイラルという。

● テロ(テロリズム)

　暴力を用いて人びとに恐怖をあたえ、自分たちの目的を果たそうとする行為をテロ（テロリズム）という。2001年9月11日にニューヨークで同時多発テロが起こると、アメリカのブッシュ大統領はテロとの戦争を宣言してアフガニスタンを攻撃、国際テロ組織アルカイダの拠点を破壊した。また、2003年にはテロを支援しているとしてイラクのフセイン政権をたおすなどしたが、テロは依然として国際社会の脅威となっている。

　また近年では、コンピューターのネットワークを利用して行われるサイバーテロも問題になっている。コンピューターウイルスや不正アクセスなどを利用してデータを破壊したり、書きかえたり、サービスを提供するサーバーを停止に追いこんだりといった手口がある。政治的・宗教的な信条によるものが多く、社会インフラの被害や国の安全保障への脅威に対して、対応の重要性が高まっている。

● テロ支援国家

　国際的なテロ組織に、資金や装備品の提供といった支援・援助を行っていると、アメリカ政府が見なしている国家。2019年9月現在で、イラン、シリア、スーダン、北朝鮮の4か国が指定されている。北朝鮮は2008年に指定が解除されていたが、2017年に再指定されている。過去には、イラク、リビア、キューバなども指定されていた。

● テレワーク

　英語の「テレ(tele)＝離れたところ」と「ワーク(work)＝働く」を組み合わせてつくられたことば。本拠地であるオフィスから離れて、場所や時間にとらわれずにICT(情報通信技

術)を使って働くことを意味する。テレワークは、自宅で働く在宅勤務、移動中や出先で働くモバイル勤務、本拠地以外のオフィスなどで働くサテライトオフィス勤務に分けられる。なお、テレワークとほぼ同じ意味で、リモートワークということばも使われる。

● 東南アジア諸国連合(ASEAN)

　経済的な地位の向上を目指す東南アジア諸国が、貿易に重点を置いた経済協力を進めるために1967年に結成した経済組織のこと。原加盟国はインドネシア、マレーシア、フィリピン、シンガポール、タイの5か国で、その後、ブルネイ、ベトナム、ミャンマー、ラオス、カンボジアが加盟し、10か国で構成されている。

アセアンのマーク

10本の稲をあしらって、東南アジアの連帯をあらわしている。

● 特定秘密保護法

　正式名称は「特定秘密の保護に関する法律」で、2014年に施行された。日本の防衛など安全保障に関する情報のうち「特に秘匿する（秘密にしておく）ことが必要であるもの」を「特定秘密」として指定し、特定秘密を取りあつかう者が適正であるか評価することや、特定秘密を外国などにもらした場合の罰則などを定めた法律。

● 特別警報

　気象庁が2013年8月に運用を開始した。「大雨・暴風・大雪・地震・津波・高潮・火山の噴火」などで、「注意報」「警報」よりも上の、さらなる非常事態として「数十年に1度」という危険が予測される場合に発表される。対象地域の住民に対して最大限の警戒をよびかけ、住民はただちに命を守る行動をとらなけ

れば ならない。

特別警報の種類と基準

種類	発表される基準
大雨、暴風、高潮 波浪、大雪、暴風雪	数十年に一度の強度を持つ、台風やそれと同じ程度の温帯低気圧などにより、それぞれの事態が予想される場合
津波	現在の「大津波警報」と同じ。高いところで3mを超える大津波が予想される場合
火山噴火	現在の「噴火警報」のうち、レベル4（避難準備）・5（避難）の噴火が予想される場合
地震	現在の「緊急地震速報」の区分のうち、震度6弱以上の地震が予想される場合

都市鉱山

携帯電話をはじめとするＩＴ（情報技術）機器や家電製品の部品には、さまざまな貴金属や希少金属（レアメタル）が使用されている。都市部ではこれらの製品が毎年大量に廃棄されるが、これらの廃棄物を採掘可能な「鉱山」と見たてて、都市鉱山とよんでいる。2021年に延期開催予定の東京オリンピック・パラリンピック競技大会では、およそ5000個の金・銀・銅メダルが、全国各地から回収されたリサイクル金属でつくられることになっている。

トレーサビリティ

食品の生産、加工、販売の各段階において仕入先や販売先などを記録し、流通の過程を追跡できるようにすること。BSE（牛海綿状脳症）や産地偽装などの社会問題に対し、食の安全に対する消費者の信頼を得るためにつくられたしくみである。牛肉に関しては、国内で飼育されるすべての牛に識別番号がつけられるとともに2003年に牛肉トレーサビリティ法が成立し、牛の出生から消費者にとどくまでの流通の全過程を、消費者が製品に表示された識別番号によって、インターネットで追跡することができるようになっている。

ドローン

ドローンとは英語でオスのハチを指す用語で、もともとコンピューターの頭脳を搭載し て自律的に動く小型無人機のことを指していた。近年ではその意味が広がり、カメラを搭載しラジコンのように遠隔操作できる小型の飛行物体を指すことが多い。比較的安く入手でき、人が立ち入れないような場所や高所などからの撮影ができることから人気があるが、操縦ミスによる墜落事故やプライバシーの問題などから規制すべきだという議論もおき、飛行禁止エリアやルールなどが法律で定められている。なお、2019年5月にドローン規制法が改正され、小型無人機等飛行禁止法に定める飛行禁止対象施設に、防衛大臣が指定した防衛関係施設が追加され、ラグビー特措法およびオリパラ特措法の一部が改正され、ラグビーワールドカップ2019、2020東京オリンピック・パラリンピック競技大会の関連施設上空での小型無人機等の飛行が禁止された。

4枚のプロペラを持つタイプのドローン。となり合うプロペラを逆方向に回転させて機体の安定を保つ。

な

ナショナルトラスト運動

国や地方自治体ではなく、地域の住民たちが資金を出し合い、その土地を買い取り、保存・管理していくことで開発の手から自然環境や歴史的遺産を保護していく運動のこと。おもな活動団体には、「トトロのふるさと基金（狭山丘陵・埼玉県所沢市）」や「鎌倉風致保存会（神奈川県鎌倉市）」、「天神崎の自然を大切にする会（和歌山県田辺市）」などがある。

難民

日本をふくめ多くの国が加盟する「難民条約」においては、「人種・宗教・国籍・政治的意見を理由に、自国にいると迫害を受けるおそれがあるために国外にのがれた者」を難

民としている。いわゆる政治難民で、一般的にはこの意味で使われている。また国内にとどまった場合には、国内避難民とよばれる。

2019年現在、最も多くの難民を受け入れているのはトルコ（360万人）で、コロンビア、パキスタン、ウガンダと続くが、日本は難民認定の基準がきびしく受け入れは毎年100人にも満たず、各国から改善が求められている（2019年の申請は1万375人に対し、認定は44人）。国際連合には、難民に関する機関として「国連難民高等弁務官事務所」がある。近年、中東のシリアなどから百万人単位の難民がヨーロッパ各国へ流入していて、各国は対応に追われている。

なお、移民ということばもあるが、こちらは「経済的事情などを理由として、別の国に移り住んだ人びと」を指す。

二大政党制

議員の数がほぼ等しい二つの大政党が議会に強い影響力を持つ政治制度。常に政権交代の可能性があり、有権者が政権選択をしやすいという長所がある一方、国民の持つ複雑でさまざまな意見が政治にじゅうぶん反映されにくいという短所がある。二大政党制をとるおもな国としてはアメリカ（民主党と共和党）、イギリス（保守党と労働党）がある。

日経平均株価

日本の株式市場の水準を示すときに最もよく使われる指標。東京証券取引所の第一部上場約2,000銘柄のうち、日本を代表する取引の活発な企業の株式225銘柄の株価を平均したもの。この225銘柄は、1年に一度入れかえがある。

日本銀行

1882年に設立された日本の中央銀行である。紙幣（日本銀行券）を発行できる唯一の銀行で、国内の金融制度の中心となっている。一般銀行や政府にとっての銀行の働きをするほか、これらの働きを通して政府の金融政策を運営していく役割を持っている。日本銀行の総裁は、衆 参両議院の同意を得て内閣が任命する。現在の総裁は黒田東彦氏（2013年～）。

日本遺産

文化庁が2015年から行っている認定制度で、地域の歴史的魅力および文化・伝統の「ストーリー」を遺産として認定する。点在する遺産を一括的に発信することで、地域活性化をはかることを目的としている。岐阜県岐阜市「『信長公のおもてなし』が息づく戦国城下町・岐阜」、三重県明和町「祈る皇女斎王のみやこ斎宮」や、愛媛県・高知県・徳島県・香川県の各県内57市町村におよぶ「『四国遍路』～回遊型巡礼路と独自の巡礼文化～」など104件が指定されている。

日本国憲法第9条

日本国憲法の三原則のひとつである、平和主義について定めている条文。

第1項「日本国民は、正義と秩序を基調とする国際平和を誠実に希求し、国権の発動たる戦争と、武力による威嚇又は武力の行使は、国際紛争を解決する手段としては、永久にこれを放棄する。」および、第2項「前項の目的を達するため、陸海空軍その他の戦力は、これを保持しない。国の交戦権はこれを認めない。」からなる。

この条文に関連して、1954年に発足した自衛隊の存在、また、1992年から行われている国連平和維持活動（PKO）といった海外での活動などの是非が議論されてきた。

燃料電池

水素と酸素を電気化学的に反応させて、直接的に電気をつくる発電装置。熱エネルギーを介して発電する通常の発電装置が40％以下の発電効率しかもたないのに対して40～60％

に達するといわれる。ガソリン車のような排気ガスを出さないため、将来のエネルギーの一つとして期待されている。

は

パーク・アンド・ライド

大都市や観光地などの交通混雑を防ぐため、自動車を郊外の駐車場に置き（park）、鉄道やバスなどの公共交通機関に乗って（ride）目的地に入る方式を、パーク・アンド・ライドという。

ヨーロッパでは都市の総合交通政策として積極的に導入されていて、ドイツのフライブルク、イギリスのオックスフォードなどの取り組みは広く知られている。また、日本では、1970年代の石油危機以降に普及し始め、金沢市や鎌倉市などの取り組みが有名である。

バイオマスエネルギー

動植物などから得られるエネルギーのこと。再生可能エネルギーの一つで、日本ではおもに一般・産業廃棄物（廃油・チップ廃材・もみ殻など）を燃やして得られる熱を利用している。燃焼によって発生する二酸化炭素は植物によって吸収されることで全体としての量を増やさないとされる。

ハイブリッドカー

2種類の異なる動力源を持つ自動車をハイブリッドカーという。通常は、ガソリンと電気のハイブリッドカーを指す。これは、ガソリンエンジンだけでなく、必要に応じて電気モーターを使って走行する（または両者を併用する）ことが可能で、渋滞の多い市街地などでこれまでの自動車よりすぐれた燃費が実現できる。また、排気ガスも少ないことから環境にやさしい自動車であるといえる。

なお、世界初の量産型ハイブリッドカーは日本車のトヨタ「プリウス」である。

ハザードマップ

洪水や噴火・津波などの自然災害に対して、危険なところを予測し地図上にしめしたもの。ハザード（危険物）を記したマップ（地図）ということで、ハザードマップとよばれる。避難経路や避難場所も示すことで、二次被害を減らすことができるため、作成・配布している自治体が多い。

ハブ空港

国際線や国内線の中心となり、乗りつぎや貨物の積みかえの拠点となる空港のことをいう。車輪の中心であるハブという部分とそこから放射状にのびるスポークの関係を、空港を中心に放射状にのびる航空路線の関係に見立てたことから名づけられた。日本でもハブ空港化を進める動きもあるが、日本周辺ではすでに韓国の仁川空港や中国の上海空港のハブ空港化が進んでいる。なお、船舶の場合は「ハブ港」という。

バブル経済

日本では1980年代の後半に金利が下がり、銀行は企業や個人に積極的にお金を貸し付けた。それが株価や地価の急上昇をもたらし、株や土地が本来持っている価値以上に値段がふくらんだ。このように経済が実体以上に泡のようにふくらんだ状態だったので、バブル経済と名づけられた。このバブル経済は、1990年の株価の暴落をきっかけに崩壊した。

ハラール

イスラム教の戒律に合った食べ物を指す。「許された」「認められた」を意味するアラビア語である。たとえば、肉では豚肉が禁じられており、牛や羊、山羊なども規律にそって肉にされた場合のみ許されている。各国にイスラム教徒が摂取できるかを審査する団体があり、ここで認められたものをハラール食品とよぶ。

時事問題を理解するための用語集

ハラスメント

いろいろな場面での他者に対する「いやがらせ」や「いじめ」のこと。本人の意図とは関係なく、他者に対する発言や行動が相手を不快にさせたり、相手を傷つけたり、不利益をあたえたりすることをいう。男女問わず性的ないやがらせを行うセクハラ（セクシャルハラスメント）、地位や権力を利用して職場でいやがらせを行うパワハラ（パワーハラスメント）、妊娠や出産を理由に女性に対していやがらせを行うマタハラ（マタニティハラスメント）などがある。

バリアフリー

身体障がい者や高齢者が生活するときにさまたげとなる障壁（バリア）を取りのぞく（フリー）こと。身近な例としては、階段をゆるいスロープにつくりかえたり、歩道の段差をなくしたりして、車いすの人や高齢者が通りやすくする工夫などがあげられる。

パリ協定

2015年12月にフランスのパリで開かれた国連気候変動枠組み条約第21回締約国会議（ＣＯＰ21）で採択された、2020年以降の地球温暖化防止対策の新しい法的枠組みのこと。

1997年に採択された京都議定書から18年ぶりの合意で、世界共通の長期目標として、気温上昇を産業革命前から2℃未満にとどめること、さらに1.5℃以内におさえるように努力することがもりこまれている。この長期目標に対して、それぞれの参加国が温室効果ガス削減目標を自主的に決定し、達成のための国内対策の実施が義務づけられる。

パリ協定には、京都議定書から離脱していたアメリカや、中国やインドなどの新興国、発展途上国をふくむ196の国や地域が参加したため、地球規模の対策だと評価する声があがった。その一方で、目標値自体の達成が義務づけられていないことに対して、気候変

動への対策としては不十分だとの声もある。そのような中、2017年にアメリカのトランプ大統領がパリ協定からの離脱を表明した。国際社会はトランプ政権を批判するとともに、アメリカをのぞいた国ぐにで続けていくことで合意している。

ヒートアイランド現象

都心部が郊外に比べて気温が高くなる現象をいう。等温線をえがくと、都心部が巨大な熱（ヒート）の島（アイランド）に見えることから、こうよばれる。

木や草などの緑地が多いと、水分の蒸発により気温の極端な上昇はおさえられる。しかし、都心部には緑は少なく、加えて、アスファルトやコンクリートの地面は昼間太陽の熱で温められ、夜間に熱を放出するので、気温の上昇をうながす。また、大量の自動車からの排気ガス、エアコンの大量使用による温風などで、さらに気温はおし上げられている。

非営利団体（ＮＰＯ）

社会的支援団体や学校、病院などのように、通常の利益（営利）を目的とせず、公益を目的とする団体。

非核三原則

「核兵器をもたず、つくらず、もちこませず」という日本政府の基本方針。1967年に佐藤栄作首相が国会で答弁をして以来、歴代の政府によって受けつがれている。

ピクトグラム

絵文字や絵ことばとよばれることもある。表現したい物事やそのイメージを抽象化して、だれにでもわかりやすいデザインやシンプルな色使いの記号にしたものが多い。交通標識や案内図、天気図、洗濯表示など、身のまわりに広く普及している。日本では、1964年の東京オリンピックをきっかけに公共施設に導

入された。このとき考案されたものにトイレや非常口のピクトグラムがある。

非拘束名簿式

2001年の第19回参議院議員選挙から取り入れられた参議院の比例代表制における制度。それまでは政党名で投票が行われ得票数に応じて政党に議席が配分され、名簿に記された当選順位にもとづいて当選者が決められていたが、この方式では、名簿に順位はつけず、政党名でも立候補者名でも投票ができるようになった。そして、立候補者と政党が得た合計の得票数に応じて議席が配分され、個人の獲得票数が多い順に当選者が決められる。

しかし2018年、公職選挙法が改正され、「特定枠」制度がもりこまれた。これは候補者全員から1人少ない人数まで拘束名簿式（あらかじめ当選順位を名簿に記す方法）で出馬できるようにしたものである。各党の運用が異なるなど、有権者の混乱を招く可能性が指摘されている。

非政府組織（NGO）

国が設立した機関や、条約にもとづいて設立された国際機関（政府間機関）に対して、民間人や民間団体のつくる組織を非政府組織という。国の枠をこえて活動をする組織が多く、軍縮、飢餓救済、開発援助、人権、環境保護、芸術、学術などさまざまな方面で活やくしている。国を問わず、戦争や大規模災害の際に敵味方の区別なく人道的支援を行う「国際赤十字」や国際的な医療・援助団体である「国境なき医師団」、人権の擁護や死刑の廃止などを求める「アムネスティ・インターナショナル」などがある。

フィジカル・ディスタンス

新型コロナウイルス感染症の流行拡大により「社会的な距離をとる、人と人との距離を2m以上とる」というソーシャル・ディスタンスということばが多く使われるようになったが、このことばは、人とのつながりの減少により社会的孤立を生じさせるおそれがあることから、WHOでは、「身体的・物理的距離」を意味する、フィジカル・ディスタンスに言いかえることを推奨している。

フードマイレージ

フードマイレージは、輸入食料の環境に対する負荷を数量化するために考案された指標で、「輸入相手国別の食料輸入量×輸入国から輸入相手国までの距離」で計算し、t・km（トン・キロメートル）であらわす。

農林水産省の試算（2010年）では、日本のフードマイレージは約8700億t・kmで世界1位である。これは国内の貨物輸送量に匹敵し、2位の韓国や3位のアメリカの約3倍、国民1人あたりでもアメリカの約7倍ときわめて高くなっている。このような環境に対する負荷を軽減するためには、食料自給率を高めること、国内でも「地産地消」（地元の食料を地元で食べること）を推進することが大切である。

フェアトレード

発展途上国の原料や製品を、適正な価格で買い取り、また、継続的に取引することで、日本語では公正取引と訳される。このような取引により、途上国の生産者や労働者の生活環境を改善することが、これらの人びとの自立につながる。また、フェアトレードによって生産性を上げるために必要以上の開発が行われ、途上国の環境破壊が進むということも防げる。フェアトレードの基準を設定し、それを守った製品にはフェアトレード認証ラベルがつけられるしくみがあり、認証製品にはコーヒー、カカオ、コットン製品、スパイスなどが多い。またフェアトレード製品に代表される、人や社会・環境に配慮した製品を選んで消費することを、エシカル消費（倫理的消費）という。

福島第一原子力発電所事故

2011年3月11日に起きた東北地方太平洋沖地震の揺れと津波によって、福島県にある東京電力福島第一原子力発電所で非常用の炉心冷却装置が働かなくなった結果、核燃料が炉内に溶け落ちた事故。それにともなう水素爆発や圧力抑制室の爆発、汚染水漏れなどにより、大量の放射性物質が外部に放出される大事故となった。放出された放射性物質の量は国際的な評価尺度で最悪の「レベル7」とされた。レベル7は1986年に起きた旧ソ連のチェルノブイリ原発事故と同レベルである。

復興基本法・復興庁

地震・津波・原発事故により甚大な被害を受けた東日本大震災の復興を推進するためにつくられた法律。復興に向けた資金確保や整備とともに、復興対策本部や復興庁の創設などの基本方針が定められており、その方針にしたがって2012年2月には復興庁が創設された。復興庁は震災から20年後の2031年3月までを活動期間としており、それまでのさまざまな復興に向けた活動の中心となる組織である。

普天間基地

沖縄県宜野湾市のほぼ中央に位置する米軍施設。米軍海兵隊の飛行場だが「普天間基地」とよばれることが多い。総面積は約480ヘクタールで、市の4分の1をしめている。住宅密集地にあるため、「世界一危険な基地」とよばれることもある。嘉手納基地と並んで沖縄の米軍の拠点となっている。（→「米軍基地問題」参照）

プライバシーの権利

他人に知られたくない私的な情報（プライバシー）を、みだりに公開されない権利。情報化社会が進み、私的な情報が国や地方自治体または企業に、本人の知らない間に収集・利用されることが増えてきており、これを保護するため、日本国憲法に明記はされていない「新しい人権」として認められている。

プラント輸出

おもに先進国が発展途上国に対して、生産を行うための工場設備などを輸出すること。先進国にとっては、新規市場の開拓ができるという利点、途上国にとっては短い期間で高い技術力を手に入れ、生産力が向上できるという利点がある。規模が大きいため、工場が建設され稼働した後も輸出先の人が現地に滞在し、指導を行ったり現地の人びとと共に生産を行ったりする場合が多い。

ブリックス（BRICS）

もともとBRICsと表記し、経済成長がめざましいブラジル（Brazil）、ロシア（Russia）、インド（India）、中国（China）の4か国を指すことばであった。2011年には、ここに南アフリカ共和国（South Africa）が加えられ、表記はBRICSとなり、5か国を指すことばとなっている。

プルサーマル計画

原子力発電において、燃料であるウランを燃やしたあとの使用済み燃料には、核分裂性のプルトニウムという物質がふくまれる。これを取り出し、ウランと混合・加工して、再び燃料として利用するというのがプルサーマル計画である。通常の軽水炉で運用できる利点がある。

ふるさと納税制度

地方自治体に対して寄付をすると、原則と

して寄付をした金額から2000円を引いた分の所得税・住民税が、自分が本来納める額から差し引かれる（控除される）という制度で、2008年度より導入された。自分で納税先を選べるため、生まれ故郷など自分の応援したい自治体に寄付することで、選んだ自治体に納税者が貢献できるしくみである。しかし、より多くの寄付を集めるため自治体間の返礼品の競争が激化したり、返礼品目当ての納税が増えたりするなど、本来の目的からはなれている現状も問題となっている。なお、2019年に改正された税制改正では、ふるさと納税の対象となる基準として、返礼品の返礼割合を３割以下とすること、返礼品を地場産品とすることなどを条件としている。

ふるさと納税のしくみ

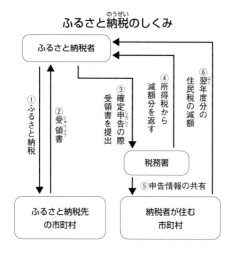

ブレグジット（ＢＲＥＸＩＴ）

ＥＵ（ヨーロッパ連合）からイギリス（Britain）が離脱（Exit）するという意味の造語である。2016年に実施されたＥＵからの離脱の是非を問う国民投票で離脱賛成票が過半数をしめた結果を受けて、2017年、イギリスはＥＵ基本条約にもとづき正式に離脱意思を通告した。その後、２年間にわたって離脱交渉が行われてきたが、協定案がイギリス議会で否決され、期限が延長されてきた。ジョンソン現首相となって2020年１月に協定案が議会で可決され、2020年１月31日（現地時間）にＥＵを離脱し、2020年末までの移行期間に入った。（→「ヨーロッパ連合（ＥＵ）」）

フレックスタイム制

労働者自身が、毎日の始業時間や終業時間、労働時間を決める制度のこと。働く時間の総量が決められていて、その中で、どの日にどれくらい働くかを決めていく。労働者にとっては、日々の都合に合わせて時間を配分することができるため、生活と仕事のバランスをとりやすくなる。

噴火警戒レベル

火山活動の状況に応じて、「警戒が必要な範囲」と、防災機関や近くの住民などの「とるべき防災対応」を、５段階に区分して気象庁が発表する指標。低い方から、
レベル１「活火山であることに留意」
レベル２「火口周辺規制」
レベル３「入山規制」
レベル４「避難準備」
レベル５「避難」
となっており、2020年９月現在、全国48の火山で運用されている。

米軍基地問題

日米安全保障条約にもとづいて、全国には多くの米軍施設が存在している。とくに、1972年までアメリカの施政権下にあった沖縄県には、県土面積の約８％（沖縄本島では約15％）をしめる米軍基地がある。これは、日本にある日米軍専用施設面積の約70％になる。

このような沖縄において、基地問題は深刻である。とくに、日常的に発生する航空機の騒音、多発する墜落事故、廃油流出や実弾演習による原野火災、米軍人等による犯罪など、県民生活の安全や財産、自然環境などへの影響には大きなものがある。しかし、米軍基地が沖縄県の経済にあたえる影響にも大きなものがあり、県民総支出にしめる基地収入の割

合は5％ほどになる。

● ヘイトスピーチ

　特定の人種や民族、宗教などに属する個人や集団に対して、憎悪にもとづいて暴力や差別をあおる言動をいう。日本でも、日本に居住している外国出身者やその子孫に対して差別的な発言をするデモが社会問題となったことから、2016年にヘイトスピーチ対策法が制定され、国や地方自治体に対策を講じるよう定めている。神奈川県川崎市では、外国にルーツがある市民を標的にしたヘイトスピーチに刑事罰を科す、全国初めての条例が2019年につくられた。

● ベーシックインカム

　政府がすべての国民に、生活に必要な最低限のお金を支給するという政策のこと。就労の有無や資産の多少、年齢、性別も問わないという点で、社会保障制度とは異なる。遠くない将来、人間の仕事の多くが進化するAIにとってかわられるとの予測もある中、ベーシックインカムについての議論が各国で起きており、ヨーロッパでは試験的に実施している地域もある。

● 平和維持活動（PKO）

　第二次世界大戦後、国際連合の中でアメリカとソ連が対立したことで、国際連合の世界の平和を守る活動はほとんど機能しなかった。このため考え出されたのが平和維持活動である。国連の平和維持活動は、
① 対立する軍隊どうしを引きはなす平和維持軍（PKF）
② 地域紛争の停戦後に軍が違反をしないかどうかをみはる停戦監視団
③ 平和を取りもどしたあと、民主的で公平な選挙の実施と監督をする選挙監視団
の3つに大別できる。このうち武器を持つことができるのは①のPKFのみで、しかもみ

ずからの身を守るときだけ武器の使用が許される。

● ベルリンの壁

　第二次世界大戦後、ドイツは東西2つのドイツに分割され、東ドイツ領内のベルリンも東西ベルリンに分割された。その後、東ベルリンから西ベルリンへの亡命が相次いだために、1961年8月、東ドイツによって東西ベルリンの境界線上に壁が建設された。これによって人びとは自由に行き来ができなくなり、西ベルリンは完全に陸の孤島となった。1989年11月、東欧の民主化運動が高まる中で、冷戦のシンボルであったベルリンの壁は開放され、翌年、ドイツは統一された。

● 貿易摩擦

　おもに二国間で輸出・輸入の極端な不均衡から生じる問題をいう。たとえば、ある国から特定の工業製品が大量に輸入されると、輸入国では同じ産業が大きな打撃を受け、失業者が増大するといった問題が起こる。

　日本は最大の貿易相手国であるアメリカとの間で、日本の輸出をめぐり、80年代に深刻な摩擦を引き起こした。貿易摩擦解消のために、日本は輸出制限や輸入規制の緩和などを行った。また、海外の工場で製品をつくる現地生産を行い、その国で販売したり海外でつくった製品を日本へ輸入する「逆輸入」を行った。しかし、輸出制限や現地生産などの対策では根本的な解決にはならず、市場開放や日本独特の複雑な流通の改善といった、全体として貿易黒字を減らす努力も求められた。

● 防空識別圏

　外国の航空機が予告なく近づいてきたときに、自国の戦闘機が警告のために緊急発進するかどうかの基準にする空域のこと。国際法では、領土と海岸線から12カイリまでの上空が「領空」と認められているが、航空機は船

などと比べて速度が速いため、領空に近づいてからでは警告が間に合わないことがある。そのため多くの国では、領空よりも外側にはり出した範囲に防空識別圏を設定している。

● ボランティア

他人や社会のためになる活動を、利益を目的とせずに自ら進んで行うことをボランティアという。その活動は、高齢者や障がい者の福祉が中心であったが、最近は教育、国際協力などさまざまな分野にわたっている。

● マイクロプラスチック

海洋など、環境に拡散したごく小さいプラスチック粒子のこと。そのサイズについて明確な定義はないが、5mm以下のものをさすことが多く、1mm以下とする研究者もいる。マイクロプラスチックには、プラスチックごみが紫外線や波によって細かくくだかれたものや、研磨剤などにふくまれるマイクロビーズなどがある。かつては洗顔料や歯磨き粉にこのマイクロビーズがふくまれていることも多かったが、近年では各国で使用が禁止され、天然由来の研磨剤を使用するようになっている。

● マイナス金利政策

金利をマイナスにする政策のこと。金利とは、お金の借り賃のことで、「利息」や「利子」ともよばれる。お金は生産や流通に投じることで利益を生み出すことから、お金の貸借の際にも、お金を生産・流通に投じたときに得られる利益を想定した金額を加えて返す約束をする。この加えるお金が金利となる。

マイナス金利では、お金の借り手がないために、お金を貸す側が、お金を借りる側に金利を支払う。日本では、2016年2月に、日本銀行が一部の預金にマイナス金利を導入した。この結果、金融機関は、日本銀行に預金したま

ま投資などにお金を回さないでいると、日本銀行に金利を支払わなければならなくなった。マイナス金利政策には、市場にお金を出回らせて景気を刺激する効果が期待されている。

● マグニチュード

マグニチュードは地震そのものの規模をあらわす単位で、どれくらいの大きさの地震が起こったのかを表す。マグニチュードが1大きいとエネルギーは32倍になる。一方、「震度」は、ある地域における揺れの強さを表す数値である。マグニチュードが大きくても、震源との距離が遠ければ揺れは弱くなるため、震度は小さくなる。1回の地震で、震度の数値は場所によって異なるが、マグニチュードの数値は1つだけである。

● マニフェスト

選挙にあたり、党の政権運営の方針を示したもので、日本語では「政権公約」と訳される。マニフェストは、各政党が「政権を獲得したときには、必ず実現する」という政策を有権者に約束するためのものなので、とくに具体的な数値目標や実現のための方法（何を、いつまでに、どうやって）を具体的に表現したものを指す。

● 水俣条約

人為的に排出された水銀による環境汚染や健康被害の防止を目的とし、水銀の採掘や貿易、排出などの規制を定めた国際条約である。2013年に熊本県で開催された国際会議で採択され、2017年に発効している。二度と有機水銀による公害病を発生させないという決意をこめて、条約名に水俣の地名がつけられている。

● 民営化

国や地方公共団体が経営していた企業体が、一般の民間企業（多くの場合は株式会社）になることをいう。

近年では、小泉 純一郎内閣のもとで行われた郵政民営化がある。これは、国によって行われてきた郵便事業・簡易生命保険事業・郵便貯金事業の郵政三事業を民営化する政策であった。財政の健全化、規制緩和を目的として、2007年10月、これらの事業を担う各組織は、日本郵政グループとして民営化された。

おもな民営化の例

実施年	民営化
1985年	日本電信電話公社 →日本電信電話株式会社（ＮＴＴ）グループ
1985年	日本専売公社 →日本たばこ産業株式会社（ＪＴ）
1987年	日本国有鉄道→ＪＲグループ各社
2005年	日本道路公団 →NEXCO東日本・NEXCO中日本・ NEXCO西日本など
2007年	日本郵政公社→日本郵政グループ

無形文化遺産

世界遺産と同じくユネスコの事業のひとつで、世界遺産が建築物など有形の文化財の保護と継承を目的としているのに対し、民族的な道具や技術、踊りや祭祀などの無形のもの（無形文化財）を保護対象とするもの。日本では21件が登録されている。

おもな無形文化遺産

登録年	保護対象
2008年	能楽、人形浄瑠璃文楽、歌舞伎
2009年	雅楽、小千谷縮・越後上布、アイヌ古式舞踊など
2010年	組踊、結城紬
2011年	壬生の花田植、佐陀神能
2012年	那智の田楽
2013年	和食；日本人の伝統的な食文化
2014年	和紙；日本の手漉和紙技術
2016年	山・鉾・屋台行事
2018年	来訪神：仮面・仮装の神々

無党派

支持する政党を持たない有権者のことを無党派という。有権者にしめる無党派の割合はしだいに増える傾向にあるといわれている。この無党派には、政治に関心がない人びとばかりでなく、今までの政党による政治に満足できないという、政治的関心が高い人びともふくまれている。この無党派がどのように投票するかが選挙結果に大きく影響するため、各政党は選挙のたびごとにこの無党派層をより多くつかもうとしている。

メタンハイドレート

天然ガスの主成分であるメタンが水と結合して氷状になった物質のこと。燃える氷ともよばれ、火を近づけると燃焼し、燃焼後には水が残る。日本でも南海トラフや北海道周辺を中心に分布することが確認されており、日本の年間天然ガス消費量の100年以上分の資源量が見こまれている。日本では、2030年代の商業化を目指しているが、安定的な生産については、技術的・経済的な課題が多く残っている。

メディアリテラシー

インターネットやテレビ、新聞など、情報を伝達するメディアを使いこなす力のこと。メディアが伝達する情報の真偽を見きわめて取捨選択したり、得た情報を活用したり、メディアを使って発信したりコミュニケーションをしたりするなど、複合的な能力だといえる。ＩＣＴ（情報通信技術）が急速に進化し、膨大な情報にいつでもアクセスできるようになった現代社会に生きる人びとにとって、欠かせない能力のひとつである。

猛暑日

一日の最高気温が35℃以上の日のことで、2007年に気象庁によって制定された。一日の最高気温が30℃以上の日は「真夏日」という。ちなみに、夜間の最低気温が25℃以上になることを「熱帯夜」という。一方で、一日の最高気温が0℃未満の日は「真冬日」という。こ

れまでの最高気温は2018年7月23日に埼玉県
熊谷市で観測した41.1℃、最低気温は1902年
1月25日に北海道旭川市で観測したマイナス
41.0℃である。

モーダルシフト

モーダルシフトとは、トラックによる幹線
貨物輸送を、地球環境にやさしく大量輸送が
可能な船舶や鉄道に転換することをいう。

現在の貨物輸送はトラック輸送が中心にな
っている。しかし、トラック輸送の増大は温
暖化の原因となる大気中の二酸化炭素の増加
や大気汚染などの公害、さらに交通渋滞の原
因ともなる。モーダルシフトはこうした環境
交通対策の一環として進められている。

モーダルシフトの一つとして、貨物の積み
かえをせずにトラックごと貨車に積んで運ぶ
ピギーバック輸送がある。日本でも一時取り
入れられたが、貨車のはばなどの問題から普
及せず、現在では取りやめられている。

ユニバーサルデザイン

文化、言語、年齢のちがいや障がい、能力
などを問わず、どんな人でも公平、快適に使
えることを目指した施設や商品のデザインの
こと。例として、シャンプーのボトルにしる
しをつけて髪を洗っている最中でも他のボト
ルと区別がつくようにしたり、施設の案内を
だれでもわかるように文字ではなく絵であら
わしたりする工夫がある。障がい者だけでな
く、すべての人を対象としている点で、「バリ
アフリー」とは異なる考え方といえる。

ヨーロッパ連合(EU)

西ヨーロッパ諸国は経済の発展を目指して、
1967年にヨーロッパ共同体（EC）を発足さ
せた。当初の加盟国は、フランス、西ドイツ、
イタリア、オランダ、ベルギー、ルクセンブ

ルクの6か国であった。その後、イギリスな
どが加盟して12か国となった。1992年にヨー
ロッパ連合条約（マーストリヒト条約）が調
印され、1993年からは市場統合を実現してい
る。マーストリヒト条約発効後、ヨーロッパ
連合（EU）を発足させ、その後加盟国を増
やしたが、2020年1月31日、イギリスがEU
を離脱したため、2020年9月現在、27か国で
構成される（地図参照）。（→「ブレグジット
（BREXIT）」参照）

EUの旗

旗の中の12の星は、完璧と充実を象徴する古代ギリシャの円をあらわしている。

ユーロ €　EUの多くの国で導入されているヨーロッパの共通通貨。10円は「¥10」、10ドルは「$10」と書くように、10ユーロは「€10」と書く。

EU加盟国とユーロ導入国

ユーロを導入している19か国　そのほかのEU加盟国
（2020年9月現在）

ライフライン

電気を送る電線、ガス管、上下水道、電話
線など、私たちの生活上の生命線といえるも
の。地震などにより一か所が被害を受けると、
広い範囲に影響が出る。

● ラストベルト

「さびついた工業地帯」を意味する英語で、アメリカ中西部から北東部にかけて広がる地域。かつては鉄鋼や石炭、自動車などの主要産業で栄えていた。トランプ大統領当選の背景には、こうした工業地帯の再生をうったえて労働者たちの心をつかんだことがあるが、衰退に歯止めがかからない地域も多い。

● 拉致問題

1970年代から1980年代にかけて、北朝鮮の工作員などにより日本人が北朝鮮に連れ去られた事件。北朝鮮は事件への関与を否定してきたが、2002年に行われた日朝首脳会談で拉致を認めた。日本政府が認定した拉致被害者は17人で、このうち5人の帰国が実現したが、残り12人については北朝鮮側から納得のいく説明がされていない。2014年5月に拉致問題の被害者とされる人たちの再調査を行うと北朝鮮側が表明したが、その後も調査の進行状況は明らかにされておらず、本格的な解決につながるかどうかは不透明である。

● ラムサール条約

1971年に結ばれた「とくに水鳥の生息地として国際的に重要な湿地に関する条約」のことで、イランのラムサールで採択されたため、一般には「ラムサール条約」という。この条約の目的は、国際的に貴重な湿地を各国が登録して守っていくことにある。日本は1980年にこの条約に加盟し、その年に北海道の釧路湿原を登録した。1993年6月には第5回締約国会議が釧路で開催されている。2020年9月現在の国内の登録地は52か所。

● リサイクル法

「ものを大切に使いごみを減らすこと」などを目指した循環型社会をつくるために、特定のもののリサイクルについて定めた法律。基本的には各家庭で分別してごみを出すこと、市町村や小売店で分別して収集すること、販売業者には回収したものをリサイクルすることを義務づけている。おもなリサイクル法は以下のとおり。

施行年	法律	対象
1997年	容器包装リサイクル法	ガラス製容器・ペットボトル・紙製容器・プラスチック製容器・かん・段ボールなど
2001年	家電リサイクル法	エアコン・テレビ・冷蔵庫・洗濯機
2001年	食品リサイクル法	食品廃棄物（売れ残り・食べ残しなど）
2002年	建設リサイクル法	建設資材
2005年	自動車リサイクル法	自動二輪車・自動車など
2013年	小型家電リサイクル法	デジタルカメラ・ゲーム機など

● 臨界前核実験（未臨界核実験）

過去の核実験から得られたデータと理論をもとに、コンピューターで核爆発のシミュレーションを行うもので、核分裂の反応が起こる「臨界」の直前までの実験なので、臨界前核実験（未臨界核実験）という。核実験禁止の世論を背景に、核保有国が核技術の向上を目指して行っているが、新たな核開発につながるのではないかと心配されている。

● レアメタル

希少金属のことで、地球上に少ない、あるいは経済的、技術的な理由で抽出するのが難しい金属の総称で、ニッケル、プラチナ（白金）、マンガン、クロムなど31種類がある。また、レアメタルのうち、一部の元素（希土類）をとくに「レアアース」とよぶ。いずれも携帯電話や薄型テレビ、自動車などの製造には欠かせない金属である。世界各国で需要がのびると手に入りづらくなる可能性もあり、とくにレアアースは、発展著しい中国で、生産の多くをしめている。

冷戦

「冷たい戦争」ともよばれる。第二次世界大戦後の、旧ソ連を中心とする社会主義陣営とアメリカを中心とする資本主義陣営との対立をいい、２つの陣営を率いる旧ソ連とアメリカが直接戦火を交えることなしに対立したため、「冷戦」とよばれる。米ソの対立を背景として起こった戦争には、朝鮮戦争やベトナム戦争などがある。かつて東西ドイツを分断していた「ベルリンの壁」は冷戦の象徴とされていたが、1989年12月に米ソの冷戦終結宣言が出される直前に、市民によって開放された。（→「ベルリンの壁」参照）

歴史認識問題

歴史上のあるできごとについての認識が一致しない問題のことをいう。日本がかかえる歴史認識問題は、おもに韓国や中国との間での歴史的できごとに関する認識の不一致である。認識のずれが見られる歴史的できごとは、太平洋戦争中の日本軍の行動・行為に関することがほとんどである。とくに韓国との間ではいわゆる従軍慰安婦問題がとりあげられることが多い。

連立政権

複数の政党で政権を担当すること。日本では、内閣総理大臣の指名において衆議院の決定が優先されるため、衆議院で１つの政党が単独で過半数の議席を持たないときに成立する。ほかにも、連立内閣や連立与党といった使われ方もある。議会において、議席数の一番多い政党と二番目の政党が連立政権をつくるときは、とくに「大連立」とよばれる。

６次産業化

第１次産業としての農林水産業と、第２次産業としての製造業（工業）、第３次産業としての小売業などの事業を組み合わせ、新たな付加価値を生み出そうとする取り組みのこと。農林水産業にかかわる人が、農畜産物・水産物の生産だけでなく、食品加工、流通・販売にも取り組み、それによって農山漁村の経済を豊かにしていこうとするものである。1（1次産業）×2（2次産業）×3（3次産業）のかけ算の6を意味している。

わ

ワークライフバランス

日本語では「仕事と生活の調和」と訳される。内閣府男女共同参画局のウェブサイトでは、仕事と生活の調和が実現された社会は、「国民一人ひとりがやりがいや充実感を感じながら働き、仕事上の責任を果たすとともに、家庭や地域生活などにおいても、子育て期、中高年期といった人生の各段階に応じて多様な生き方が選択・実現できる社会」だとしている。仕事か生活かの二者択一ではなく、両者が調和することで相乗効果が生まれることを目指す考え方。

ワシントン条約

正式には「絶滅のおそれのある野生動植物の種の国際取引に関する条約」といい、動植物を商品として取り引きするために行われる乱獲を防止することを目的としている。1973年に採択された。条約により国内への持ちこみが規制されているものには、象牙、サボテン、ラン、オランウータン、パンダ、トラ、フクロウなどさまざまな動植物や製品がある。

確認問題⑨

1 新型コロナウイルス感染拡大 (問題は76ページ)

1 1武漢 2コロナ 3パンデミック 4肺炎 5飛沫 6接触 7大航海 8公衆衛生 9コレラ 10ワクチン 11世界保健機関(WHO)

2 ①世界保健機関(WHO) ②テドロス・アダノム ③天然痘 ④インフルエンザ ⑤（飛沫感染)感染者のくしゃみ、せき、つばなどから感染すること。（接触感染)感染者から放出されたウイルスがついているところを手でふれ、その手で口や鼻にさわることで感染すること。 ⑥デマやうわさなど、誤った情報や誤解を招く情報をふくめた、大量の情報が拡散されることで、社会に影響をおよぼす現象。

2 日本全国で緊急事態宣言 (問題は77ページ)

1 1クラスター 2エクモ(ECMO) 3保健所 4緊急事態宣言 5知事（首長） 610万 7ソーシャルディスタンス(フィジカルディスタンス） 8テレワーク(リモートワーク) 9聖武天皇 10栄西 11緒方洪庵 12北里柴三郎 13志賀潔 14野口英世

2 ①公衆衛生 ②1・2・3閉・集・接 ③・人との間隔は、できるだけ2m(最低1m)あける。 ・会話をする際は、可能なかぎり真正面を避ける。 ・こまめに手洗いや手指消毒をする。 ・こまめに換気する。 ・公共交通機関の利用は混んでいる時間帯を避ける。 ・買い物は1人または少人数ですいた時間にする。 ・公園はすいた時間、場所を選ぶ。 ・時差通勤をする。 ・テレワークを活用する。など から3つ。

3 令和2年7月豪雨 (問題は78ページ)

1 1梅雨 2令和2年7月豪雨 3球磨 4筑後 5岐阜 6島根 7山形 8日照 9台風 10浜松 11熊谷 12阪神・淡路 13東日本

2 ①パリ協定 ②ハザードマップ ③特別警報 ④災害用伝言ダイヤル ⑤・水や非常食などをリュックにつめ、すぐに持ち出せる場所に置いておく。・家族で話し合って、連絡方法や集合場所を決めておく。・安否確認ができる災害用伝言ダイヤルの使い方を確認しておく。など

4 レジ袋の有料化スタート (問題は79ページ)

1 1プラスチック 2地球温暖 3マイクロプラスチック 4環境 5循環型 6・7・8リデュース・リユース・リサイクル（順不同） 9持続可能

2 ①ナフサ ②サウジアラビア ③(戦争)第四次中東戦争 （世界経済の混乱)石油危機 ④(1番)太平洋 （2番)大西洋 （3番)インド洋 ⑤海の生き物が誤ってプラスチックごみを食べ、人がその魚を食べることによってプラスチックやそこに吸着した有害物質が人の身体に入り、健康に影響が出るおそれがある。

5 人口減少で日本はどう変わる？ (問題は80ページ)

1 11.36 290 3死亡 4東京 5転入 6転出 7限界集落 8団塊 9社会保障関係 10生産 1187 1281 13出入国管理

2 ①〔例〕・一人の女性が一生の間に産む子どもの数が減った。・結婚しないで一生独身の

人が増えた。・女性の社会進出などにより晩婚化、未婚化が進んだ。・核家族化が進む一方で保育施設が不足していた。など　②0～14歳と15～64歳の人口が減り、65歳以上の人口が増えている状態。　③〔例〕・公共交通機関が廃止される。・病院や学校が統廃合される。・働く場所が減る。・経済が停滞して、税収も落ちこむ。など　④〔例〕・人口の過密状態を解消することができる。・限られた資源の枯渇を防ぐことができる。など　⑤〔例〕・子育てや介護と仕事を両立できるように、時短勤務制度やフレックスタイム制度を取り入れる。・テレワークを推進して、柔軟な働き方ができるようにする。・人工知能（AI）を活用して、人が行う業務を減らす。・高齢者が働ける場を増やす。など

6 トランプ政権と国際社会 （問題は81ページ）

1　1 4　2 2　3共和　4民主　5TPP（環太平洋経済連携協定）　6パリ協定　7WHO（世界保健機関）　8関税　9中国　10オバマ　11バイデン　1250　13行政

2　①内閣　②中国　③南シナ海　④アセアン　⑤自国国内の産業に対しては、国際競争力に乏しかったり、未熟であったりする産業を保護、育成する効果をもたらし、雇用に関しては失業者を減らす効果がもたらされる。

7 安倍首相辞任、菅新内閣が発足 （問題は82ページ）

1　1拉致　2平和　3憲法　4佐藤栄作　5アベノ　6女性　7集団的　8自由民主　9内閣官房　10菅義偉　11臨時

2　①沖縄　②（人物）吉田茂　（条約）サンフランシスコ平和条約　③アベノミクス　④各議院の総議員の3分の2以上の賛成で国会が発議し、国民投票で過半数の賛成を必要とする。　⑤総裁　⑥（党名）立憲民主党（党首の名）枝野幸男　⑦天皇　⑧両院協議会を開いて協議する。それでも意見が一致

しなければ、衆議院で指名された人物が内閣総理大臣として指名される。

8 東京オリンピック・パラリンピック、1年延期 （問題は83ページ）

1　1延期　2中止　32021　47　58　6ロードマップ　7費用　8簡素（シンプル）　9無観客　10札幌　11長野

2　①（国）ギリシャ　（都市）アテネ　②国際オリンピック委員会（IOC）　③東海道新幹線　④（祝日の名）体育の日　（変更後の祝日の名）スポーツの日　⑤〔例〕外国人観光客が、日本のさまざまな都市を観光することで、地域の経済が活性化される。

9 変わる学び方・働き方 （問題は84ページ）

1　1休校　24　3テレ（リモート）　4オンライン　59　6時差　7フレックス　8働き方

2　①文部科学省　②教育委員会　③（庶民の子ども）寺子屋　（藩士の子弟）藩校　④学制　⑤（1890年）教育勅語　（1947年）教育基本法　⑥厚生労働省　⑦非正規雇用者　⑧ワークライフバランス　⑨〔例〕（利点）遠くに住んでいるなどの理由で通うのが難しい人でも授業を受けられる。（欠点）クラスの仲間どうしで話し合ったり、コミュニケーションをとったりしにくい。

10 どうなる日本の観光業 （問題は85ページ）

1　1リーマンショック　2東日本大震災　3・　4中国・韓国　5入国　6海外渡航　7緊急事態　8不要不急　9トラベル　10観光

2　①インバウンド　②民泊　③ビザ　④東京都は新型コロナウイルスの感染者数が他の道府県と比べて多く、東京を通して感染が全国に拡大するおそれがあったため。　⑤旅行業、宿泊業、飲食業、運輸業、小売業、娯楽業など

11 キャッシュレス社会の広がり （問題は86ページ）

1 1 キャッシュレス　2 消費　3 東京オリンピック・パラリンピック　4 20(21)　5 韓国(大韓民国)　6 仮想通貨　7 6　8 アルミニウム　9 銅　10 減少

2 ①(6月まで)経済産業省　(9月から)総務省　②日本銀行　③(変動)円高　(有利にはたらく)輸入　④(例)お店の人にとって、お金の動きを画面上で把握することができる。(例)買い物に行く人にとって、多額の現金を持ち歩く必要がなくなる。⑤(例)コンピューターやインターネットを使用するため、データの改ざん、不正なアクセスなど安全性に不安がある。

12 東京都知事選挙 （問題は87ページ）

1 1 小池百合子　2・3 自由民主党・公明党　4 15.2　5 6　6 7　7 街頭演説　8 インターネット

2 ①(選挙権)18歳　(被選挙権)30歳　②特別区　③大阪府　④A 50分の1　B 3分の1　⑤司法　⑥(理由)周辺の県から通勤や通学で多くの人が東京に来るから。(昼間人口の比率が高い区としてふさわしくないもの)世田谷区・練馬区　⑦待機児童

13 注目を集めるふるさと納税 （問題は88ページ）

1 1 ふるさと納税　2 所得　3 住民　4 東日本大震災　5 首里城　6 沖縄　7 熊本　8 泉佐野　9 阪神　10 せんい　11 タオル

2 ①国税・地方税　②(同じもの)直接税　(異なるもの)間接税　③関税　④財務省　⑤地方交付税交付金　⑥オンブズマン制度　⑦(ウナギ)静岡県　(タオル)愛媛県　(びんがた)沖縄県　⑧2011年におきた東日本大震災により、ふるさと納税で復興を支援する人が増えたから。

14 変わりゆく日本のエネルギー政策 （問題は89ページ）

1 1 99.7　2 99.6　3 97.7　4 輸入　5 ベースロード(基幹)　6 二酸化炭素　7 炭素　8 パリ　9 9　10 主力電源

2 ①化石燃料　②オーストラリア・インドネシア・ロシア　③経済産業省　④2011年におきた東北地方太平洋沖地震による巨大な津波によって、福島第一原子力発電所が大量の放射性物質を放出する事故をおこし、その後、原子力発電所の規制基準が見直され、よりきびしいものになったため。⑤・くり返し利用が可能であるから(利用できる量がほぼ無限であるから)。・温室効果ガスである二酸化炭素が発生しないから。・資源を輸入にたよる必要がないから。⑥水力、風力、太陽光、バイオマス、地熱など

15 先細る日本の水産業 （問題は90ページ）

1 1・2 北海道・東北　3 中国　4・5 インドネシア・ペルー　6 母川回帰　7 千島　8 東シナ　9 日本　10 台湾　11・12 韓国・北朝鮮

2 ①石油危機による燃料代の値上げ、各国の200海里漁業専管水域の導入　②マイワシ　③地球温暖化　④持続可能な漁業　⑤資源回復が可能な程度に漁獲量を制限すること。

16 世界遺産の決定が延期に （問題は91ページ）

1 1 中国　2 奄美大島　3 西表島　4 登録延期　5 アメリカ　6 首里城　7 太平洋

2 ①UNESCO　②IUCN　③ヤンバルクイナ　④4つ・白神山地　⑤琉球王国　⑥〔例〕地元の経済がうるおう。など　⑦〔例〕・環境の保全に配慮したエコツアーを整備する。・観光客が自動車で入れる地域を制限する。など

確認問題

17 リニア中央新幹線計画 (問題は92ページ)

1 1リニア中央　2リニア　3東海道　4北陸　5南アルプス　6富士　7大井　8天竜　9駿河　10生活

2 ①新橋－横浜　②（新幹線）東海道新幹線　（大会）オリンピック　③東京都・埼玉県・茨城県・栃木県・福島県・宮城県・岩手県・青森県・北海道　④福島（駅）　⑤高崎（駅）　⑥赤石山脈　⑦ストロー効果　⑧〔例〕東京－新大阪間は主要な輸送ルートであるため、災害などでどこかのルートが使えなくなっても、他のルートを使うことができるようにしておくため。

18 交通網のさらなる進展 (問題は93ページ)

1 1高輪ゲートウェイ　2福島　3東日本大震災　4津波　5バイパス　6BRT　7ベッドタウン

2 ①東海道　②東京都・千葉県・茨城県・福島県・宮城県　③常陸国・磐城国　④パークアンドライド　⑤ドーナツ化現象　⑥外国人観光客など初めて来た人や駅名を読めない人でも利用しやすいようにするため。

19 イギリスが正式にEU離脱 (問題は94ページ)

1 1ブレグジット　2ボリス・ジョンソン　3EC（欧州共同体）　4 27

2 ①欧州連合（ヨーロッパ連合）、EC　②ユーロ　③ポンド　④関税　⑤19パーセント　⑥FTA　⑦2016年　⑧移民労働者に対する反発やグローバリズムに対する不満があった。　⑨人や資本、財やサービスなどが自由に移動できること。

20 香港に国家安全維持法を新設 (問題は95ページ)

1 1習近平（しゅうきんぺい）　2国家安全維持　3清　4アヘン　5イギリス　6社会　7資本　8鄧小平（とうしょうへい）　9サッチャー　10マカオ　11中国共産　12自治　13 1国2

2 ①中国　②英語　③沖縄県　④太平洋戦争　⑤ポツダム宣言　⑥先進国各国とも、香港を介して中国と経済的なつながりを強めているから。

21 北朝鮮が韓国への圧力を強化 (問題は96ページ)

1 1開城　2板門店　3文在寅　4トランプ　5金正恩　6非核化　7経済制裁　8脱北者　9軍事境界

2 ①結ばれていない　②日韓基本条約　③拉致問題（拉致された日本人の帰国）　④アメリカが北朝鮮に対して：朝鮮半島の非核化　北朝鮮がアメリカに対して：経済制裁の解除　⑤韓国が南北首脳会談で合意された経済協力を実行すること。　韓国が北朝鮮に対してアメリカや国連の経済制裁の解除の仲立ちをすること。

22 八ッ場ダムが運用開始 (問題は97ページ)

◆ 1利根　2カスリーン　3 68　4群馬　5公約　6民主　7多目的　8貯水　9生活　10水力　11水　12治

23 アイヌ文化復興の拠点ウポポイが開業 (問題は97ページ)

◆ 1・2南樺太・千島列島　3・4・5漁労（漁）・狩猟（狩り）・植物採集（採集）　6蝦夷地　7国際連合　8先住民族　9全会一致

総合問題⑨

1 新型コロナウイルス感染拡大（問題は98ページ）

◆ 問1ア・オ　問2(1)12.9　(2)中国　問3A
イギリス　Bインド　問4ロックダウン
問5パンデミック　問6(1)ウ　(2)日米修好
通商条約　(3)オ　問7(1)世界保健機関
（WHO）　(2)アメリカ　(3)A世界貿易機関
（WTO）　B世界銀行　C国連教育科学文
化機関（UNESCO）　問8第一次世界大
戦が行われていたから。

解説

問1ア…アメリカの感染者数は、5月1
日から8月1日にかけて4倍以上に増え
ている。オ…ペルーとコロンビアは、9
月1日時点では感染者数は100万人に達
していない。　問2表からは、メキシコの
ほか、イギリスやイタリアの死者数の多
さが際立っていることがわかる。一方で、
最初に新型コロナウイルス感染症の感染
者が確認された中国は、グラフや表には
示されていない。　問3A…イギリスのボ
リス・ジョンソン首相は、3月末に新型
コロナウイルスに感染し、一時は集中治
療室で治療していた。その間、首相代理
には外務大臣のラーブ氏が任命された。
B…BRICSとは、近年経済成長がめ
ざましいブラジル、ロシア、インド、中
国、南アフリカ共和国の5か国を指すこ
とばである。　問4感染拡大防止のため、
人びとの外出や行動を制限する措置を都
市封鎖（ロックダウン）という。都市封鎖
が行われると、都市全体の経済活動が停
止するため、経済や雇用へ大きな影響が
出る。　問6(1)ア…ポルトガル人のヴァ
スコ・ダ・ガマは、1498年にアフリカ大
陸南端を回ってインドに到達し、インド

航路を開拓した。　イ…イタリアの商人
マルコ・ポーロは、13世紀にモンゴル帝
国などをおとずれ、帰国後に語ったアジ
アのようすは『東方見聞録』としてまと
められた。この中で、日本は「黄金の国
ジパング」として紹介された。　ウ…イ
タリア人のコロンブスは、1492年にアジ
アを目指して大西洋を横断し、西インド
諸島に到達した。なお、コロンブスは、自
身が到達した場所がインドの一部と信じ
たまま死亡したとされる。　エ…ポルトガ
ル人のマゼランは、16世紀初めにアメリ
カ大陸南端を回って太平洋を横断し、フ
ィリピンに到達した。ヴァスコ・ダ・ガ
マやコロンブス、マゼランなどによって
新航路がひらかれ、ヨーロッパ諸国の海
外進出が始まった時代は、大航海時代と
よばれる。　(2)1858年にアメリカとの間で
結ばれたのは日米修好通商条約である。
この条約により、日本は外国との貿易を
開始した。日本は同様の条約をオランダ・
イギリス・フランス・ロシアとも結んだ。
(3)世界遺産を多くかかえるフランスは、国
内外からの観光客による消費を経済の基
盤の1つとしている、世界最大の観光立
国である。新型コロナウイルス感染症の
拡大にともない、多くの国では外国人の
入国を制限したため、日本もふくめた観
光立国は経済的に大きな打撃を受けた。
問7(2)グラフからは、国だけでなく団体
もWHOに多額の資金を拠出しているこ
とがわかる。　問8スペインかぜ（インフ
ルエンザ）は、1914年から始まった第一次
世界大戦中にパンデミックの状態となっ
たため、国際社会は感染拡大防止のため
の協力をし合うことが難しかった。当時

は抗生物質やワクチンなどはなく、世界人口の約3分の1が感染し、数千万人が死亡したとされている。

2 日本全国で緊急事態宣言 （問題は102ページ）

1 問1(1)1 健康　2 最低限度　3 公衆衛生 (2)生存(権)　問2(1)イ　(2)イ　問3ウ　問4ウ　問5エ

解説

問2(1)イは、市区町村の役所や役場の仕事であって、保健所の仕事ではない。　(2)アは老人ホーム、ウは病院、エは裁判所の地図記号である。　問3ウは、買い物は、大人数で行くと店内が混み合うため、できるだけ少人数で行き、短時間ですませることがよびかけられている。　問5 Go Toトラベル事業は、宿泊をともなう、または日帰りの国内旅行の代金総額の2分の1相当額を国が支援する事業であって、海外からの旅行者の旅行代金を支援するためのものではない。

2 問1 大宝律令　問2 遣唐使　問3(1)聖武天皇　(2)光明皇后　(3)正倉院　問4 鑑真 問5(1)徳川吉宗　(2)杉田玄白　(3)シーボルト　問6 適塾(適々斎塾)　問7①(人物の名)北里柴三郎　(記号)エ　②(人物の名)野口英世　(記号)ア　③(人物の名)志賀潔 (記号)ウ

解説

問3 737年に大流行した天然痘により、命を奪われた藤原四兄弟とは武智麻呂、房前、宇合、麻呂のことである。　問5(2)杉田玄白と前野良沢らは、江戸で人体の解剖のようすを見学した。その際、解剖したのは身分の低い者たちで、彼らは優れた技術や知識で、玄白らに説明した。玄白らは、持参した西洋の解剖図とそっくりなことにおどろき、オランダ語で書かれた『ターヘル・アナトミア』の翻訳を決意した。当時は、オランダ語の辞書などがなかったため、翻訳にはかなり苦労

したという。その苦心談を、玄白は『蘭学事始』としてまとめた。　問6 緒方洪庵の開いた適塾(適々斎塾)で学んだ人物には、福沢諭吉や橋本左内、大村益次郎などがいる。　問7 写真イは夏目漱石である。

3 令和2年7月豪雨 （問題は106ページ）

1 問1 1 高気圧　2 暖かくしめった　3 線状 問2(1)ア　(2)カ　問3 A球磨川　B筑後川　C飛驒川　D江の川　E最上川

解説

問2 特別警報は、数十年に一度という危険が予測される場合に、対象地域の住民に最大限の警戒をよびかけるものである。特別警報が出たときは、住民はただちに命を守る行動をとらなければならない。

2 問1 北海道…冷帯(亜寒帯)　沖縄県…亜熱帯　問2ウ　問3①ア　②ウ　③カ　④ク 問4ア・エ　問5 Aエ　Bウ　Cア　Dイ 問6イ　問7(1)命を守る　(2)緊急避難場所…エ　避難所…イ　問8エ

解説

問4 アの雲仙岳は、長崎県に位置している。エの御嶽山は、長野県と岐阜県にまたがっている。　問7(2)アは老人ホーム、ウは博物館(美術館)をあらわす地図記号である。　問8 非常用持ち出し袋の中に入れるものとして、野菜は傷みやすいために適さず、電気やガスが寸断されたときに調理して食べられないレトルト食品も不向きである。乾パンや缶詰などの非常用の食料や水を準備しておくことが望ましいが、それらも定期的に賞味期限などを確認しておくことが必要である。

4 レジ袋の有料化スタート （問題は110ページ）

1 問1あ微生物　いバイオマス　う二酸化炭素　問2(1)イ　(2)ウ　問3ア　問4〔例〕温水プールをつくり、人びとに開放する。発

電をする。など　**問5**(1)①リユース　②リサイクル　③リデュース　(2)イ　**問6**〔例〕(番号)③　(行動)買い物に行くときにはマイバッグを持っていき、レジ袋をもらわないようにすることで、不要なプラスチックごみが出ないようにし、海洋プラスチックが増える可能性を減らす。

解説

問2(1)セメントの主な原料は石灰である。(2)アのモントリオール議定書はオゾン層を破壊する物質に関する議定書、イのワシントン条約は絶滅のおそれのある野生動植物の種の国際取引に関する条約、エのラムサール条約は特に水鳥の生息地として国際的に重要な湿地に関する条約である。　**問3**郵便は日本郵便株式会社という企業の仕事、法律をつくるのは国会の仕事、外国と条約を結ぶのは内閣の仕事である。　**問6**ほかにも、①としては、ごみを出すときには分別をし、資源になるものはリサイクルすることで資源を大切に使うこと、②としては、家電製品を買い替えるときには二酸化炭素排出量の少ない物を選んで地球温暖化への影響を少なくすること、④としては、フェアトレード商品を購入することで環境破壊につながるような開拓を減らす、といったものがあげられる。

2　**問1**あ酸性雨　いオゾン層　**問2**Aかけがえのない地球　B持続可能な開発　C地球サミット　**問3**①ストックホルム　②リオデジャネイロ　③京都　④パリ　⑤大阪　**問4**1ア　2カ　3エ　4イ　**問5**ウ　**問6**SDGs　**問7**(プラスチックの名)マイクロプラスチック　(説明)エ

解説

問7洗顔料や歯みがき粉には、きれいによごれを落とすためのスクラブ剤として、マイクロプラスチックビーズとよばれる非常に小さなプラスチック粒子が使われていることがある。プラスチックによる環境汚染が指摘されるようになり、近年

は天然素材のスクラブ剤に切り替える動きもある。

5　人口減少で日本はどう変わる？ (問題は114ページ)

◆　**問1**(1)ウ　(2)ア　**問2**エ　**問3**イ　**問4**2.1　**問5**(1)29%　(2)ア　(3)限界集落　**問6**(1)健康で文化的な最低限度の生活を営む　(2)A…イ　B…ア　(3)ウ　**問7**ウ　**問8**(1)ウ　(2)〔例1〕国は、行政サービスや商業施設などの生活に必要な機能を街の中心部に集めた「コンパクトシティ」がつくられるよう、支援・促進する。〔例2〕企業は、65歳以上の働く意欲がある高齢者の再雇用を積極的に行ったり、出産・育児を理由に仕事を辞めることなく女性が働き続けられる環境をこれまで以上に整える。

解説

問1(1)1947年から1949年にかけての出生者が親になった1970年代の前半に、出生者数がとくに増えている時期がある。これを第二次ベビーブームとよんでいる。**問6**(2)社会保障制度は、社会保険、公的扶助、社会福祉、公衆衛生の4つの柱から成り立っている。社会保険には、医療保険や年金保険、雇用保険、介護保険などがある。エの生命保険は、加入するかどうか各個人が選ぶ民間保険のひとつである。(3)今後、社会保障関係費が増大することが問題になっていることから、政府がすべての高齢者に支給する年金を増額するとは考えにくい。よって、アは誤りだと考える。また、問題文を読むと、選択できる年金の受け取り開始年齢は、60歳から引き上げられていないことがわかる。よって、イは誤りだといえる。

6　トランプ政権と国際社会 (問題は118ページ)

◆　**問1**A共和　B民主　C共産　**問2**(1)Ⅰ4　Ⅱ1　(2)イ　(3)①安倍晋三　②菅義偉　(4)①あ立法　い行政　う司法　②内閣　**問3**

総合問題

エ　問4 香港（ホンコン）　問5 金正恩（キム・ジョンウン）　問6 ア　問7(1)イ　(2)①オバマ　②イ　問8 イ　問9(1)関税　(2)生産拠点をアメリカ国内に移し、雇用を生むねらい。　(3)①日米修好通商条約　②(西暦)1911年　(外務大臣)小村寿太郎　問10 TPP　問11 WTO　問12(アメリカ)イ　(中国)ア

解説

問1 二大政党制がとられるアメリカでは、「知識と力」の象徴としてゾウをマスコットとする共和党と、「家庭」の象徴としてロバをマスコットとする民主党が二大政党となっている。一党独裁制の中国では、中国共産党による指導で政治が行われている。　**問3** 中国は、台湾や東南アジアの国ぐにとの間で南シナ海の南沙諸島の領有権に関する主張が異なっていることのほかに、日本と台湾との間では、東シナ海の尖閣諸島に関する主張が異なっている。また、南アジアの大国であるインドとは、インド北部のラダック地方などが係争中となっている。　**問4** 香港の周庭氏は、「雨傘運動」とよばれる2014年の香港反政府デモをきっかけに、学生運動の広報担当となり、政治活動家として知られるようになった。　**問6** ユダヤ人によって建国されたイスラエルは、以前からエルサレムを首都として主張してきた。しかし、国際連合をはじめ、多くの国ぐにはテルアビブを首都とみなしている。これには、エルサレムがユダヤ教、イスラム教、キリスト教の聖市とみなされていることや、パレスチナ問題との関係で、エルサレムをイスラエルの首都とすることが、民族紛争や宗教問題の悪化を招きかねないからである。　**問7**(2)選択肢のアのガンジーは、イギリスの植民地であったインドを独立に導いた指導者であり、その独立運動での「非暴力主義」は、アメリカで黒人の公民権運動を指導したキング牧師に大きな影響をあたえた。他の選択肢にあったキング牧師、マザー・テレサ、マンデラはいずれもノーベル平和賞を受賞している。マザー・テレサは、カトリック教会の修道女として、インドにおいて苦しんでいる人びとに安息をもたらすためにつくした。マンデラは、アパルトヘイトとよばれた南アフリカ共和国の人種隔離政策を平和的に終わらせ、大統領となった。　**問9**(3)1858年に結ばれた日米修好通商条約は、日本の関税自主権が認められず、アメリカ人に治外法権を認めた不平等条約であり、日本の近代化の中で不平等条約の改正が重要な意味を持ったことから、入試でもよく問われる。1911年に、外務大臣の小村寿太郎がアメリカとの間で、関税自主権の回復に成功したことに加えて、1894年に外務大臣の陸奥宗光がイギリスとの間で、治外法権の撤廃に成功したこともおさえておくこと。　**問11** 関税をはじめとする貿易障壁を撤廃し、自由貿易の促進を目指す国際連合の機関は世界貿易機関で、その略称はWTOである。トランプ政権は、通商問題に限らず、新型コロナウイルス対策においても、国際協調を軽視する傾向があり、国際連合の専門機関として新型コロナウイルス感染症の対策にあたっている世界保健機関からの脱退を正式に通告している。世界保健機関の略称はWHOである。どちらも重要な国際機関として、入試で頻出されていることもあり、WTOとWHOを混同することのないように注意が必要である。

【編集協力】
毎日新聞社

▼毎日新聞社提供写真
表紙（コロナウイルスを除く）、
P.1、P.2、P.3、P.4、P.5（ウポ
ポイを除く）、P.7（香港のみ）、P.8
（ジョンソン、テドロスを除く）、
P.16、P.18、P.20、P.24、P.28、
P.33、P.36、P.38、P.40、P.42、
P.44、P.46、P.47、P.48、P.54、
P.55、P.56、P.58、P.62、P.66、
P.120、P.128、P.129、P.130、
P.136（姫路城、首里城を除く）、
P137（合掌造り、富岡製糸場、東
大寺を除く）

【資料提供】
AAP Image
AFP通信
AP通信
EPA通信
NIAID／National Institutes of
　Health
USA TODAY Sports
ZUMA Press
（公財）アイヌ民族文化財団
朝日新聞社
アフロ
共同通信社
国立国会図書館
時事通信社
新華社
朝鮮中央通信
デジタル楽しみ村
東京新聞
日本経済新聞社
ロイター

2021年度中学受験用
2020重大ニュース

2020年11月1日　初版第1刷発行

企画・編集　日能研教務部
発行　日能研
〒222-8511　神奈川県横浜市港北区新横浜2-13-12
http://www.nichinoken.co.jp
発売　みくに出版
〒150-0021　東京都渋谷区恵比寿西2-3-14
☎03（3770）6930
http://www.mikuni-webshop.com
印刷　サンエー印刷

定価　本体1,500円＋税

©2020　NICHINOKEN　Printed in Japan
ISBN978-4-8403-0769-7

n・eco

このマークは、日能研の環境への
取り組みをお知らせする目印です。

RICE INK®

バイオマス
登録No.080041

この印刷物は、地産地消・輸送
マイレージに配慮した米ぬか
油を使用した「ライスインキ」
を採用しています。

【制作協力】
表紙・カラーページデザイン
　長田年伸
本文デザインフォーマット
　村上晃三（シンクピンク）
　酒井英行（酒井デザイン事務所）
本文イラスト
　野村タケオ